건작동
7교회 이야기

더불어 아름다운
건강한 작은교회의 꿈!

건작동
7교회 이야기
더불어 아름다운
건강한 작은교회의 꿈!

초판 1쇄 발행	2025년 7월 10일
지은이	이상대, 손연국, 홍선경, 윤용, 이진오, 임병열, 박창열
펴낸이	윤용
디자인	최주호
표지 일러스트	강동희
펴낸곳	세미한
주소	화성시 10용사로 221. 105-1208
전화번호	010-4475-4015
팩스	031-316-4015
출판 등록	제2022-0000374호
이메일	yyipsae@daum.net
facebook	www.facebook.com/yyipsae
ISBN	979-11-984185-2-4 03230

이 책에 대한 무단 전재 및 복제를 금합니다.
잘못된 책은 구입하신 서점에서 바꿔드립니다.

건작동
7교회 이야기

강북제일교회 | 이상대 목사
그십자가교회 | 손연국 목사
나무교회 | 홍선경 목사
말씀의빛교회 | 윤용 목사
세나무교회 | 이진오 목사
청운교회 | 임병열 목사
함께하는교회 | 박창열 목사

세미한

목차

건작동 7교회 이야기를 발행하며 / 윤용 목사　　　8
공세현 목사 / 광양신광교회　　　9
오준규 목사 / 낮은마음교회　　　10

Part 1. 건작동 7교회 이야기

01. 강북제일교회 이야기 / 이상대 목사　　　　　16
02. 그십자가교회 이야기 / 손연국 목사　　　　　52
03. 나무교회 이야기 / 홍선경 목사　　　　　　102
04. 말씀의빛교회 이야기 / 윤용 목사　　　　　150
05. 세나무교회 이야기 / 이진오 목사　　　　　190
06. 청운교회 이야기 / 임병열 목사　　　　　　218
07. 함께하는교회 이야기 / 박창열 목사　　　　260

Part 2. 건작동이란?

01. 더불어 아름다운 건강한 작은 교회의 꿈!　　298
02. 건작동 설립의 목적과 취지　　　　　　　　342
03. 건강한작은교회의 가치와 실천방향　　　　344

지금 건강한 작은 교회를 꿈꾸는 모든 이에게

건강한작은교회동역센터
The fellowship for small sound churches in Korea

건작동 7교회 이야기를 발행하며

- 발행인 윤용 목사

'건강한 작은 교회'라는 말은 봄 햇살 아래 피어나는 들꽃처럼 마음에 잔잔한 울림을 주었습니다. '동역센터'라는 이름 역시, 외로운 길을 함께 걸어가는 이들의 따뜻한 쉼터처럼 다가왔습니다. 뜻을 같이하는 목회자들이 모여, 우리는 '건작동(건강한 작은 교회 동역센터)'이라는 이름 아래 느슨하지만 진심 어린 하나의 공동체를 이루게 되었습니다.

서로의 상처를 감싸주고, 지친 어깨를 토닥이며, 때로는 진심 어린 조언으로 서로에게 힘이 되어주었습니다. 우리는 작은 불씨 같은 만남들을 이어가며, 제법 의미 있는 일들도 함께 해왔습니다. 시간이 흐를수록 마음 깊은 곳에서 더 중요한 일이 떠올랐습니다. 그것은 바로 건작동 운영위원들이 걸어온 목회의 이야기를 세상에 전하는 일이었습니다.

갈수록 어두워지는 한국교회의 현실 속에서, 빛바랜 길을 묵묵히 걸어가는 이들의 이야기를 전하는 것은 등불 하나를 켜는 일이라 여겨졌습니다. 그래서 이 책이 세상에 나오게 되었습니다. 이 책에는 거창한 이론이나 멋진 전략은 담겨 있지 않습니다. 대신, 고요한 시냇물처럼 진솔하게 흐르는 삶의 이야기들이 담겨 있습니다. 이름은 작지만, 하나님의 나라를 교회 안에서 온몸으로 살아내려 애쓴 이들의 고백이 곳곳에 깃들어 있습니다.

"지금 건강한 작은 교회를 꿈꾸는 모든 이에게"

- 공세현 목사 (광양신광교회)

이 책은 건강한 작은 교회를 꿈꾸는 이들의 생생한 이야기로 시작됩니다. 돈이 아닌 하나님을 중심에 두고, 프로그램이 아닌 말씀을 중심에 두고, 숫자가 아닌 사람을 중심에 두고, 일상의 삶을 예배자로 살아가는 교회들의 고백이 펼쳐집니다. 건강한작은교회 동역센터(건작동) 운영위원들이 직접 걸어온 교회 이야기를 통해, 작지만 진실하게, 조용하지만 단단하게 하나님 나라를 이루어가는 여정을 만나게 됩니다.

거창한 전략보다 정직한 하루하루, 미끈한 언어보나 날것의 고백이 이 책의 힘입니다. 건강한 교회를 꿈꾸며 부딪히고, 넘어지고, 다시 일어나는 좌충우돌한 이야기들 속에서 우리는 교회를 세운다는 것이 어떤 의미인지, 함께 걷는다는 것이 얼마나 귀한 일인지를 발견하게 됩니다.

사역의 벽 앞에서 지치고 있는 목회자들에게는 따뜻한 위로와 함께 다시 걸어갈 용기를, 교회와 신앙의 본질을 고민하는 성도들에게는 깊이 있는 통찰과 공감의 자리를 마련해 줍니다. '이 길이 맞는 걸까' 망설이는 이들에게, '그래도 괜찮다'고 말해주는 책입니다.

지금 건강한작은교회를 꿈꾸는 모든 이에게, 이 책은 든든한 길동무가 되어줄 것입니다.

"그분을 흥하게 하고 나는 쇠하려는 사람들"

- 오준규 목사 (낮은마음교회)

'그는 흥하여야 하겠고 나는 쇠하여야 하리라'(요한복음 3:30). 한국교회는 그 능력을 상실했습니다. 그분을 쇠하게 하고 내가 흥하려는 사람들이 늘어났기 때문입니다. 그리스도를 전하는 이들이 아니라 그리스도가 되려하고 있습니다. 안타까운 한국교회의 현실입니다. 그분을 흥하게 하고 나는 쇠하려는 사람들이 많아질 때 한국교회는 분명 다시 살아나게 될 것입니다.

가까이에서 오랜 시간 함께 동역하며 지켜본 사람으로서, 나는 이 책의 저자들을 한마디로 '그분을 흥하게 하고 나는 쇠하려는 사람들'이라고 말하고 싶습니다. 그래서 감히 이들에게서 나는 한국교회의 희망을 보고 있습니다. 이들은 진정성과 한결같음으로 목회하고 있습니다. 그래서 함께 하는 이들의 마음을 움직입니다.

자신들의 결핍을 그냥 모자람이 아니라 하나님이 채워주시는 자리로 만들어 가고 있습니다. 이들은 삶으로 설교하는 목회자들입니다. 그냥 삶이 교회가 되는 새로운 길을 걸어가고 있습니다. 실제로 변화를 만들어내고 있고. 희망을 여전히 품고 있는 사람들과 더불어 새로운 미래를 이야기하고 있습니다. 여느 교회와 똑같지만 그렇지 않으려 몸부림치고 있습니다. 이 책은 그 몸부림의 기록들입니다.

목회 정말 어렵습니다. 돌아보니 아득하고 앞을 보니 그 끝을 알 수 없습니다. 쉬운 길도 아니고 어려운 길도 아닙니다. 그냥 불가능한 길입니다. 오직 은혜로만 가는 길입니다. 그 길에 이렇게 아름다운 이들을 알아 함께 걸어갈 수 있다니, 참 고맙습니다.

교회 앞에도 벚꽃이 피었습니다. 먼저 핀 꽃들이 외롭지 않도록 여기저기 다른 꽃들이 화답하듯 피어납니다. 자연이 아름답고 눈부십니다. 우리도 그러했으면 좋겠습니다.

Part.1

건작동 7교회 이야기

건강한작은교회동역센터
The fellowship for small sound churches in Korea

하나님이 주인 되신
강북제일교회 이야기

01.
하나님이 주인 되신
강북제일교회 이야기

목사 이상대

여는 말

현재 한국교회 내에서 지속적으로 문제가 되고 있는 여러 이슈들이 있습니다. 교회세습, 교회매매, 교회재정 사유화, 정치적 편향성, 인권유린 등 다양한 문제들이 거론되지만, 이러한 문제들의 근본 원인은 결국 "교회의 주인이 누구인가?"라는 질문에 귀결됩니다.

이 질문에 대해 누구나 "하나님이 교회의 주인이다"라고 대답할 것입니다. 문제는 말로는 하나님이 주인이라고 하면서 실제로는 다른 누군가가 주인 행세를 하고 있다는 점입니다. 하나님은 마치 바지사장처럼 앞에 내세워지고, 실제로는 그 뒤에서 주인노릇을 하는 사람이 따로 있는 경우가 많습니다. 그래서 "가톨릭에는 교황이 한 명 있지만, 개신교에는 교회마다 교황이 한 명씩 있다"는 웃픈 말이 생겨났습니다.

많은 경우, 담임목사가 교회의 주인 행세를 합니다. 담임목사가 교회를 개척했거나, 흔히 말하는 것처럼 교회 부흥의 공을 세운 경우, 교회의 거의 모든 권한이 담임목사에게 집중되곤 합니다. 이렇게 담임목사가 막강한 권한을 가지게 되면서, 그 권한이 남용될 때 교회는 큰 폐해를 겪게 됩니다. 담임목사의 전횡으로 고통 받은 경험이 있는 교인들은 담임목사의 권한을 제한하면 교회가 건강해질 것이라고 생각하기도 합니다. 건작동 정기모임에서 만난 한 권사님의 이야기가 지금도 잊히지 않습니다. 그분은 "담임목사의 전횡을 겪은 교인들이 새 교회를 개척하며 정관에 '교회의 대표는 장로다'라는 항목을 넣었다"고 말했습니다.

하지만 이러한 방식이 교회의 건강성을 보장해 주지는 못합니다. 담임목사가 아니라 장로가 주인 행세를 할 수도 있고, 창립 멤버, 헌금을 많이 하는 사람, 혹은 다른 누군가가 또다시 주인노릇을 할 가능성이 있습니다. 결국, 주인이 바뀌었을 뿐, 구조적 문제는 그대로 남아 있기 때문에 다양한 문제가 반복될 수밖에 없습니다. 저는 하나님의 주인 되심을 회복하는 것이 교회가 교회 되는 가장 근본적인 해결책이라고 믿습니다. 하나님의 나라를 지향하는 교회라면, 하나님의 주권을 회복하는 일이 최우선 과제가 되어야 합니다.

그러나 하나님의 주권을 회복하는 일은 단순히 구호를 외친다고 이루어지지 않습니다. 이는 치열한 싸움과 노력이 필요합니다. 또한, 이 문제를 개인의 신앙적 헌신에만 맡길 것이 아니라, 교회의 구조와 규약을 통해 제도화하고 구조화해야 합니다. 인간의 연약함을 고려할 때, 이는 반드시 필요한 일입니다.

이러한 신념 아래, 제가 섬기고 있는 강북제일교회가 하나님이 주인 되시는 교회가 되도록 13년째 고민하며 노력하고 있습니다. 강북제일교회는 그 이름에서 알 수 있듯이 전통적이고 평범한 동네교회입니다. 저는 이 교회에서 전통을 존중하면서도 교회의 건강성을 고민하며 씨름해 왔습니다. 그 과정은 전통적인 기존 교회도 얼마든지 변화할 수 있다는 희망과 용기를 줄 수 있기를 바라는 마음에서 이루어졌습니다. 강북제일교회의 여정은 결코 특별하지 않지만, 저는 이 이야기가 건강한 교회로 나아가기 위한 작은 발걸음이자, 더 나아가 한국교회 전체의 변화를 위한 하나의 사례가 되기를 기대합니다.

강북제일교회

　양주 강북제일교회는 2000년 덕정아파트단지가 들어서면서 개척된 교회입니다. 이 교회는 저에게도 특별한 의미를 지니고 있습니다. 2003년부터 2년간 제가 교육전도사로 섬겼던 곳이기 때문입니다. 그러나 여러 가지 이유로 교회가 점점 어려워지면서, 교회를 개척하셨던 전임 담임목사님께서 2012년에 갑작스럽게 사임하셨습니다. 교회는 심각한 위기를 맞았습니다. 그때 장로님들과 교인들께서 과거 교회를 섬겼던 부교역자들을 떠올리며 논의하던 중, 10년 전 이 교회에서 사역했던 저를 기억해 주시고 불러주셨습니다. 그렇게 저는 2012년부터 지금까지 강북제일교회를 섬기게 되었습니다.

　제가 부임했을 당시, 교회는 매우 어려운 상황에 놓여 있었습니다. 기존 교인들 중 많은 분들이 떠나셨고, 남아 계신 분들은 약 30명 정도에 불과했습니다. 남으신 분들 역시 여러 가지 상처와 불안감 속에서 힘겨운 시간을 보내고 계셨습니다. 교회 재정 상태도 좋지 않아 관리비와 공과금이 서너 달 밀려 있을 정도로 열악한 형편이었습니다. 이러한 상황 속에서 부임한 저는 '사람 숫자를 늘리는 데에 집착하지 말자'는 다짐을 했습니다. 오히려 하나님이 주인 되신 교회를 세우고, 건강한 작은 교회로 거듭나기를 소망하며 지금까지 걸어왔습니다.

성경

하나님이 주인 되신 교회를 이루기 위해 강북제일교회는 무엇보다 성경 말씀을 통한 하나님의 통치를 가장 중요한 기초로 삼고 있습니다. 교회가 특정 개인의 생각, 경험, 비전을 중심으로 운영되면 늘 위험성을 내포할 수밖에 없습니다. 그렇기에 성경을 통해 주인 되신 하나님을 바로 알고, 하나님의 뜻에 따라 순종하는 것이 매우 중요합니다.

이러한 하나님 중심의 교회를 이루기 위해서는 성경을 대하는 바른 태도가 필수적입니다. 흔히 사람들은 성경에서 전하고 싶은 것만 전하고, 듣고 싶은 것만 듣는 경향이 있습니다. 축복과 위로의 말씀을 선호하면서 책망과 심판의 말씀을 외면하기도 합니다. 강북제일교회에서는 이러한 태도를 경계하며, 본문을 선택하지 않고 책별로 처음부터 끝까지 강해 설교를 진행합니다. 새벽기도회에서도 성서유니온의 〈매일성경〉 본문을 따라 말씀을 나누며, 성경 본문을 선정하는 것에서부터 그 본문이 말하는 바를 그대로 전하는 것까지 하나님의 주권을 인정하는 사역을 이어가고 있습니다.

이것은 말씀을 전하는 목회자뿐만 아니라 말씀을 듣는 교인들에게도 요구되는 태도입니다. 성경을 자기중심적으로 해석하거나 이용하는 〈에이스게시스〉가 아니라, 하나님의 주권을 인정하며 성경의 메시지를 겸손히 받아들이는 〈엑스게시스〉를 지향해야 합니다. 성경에 대한 바른 태도를 가질 때, 우리의 삶과 사역에서도 하나님의 주권을 인정하며 살아갈 수 있습니다.

강북제일교회는 이러한 원칙을 바탕으로 부임 초기부터 귀납적 성경공부(IBS)를 도입해 왔습니다. 교인들의 요청에 따라 시작된 성경공부는 초급반, 심화반, 평생반으로 체계화되었고, 현재는 매주 2~6개 반이 운영되고 있습니다. 교인들은 정해진 본문을 각자 연구하고 묵상하며, 적용점을 나누면서 스스로 성경을 이해하고 실천할 힘을 키워가고 있습니다. 이러한 성경공부를 통해 가장 먼저 변화된 것은 교인들의 가치관과 삶의 태도입니다. 기존에 "복을 받으라"거나 "잘돼라"는 메시지만 듣던 교인들이 "하나님이 주인이다", "자기를 부인하라", "십자가를 지고 따르라"는 말씀을 접하면서 초기에는 반발도 있었지만, 점차 성경의 메시지에 공감하고 변화되기 시작했습니다. 성경공부를 중도에 포기했던 교인들이 다시 참여해, 이전에 듣기 싫어하던 말씀을 스스로 고백하게 된 사례도 많습니다.

특히, 성경공부는 교회의 갈등을 해결하고 새로운 문화를 만들어가는 데 중요한 역할을 했습니다. 예를 들어, 여선교회 헌신예배에서 여자 집사님들이 강단 위에서 순서를 맡게 되자, 장로님들이 이를 문제 삼기도 했습니다. 하지만 매주 성경공부를 통해 말씀을 접하며 자연스럽게 생각이 바뀌었고, 지금은 교회 내에서 이런 갈등이 전혀 없는 상태입니다. 이는 성경 말씀이 사람의 생각을 변화시키는 능력을 가졌음을 보여주는 좋은 사례입니다. 온 교회가 성서유니온의 〈매일성경〉을 통해 같은 본문으로 묵상하고 있습니다. 새벽기도회뿐만 아니라 구역모임, 교회학교 모임에서도 동일한 본문을 활용하며 말씀 안에서 함께 성장하려고 노력하고 있습니다. 교인들이 말씀 묵상을 통해 하나님의 주권을 인정하고 인도하심을 받는 삶을 점차 자리 잡아가고 있습니다.

강북제일교회는 사람 수를 늘리기 위한 프로그램이나 행사를 하지 않았습니다. 대신 성경공부를 통해 교인들이 지식을 넘어 삶에서 변화를 경험하고, 전도와 선교적 삶을 실천하도록 힘썼습니다. 가정에서부터 변화가 시작되었고, 여자 집사님들의 삶이 변하자 믿지 않던 남편들이 교회에 나오는 일이 늘었습니다. 교인들이 행복해지면서 자연스럽게 가까운 지인들을 교회로 인도하게 되었습니다. 하나님께서 감당할 수 있을 만큼의 사람들을 보내주셨고, 그때마다 성경공부반을 새로 개설해 왔습니다. 어느새 빚더미에 있던 교회가 자립하게 되었고, 이제는 다른 교회와 이웃을 섬길 수 있는 교회로 성장했습니다.

강북제일교회가 교회다움을 회복하기 위해 가장 중점적으로 삼고 있는 본질은 바로 성경공부입니다. 이는 목회자가 일방적으로 가르치는 것을 넘어, 교인들이 서로 말씀을 나누며 권면하는(골 3:16) 해석학적 공동체로 성장하는 데 기여하고 있습니다. 처음에는 제가 주도적으로 이끌었지만, 오랜 훈련을 통해 지금은 교인들의 나눔이 더욱 풍성해졌고, 제가 배우고 은혜 받는 시간이 될 때도 많습니다. 성경공부가 지속되기 위해 가장 중요한 것은 목회자 자신이 먼저 말씀의 사람이 되는 것입니다. 저 역시 개인적인 성경공부와 동료 목회자들과의 성경공부 모임을 통해 꾸준히 말씀 안에서 성장하기 위해 노력하고 있습니다.

공동체

하나님이 주인 되신 교회를 이루기 위해 강북제일교회는 공동체를 통해 성령의 인도하심을 받는 것을 두 번째 기초로 삼고 있습니다. 성경을 깊이 읽고 알수록 공동체의 중요성을 더욱 절감하게 되었기 때문입니다.

공동체는 단순한 친목 모임이나 어느 한 사람의 일방적인 가르침을 따르는 형태가 아닙니다. 모든 구성원이 서로 배우고, 함께 삶을 나누며, 함께 결정하고 실행하는 관계를 통해 이루어지는 것입니다. 성령 하나님께서는 특정 목회자나 특별한 사람에게만 임하시는 것이 아니라, 모든 성도 인에 내주하시며 감동하시고 깨닫게 하시고 인도하십니다. 이러한 성령의 사역을 인정하고 공동체성을 지향할 때, 교회는 한 사람의 독단에 의해 좌우되지 않고 진정으로 하나님이 주인 되신 교회로 성장할 수 있습니다.

공동체성은 교회 운영 방식에서 가장 잘 드러납니다. 강북제일교회는 공동체적이고 민주적인 운영을 통해 이를 실현하고자 노력하고 있습니다. 물론 이러한 운영 방식이 성경적 가치관과 신앙적 성숙을 전제로 하지 않는다면, 교회는 단순한 세속적 조직으로 전락할 위험이 있습니다. 그런 경우 교회는 하나님 나라의 공동체가 아닌, 세상의 친목단체와 다를 바 없게 될 것입니다. 그래서 강북제일교회는 성경과 공동체라는 두 기둥을 하나님이 주인 되신 교회의 핵심 토대로 삼고 있습니다.

저 자신을 돌아보면, 공동체적이고 민주적인 운영이 옳다는 것을 인식하고 있었지만, 이를 실제 목회에서 실천하기에는 많은 한계가 있었습니다. 목회자 중심의 운영이 익숙했던 기존의 모델 속에서, 공동체적 목회가 구체적으로 어떻게 실현되는지 잘 경험해보지 못했기 때문입니다. 목회자들 간의 성경공부 모임에서는 모두 하나님의 주권과 교회의 본질에 대해 이야기하지만, 실제 목회의 모습은 목회자 주도적이고 제왕적인 경우가 많아 아쉬움을 느낀 적이 많았습니다.

그런 고민 속에서, 저는 세나무교회의 이진오 목사님과 '건강한작은교회동역센터(건작동)'를 만나게 되었습니다. 이 만남은 저에게 하나님이 주인 되신 교회가 어떻게 구체적으로 실현될 수 있는지를 보여주는 계기가 되었습니다. 특히 건작동의 출범 이전, 이진오 목사님이 나눠주셨던 글들은 저에게 큰 영감을 주었고, 이후 그 내용들이 하나로 묶여 출간된 **[재편]**이라는 책은 그야말로 깨달음의 순간이었습니다. 이 책은 저에게 하나님이 주인 되신 교회를 위한 교과서와도 같았습니다.

강북제일교회는 2017년 10월, 종교개혁 500주년을 맞아 이진오 목사님을 초청해 [재편] 북토크를 진행했습니다. 이 자리에서 우리는 하나님이 주인 되신 교회를 이루기 위해 걸어온 여정을 돌아보며, 앞으로 더 힘써야 할 부분들을 점검하고 다짐을 새롭게 하는 뜻깊은 시간을 가졌습니다.

지금도 저는 건작동 운영위원으로 섬기며, 다른 목사님들과 함께 배우고 성장하고 있습니다. 운영위원 모임에 참여할 때마다, 모든 목사님들로부터 하나님이 주인 되신 교회, 건강한 교회, 그리고 공동체적 교회에 대해 많은 통찰을 얻고 있습니다. 이러한 배움은 제 목회와 교회 공동체의 성장에 큰 밑거름이 되고 있습니다.

정관

강북제일교회는 공동체적으로, 민주적으로 운영되는 교회를 이루기 위해 무엇보다 공동체가 함께 정한 약속, 즉 정관을 중요하게 생각합니다. 교회 운영에서 힘 있는 몇몇 사람에 의해 중요한 결정이 좌우되지 않도록 하기 위해서입니다. 이렇게 해야 사람이 주인 노릇하는 교회가 아니라, 하나님이 주인되신 교회로 나아갈 수 있습니다.

강북제일교회는 형식적인 정관을 넘어, 교회의 고유한 가치와 방향을 담은 민주적인 정관을 함께 의논하며 만들었습니다. 정관은 그 내용만큼이나 이를 제정하는 과정의 민주성이 중요합니다. 이에 부임 초기부터 정관 작업에 착수하여 약 4년에 걸쳐 전 교인이 참여한 과정을 통해 정관을 제정하게 되었습니다.

강북제일교회는 기존에도 형식적인 정관이 있었으나, 교인들 사이에서 정관의 필요성과 중요성을 먼저 공감하도록 하는 데 초점을 맞췄습니다. 부임 초기 운영위원회 수련회에서는 이진오 목사님을 초청하여 〈건강한 작은 교회와 정관〉이라는 주제로 특강을 듣는 시간을 가졌습니다. 또, 뉴스앤조이에서 발행한 [모범정관]을 운영위원들과 함께 읽고 토론하며, 다양한 교회의 정관 사례를 연구하고 발제했습니다. 이를 통해 각기 다른 교회들의 운영 방식을 간접 경험하며, 우리 교회에 적합한 방향을 함께 고민할 수 있었습니다.

이후 당회, 운영위원회, 제직회, 공청회, 공동의회 등의 절차를 거쳐 2016년 12월, 강북제일교회의 고유한 정관이 제정되었습니다. 이 과정에서 의견 차이가 있을 때는 충분한 토론과 설득을 거쳤고, 기도로 마음을 모으는 시간을 가졌습니다. 약 4년이라는 시간이 필요했지만, 충분히 숙성된 논의 덕분에 공동의회에서는 큰 어려움 없이 정관이 통과될 수 있었습니다.

강북제일교회 정관의 가장 큰 의의는 모든 교인이 함께 만들었다는 점입니다. 특별하거나 독창적인 내용이 아니라 하더라도, 우리 교회의 고유한 가치와 방향이 담겼다는 데 큰 의미가 있습니다. 이는 단순히 규정을 마련한 것을 넘어, 교회의 비전과 지향점을 공유하는 계기가 되었습니다. 또한 새로 등록하는 교인들에게 정관을 보여주며 교회의 방향을 설명하고 교육하는 도구로 활용하고 있습니다.

정관은 한 번 제정되면 바꿀 수 없는 것이 아니라, 필요에 따라 개정할 수 있도록 열려 있습니다. 강북제일교회는 정관 제정 이후 2019년 12월, 공동의회를 통해 1차 개정을 진행했습니다. 그동안 암묵적으로 동의되었던 사항들을 구체적으로 명시하거나, 현실적 필요에 따라 수정·추가하는 작업을 했습니다.

1차 개정에서 가장 주목할 만한 내용은 분립개척 기준의 현실화였습니다. 초기에 정관을 제정할 때, 교회가 200명이 되면 분립개척을 준비하고, 250명이 되면 실행하기로 정했습니다. 하지만 교회의 예배당 규모와 교인의 증가 속도를 고려할 때, 이는 실현 가능성이 낮다는 의견이 많았습니다. 이후 논의를 통해 기준을 조정하여, 교인이 120명이 되면 분립 개척을 준비하고, 150명이 되면 실행하는 내용으로 개정했습니다. 이는 보다 실현 가능한 목표로 조정된 사례였습니다.

또한, 시행세칙을 정관에 첨부하기 시작했습니다. 선교위원회, 장학위원회, 구제위원회 시행세칙이 우선적으로 마련되었으며, 앞으로 재정위원회, 선거관리위원회, 사역자 청빙 등 필요한 부분들을 지속적으로 추가할 예정입니다. 이렇게 세칙을 보완함으로써, 정관이 더 구체적이고 실질적인 교회 운영 도구로 자리 잡게 되었습니다.

강북제일교회의 정관은 교회의 운영이 특정 몇 사람에 의해 좌우되지 않도록 막아주는 든든한 기반이 되고 있습니다. 이는 교회가 하나님이 주인 되신 교회로 나아가는 데 있어 중요한 역할을 합니다. 사람이 주인 노릇하지 않는 교회, 하나님의 통치가 드러나는 교회를 이루기 위한 필수적인 도구로써, 정관은 강북제일교회의 공동체적 운영을 지탱하고 있습니다.

운영위원회

강북제일교회는 '섬김이 모임'이라는 운영위원회를 통해 교회의 주요 사항을 함께 결정하고 실행해 왔습니다. 운영위원회는 구역장, 제직회 위원장, 남녀선교회장, 교회학교 부장, 당회원, 교역자로 구성되며, 모든 기관의 대표가 참여합니다.

운영위원이 되려면 IBS 초급반(1년 6개월) 과정을 마쳐야 한다는 자격 요건을 정관에 명시하여 운영위원의 신앙적 성숙도를 유지하고 있습니다. 이는 민주적 운영의 과정에서 교회의 정체성과 공동체성을 지키기 위한 최소한의 안전장치입니다.

강북제일교회는 당회 중심의 전통적 운영에서 운영위원회 체제로의 전환을 모색하며 절충형 방식을 채택했습니다. 이 과정에서 당회가 기존의 결정권 일부를 운영위원회로 이양하는 결단이 필요했습니다. 민감한 사안은 여전히 당회에서 다루지만, 그 외 대부분의 안건은 운영위원회에서 논의하고 의결하도록 맡겼습니다. 이 변화는 쉽지 않았지만, 시간이 지나면서 운영위원들이 의사결정에 동참하며 책임감과 자발성을 갖게 되는 긍정적 결과를 가져왔습니다.

실제로, 리더십의 원리처럼 결정 과정에 참여한 사람들은 실행 과정에서도 적극적으로 나서게 됩니다. 운영위원들끼리 서로 협력하며, 자발적으로 돕고 섬기는 모습이 자연스럽게 자리 잡았습니다. 이 과정에서 저는 교인들이 충분히 참여하지 못하게 되는 책임이 목회자에게 있다는 점을 깨달았습니다. 목회자가 모든 것을 주도하면, 교인들이 수동적 태도를 벗어나지 못하는 환경이 만들어질 수 있기 때문입니다.

운영위원회 초기에는 목회자의 의견에 지나치게 의존하던 운영위원들이 "목사님 생각은 무엇입니까?"라며 질문하곤 했습니다. 그러나 저는 "제 생각보다 여러분의 의견이 중요합니다"라고 대답하며 의견 개진을 독려했습니다. 시간이 지나면서 운영위원들은 공동체적 운영의 가치를 체득하게 되었고, 이제는 목회자의 의견이 반드시 통과되지 않는 경우도 많아졌습니다. 이는 교회가 진정한 공동체로 성장하고 있음을 보여주는 변화였습니다.

운영위원회에서 논의하는 내용은 때로는 사소해 보이는 것까지 포함됩니다. 예를 들어, 야외예배 준비 중 고기를 삼겹살로 할지, 목살로 할지를 두고 열띤 토론이 벌어지기도 했습니다. 결국 삼겹살과 목살을 반반씩 준비하기로 결정했지만, 이 과정은 단순한 결정 이상의 의미를 지녔습니다. 서로 의견을 나누고, 타인의 관점을 배우며, 함께하는 즐거움을 경험할 수 있었기 때문입니다.

이처럼 운영위원회를 통해 형성된 공론의 장은 수군거림을 방지하고, 교인들이 자유롭게 의견을 나누며 합의점을 찾아가는 건강한 문화를 조성했습니다. 운영위원 경험을 통해 교인들은 공동체적 의사결정의 중요성을 배우고, 목회자인 저 또한 동역자들에게 믿고 맡기는 것이 얼마나 효과적인지를 여러 차례 경험했습니다.

선교위원회 사례는 자율적 운영의 성공을 보여줍니다. 선교위원회는 2년마다 후원지를 선정하며, 모든 과정을 위원회에 위임하고 있습니다. 초기에는 제가 참여했지만, 이후 위원회가 모든 권한을 맡아 체계적으로 운영하며 훨씬 더 훌륭하게 일을 감당했습니다. 이런 경험은 다른 위원회들로 확산되어 장학위원회, 예결산위원회 등 각 소위원회가 자리를 잡는 데 기여했습니다.

2020년부터는 담임목사였던 제가 맡던 운영위원장 역할도 당회원 장로들이 돌아가며 맡기 시작했습니다. 저는 한 명의 운영위원으로 참여하며, 내려놓음과 동참의 의미를 직접 체험하고 있습니다. 앞으로는 운영위원들 중에서 운영위원장을 선출할 예정입니다.

운영위원 숫자가 30여 명으로 늘어나면서 참석과 책임감에 문제가 생겼고, 이를 해결하기 위해 정관 개정을 통해 섬김이 모임과 운영위원회를 분리했습니다. 섬김이 모임은 기존 형태를 유지하며 1년에 한두 번 소집하고, 운영위원회는 분야별 대표와 제직회 위원장 등 10여 명으로 구성해 실무를 보다 효과적으로 처리하도록 개편했습니다.

직책과 직분

강북제일교회는 직책과 직분에 대한 바른 이해와 섬김이 이루어지도록 노력해 왔습니다. 이는 함께 세워가는 교회를 이루기 위한 필수적인 과정이라 여겼기 때문입니다. 특히 교회의 모든 직분을 명예직이 아닌 섬김을 위한 직임으로 분명히 하여, 운영위원회도 '섬김이 모임'이라 부르고, 참여하는 기관장들을 '섬김이'라 칭하며 섬김의 의미를 강조하고 있습니다.

기존 교회에서 직분자들을 연말마다 설득해 섬김을 지속하도록 하느라 힘들었던 경험을 바탕으로, 강북제일교회는 자발적 섬김이 이루어지도록 연속기도회를 도입했습니다. 매년 10월, 섬김이들은 기도실에서 기도 시간을 가진 후 담임목사와 면담하며 한 해를 돌아보고, 서로를 격려하거나 조언하며 다음 해의 섬김에 대해 논의합니다. 이를 통해 직책에 대한 애정을 갖고 적극적으로 섬기는 분위기가 조성되었으며, 억지로 교회 일을 맡는 사람이 없게 되었습니다.

연속기도회는 쉬고 싶은 이들에게 안식년을 제공해 회복의 기회를 주기도 합니다. 공석이 생겨도 하나님께서 공동체를 가장 적절히 이끌어 가신다는 신뢰 속에서 진행됩니다. 이를 통해 교회는 지금까지 한 사람 한 사람, 공동체 전체가 적절히 인도되는 경험을 누려왔습니다.

강북제일교회는 맘몬을 배격하고 하나님 앞의 순수함을 지키기 위해 임직식을 통해 3무 캠페인을 실천하고 있습니다.

첫째, 임직헌금이 없는 임직식입니다. 임직자가 감사의 마음으로 헌금을 하고 싶을 경우, 무명으로 자발적인 감사헌금을 할 수 있도록 합니다. 임직식에 필요한 모든 비용은 교회 재정으로 충당하며, 이를 통해 직분을 돈으로 얻는 명예직이 아닌, 더욱 낮아져 섬기는 직임임을 인식하도록 하고 있습니다.

둘째, 선거운동이 없는 임직식입니다. 이는 투표 이전에 하나님의 주권을 인정하자는 의미를 담고 있습니다. 직분의 타이틀을 사모하기보다는, 직분에 걸맞은 믿음과 준비를 사모하도록 독려합니다. 이를 통해 직분의 영적 의미를 되새기며, 성경적 가치관을 따르는 임직 과정을 실천하고 있습니다.

셋째, 시험에 드는 이 없는 임직식입니다. 이는 투표 이후에도 하나님의 주권을 인정하자는 뜻입니다. 당선자는 하나님의 주권을 고백하며 교만하지 않고, 낙선자는 하나님의 주권을 받아들이며 시험에 들지 않도록 돕습니다. 이러한 원칙을 바탕으로 강북제일교회는 부임 후 세 차례의 항존직 투표를 진행했으며, 낙선자 중 시험에 들거나 교회를 떠난 사례가 한 명도 없는 성숙한 공동체 분위기를 유지하고 있습니다.

임직 후보의 자격 요건은 IBS 초급반과 심화반 이수로 정관에 명시되어 있습니다. 이는 성경적 가치관을 공유하고 같은 방향을 바라보는 동역자를 세우기 위해서입니다. 임직헌금을 요구하지 않는 대신, 후보는 3~4년에 걸쳐 성경공부를 이수하며 준비하고, 피택 후에는 새벽기도회 설교 등 교회 방향에 맞는 훈련을 받습니다. 이를 통해 건전하고 성숙한 임직식 문화가 자리 잡았습니다.

직분자는 처음 세워질 때뿐 아니라, 이후에도 초심을 잃지 않도록 관리가 필요합니다. 항존직이 은퇴 시까지 직분을 유지하면서 변질되는 경우를 방지하기 위해, 강북제일교회는 재신임제가 아닌 평가제를 도입했습니다. 정관에 따라 항존직은 5년마다 전교인의 평가를 받습니다. 2022년 공동의회에서 처음으로 시행된 평가제에서는 교회 전반에 대한 평가 10문항과 직분자 개인에 대한 평가 10문항으로 이루어진 설문을 교인들에게 배부하여 작성 후 제출받았습니다. 평가는 부담스럽고 어려운 과정이지만, 이를 통해 직분자들은 자신의 사역을 돌아보고 초심을 회복하며 직임을 더욱 잘 감당하는 계기가 되었습니다. 평가 결과는 개인에게만 전달되며, 시험에 들지 않고 오히려 격려와 기도의 시간을 통해 직분의 중요성을 재인식할 수 있도록 돕고 있습니다.

강북제일교회는 직분을 명예가 아닌 섬김의 자리로 삼고, 자발적 참여와 건전한 평가를 통해 직분의 참된 의미를 회복하고 있습니다. 이러한 노력은 하나님이 주인 되신 교회를 이루는 중요한 발걸음이며, 성숙하고 건강한 교회 공동체를 지향하는 데 큰 역할을 하고 있습니다.

건강한 재정

강북제일교회는 부임 초기부터 건강한 재정 관리를 위해 재정의 투명성 확보에 주력해 왔습니다. 매월 교회 게시판에 수입·지출 현황을 1원 단위까지 철저히 공개하며, 헌금자 명단은 제외하고, 모든 지출을 상세히 기록해 게시하고 있습니다. 또한, 3개월마다 열리는 제직회에서는 분기별 재정 상황을 서면으로 상세히 보고하고, 1년에 한 차례 공동의회에서는 한 해의 전체 재정 상황을 서면으로 제출하며 투명하게 공유하고 있습니다.

초기에는 재정장로가 혼자 처리하던 재정업무를 재정부 동역자 세 명을 추가로 세워 네 명이 함께 분납하도록 체계를 개신했습니다. 이를 통해 업무의 효율성과 공정성을 높였으며, 책임 있는 운영이 가능하도록 했습니다.

연말 결산과 예산 수립 과정에서는 먼저 재정위원회가 초안을 작성합니다. 이후 전·현임 제직위원장들로 구성된 예결산위원회에서 심의와 수정을 거칩니다. 이 과정에서 담임목사는 장학위원회, 선교위원회 등 다른 위원회와 마찬가지로 참석하지 않고, 책임자가 실무를 전담하도록 맡기며 재정 관리의 독립성과 객관성을 유지하고 있습니다.

많은 교회가 재정 지출에 있어 힘 있는 몇몇 사람의 주도로 기준 없이 중요한 결정이 이루어져 어려움을 겪는 사례를 반면교사 삼아, 강북제일교회는 아래와 같은 안전장치를 마련했습니다. 특히 추경에 해당하는 사항에 대해 명확한 승인 절차를 따릅니다.

  10만 원 이상: 당회의 승인 후 지출.
  100만 원 이상: 운영위원회(섬김이모임) 승인 후 지출.
  1,000만 원 이상: 제직회의 승인 후 지출.
  5,000만 원 이상: 공동의회의 승인 후 지출.

이러한 단계적 승인 절차는 재정 지출에 대해 투명성과 책임을 담보하며, 교회의 공정한 재정 운영을 보장하고 있습니다.

강북제일교회는 재정의 투명성을 넘어 적절성까지 염두에 두며 예산을 편성하고 실행하기 위해 노력하고 있습니다. 하나님이 주인 되신 교회를 이루기 위해 재정은 투명하게 관리되고, 공동체와 사역의 목적에 부합하게 사용되어야 합니다. 이러한 과정을 거치면서 교회 재정은 안정성을 확보했으며, 앞으로도 건강한 재정 관리를 통해 하나님 나라의 사역에 더욱 충실히 헌신하고자 합니다.

섬김의 심방

강북제일교회는 하나님의 주권을 고백하며 그때마다 깨닫게 하시는 대로 순종하며 섬기고 있습니다. 부임 초기 대심방을 진행하면서, 저는 교인들의 과한 식사 대접이 마음에 부담이 되었습니다. "내가 뭔데 이런 대접을 받아야 하나? 나는 사례비를 받으며 섬기지만, 교인들은 물질과 시간, 몸을 바쳐 섬기고 있지 않은가?" 하는 생각이 들었습니다. 더 나아가, 심방 때의 고가의 식사가 다음 순서를 준비하는 교인들에게는 부담이 될 수 있겠다는 우려도 있었습니다.

이 문제를 해결하고자 당회, 섬김이모임, 공동의회를 거쳐 다음과 같은 결정을 내렸습니다. 교회의 공적 심방(등록심방, 대심방) 때는 1만 원 내외의 식사를 교회의 재정으로 제공하기로 한 것입니다. 이를 통해 심방 시 교인들이 물질적, 시간적 부담 없이 영적인 양식인 말씀을 온전히 받을 수 있도록 했습니다. 또한, 하나님의 따뜻한 육의 양식을 함께 나누며, 섬김 받는 시간을 경험할 수 있도록 했습니다.

이 변화는 교인들에게도 긍정적인 반응을 불러일으켰습니다. 처음에는 어색해하던 교인들도 이제는 아무 준비 없이 오직 기도로 예배를 준비하며 심방에 집중할 수 있게 되었고, 이를 행복하고 감사한 시간으로 여기게 되었습니다. 그 결과, 대심방은 부담이 아닌 사모함으로 맞이하는 강북제일교회만의 아름다운 전통으로 자리 잡았습니다.

코로나 시국

하나님이 주인 되신 교회를 추구하며 더디지만 바른 길을 걷고자 노력해왔습니다. 당장의 결과가 눈에 보이지 않더라도 묵묵히 걸어왔던 이 길은 코로나 시국을 통해 점검과 성찰의 기회를 맞이했습니다. 코로나는 온 국민과 전 세계의 아픔이었지만, 동시에 지금까지의 목회 방향을 되돌아보게 한 시간이기도 했습니다.

많은 교회가 성숙한 신자 양육보다는 교회 성장에 집중해왔던 경향이 있었습니다. 교회 건물 안에서 열심히 활동하는 종교인은 많았지만, 삶의 자리에서 홀로 하나님과 독대하며 그리스도인으로 살아갈 자생력을 키우는 데는 한계가 있었습니다. 그러나 코로나로 인해 예배당에 모일 수 없게 되면서 각 교회의 목회 방식과 결과가 드러나게 되었습니다.

강북제일교회는 이러한 상황 속에서도 큰 어려움 없이 예배와 신앙생활을 이어갈 수 있었습니다. 공동체성의 약화는 불가피했지만, 예배당에서든 온라인에서든 예배의 중심을 잃지 않았습니다. 새벽기도회로 모이지 못하는 동안에도 교인들은 성서유니온의 매일성경으로 말씀을 묵상하고, 목회자가 녹음해 카톡방에 올린 설교를 들으며 하루를 믿음으로 살아갔습니다. 특히, 이전에는 형편상 새벽기도에 참석하지 못하던 이들이 가정, 출근길, 또는 직장에서 말씀을 묵상하며 오히려 말씀에 더욱 가까워지는 계기가 되었습니다.

이러한 경험을 통해 교회의 주인이 하나님이심을 다시 한 번 고백하며, 하나님께서 교회를 세워가심을 더욱 깊이 체험했습니다. 코로나라는 위기 속에서도 강북제일교회는 더디지만 바른 방향으로 걸어왔음을 온 교인이 확신하며 감사하게 되었습니다.

리모델링

코로나 시국 중에 강북제일교회는 뜻밖에 교회 리모델링이라는 놀라운 일을 경험하게 되었습니다. 목양실은 건물 발코니를 개조한 공간이라 겨울엔 춥고, 여름엔 덥고, 환경이 열악했습니다. 특히, 23년 된 예배당의 노후화로 인해 비가 오면 목양실 천장에서 물이 새는 일이 반복되었습니다. 2021년 여름에는 비가 내리면 바닥에 세숫대야 3~4개를 놓아야 할 정도였고, 전기 누전까지 우려되는 상황이었습니다. 이에 연말 방수 공사비용을 예산에 반영해 해결하고자 했습니다.

이 상황을 알게 된 한 교인이 자발적으로 1,000만 원을 헌금하며, 목양실 전체와 예배당 천장을 함께 리모델링할 수 있게 되었습니다. 이 일이 계기가 되어 또 다른 교인이 1,000만 원을 헌금하며 예배당 바닥과 벽면을 리모델링할 수 있었습니다. 이어서 교인들이 자신이 앉을 의자를 헌금하기로 하면서, 오랜 숙원이었던 장의자를 개별 의자로 바꿔 공간을 더욱 실용적으로 활용할 수 있게 되었습니다. 또한, 또 다른 교인이 1,000만 원을 헌금하며 강단과 강대상을 새롭게 리모델링하고, 빔프로젝터 대신 대화면 TV를 설치할 수 있었습니다.

물론, 이러한 과정이 매끄럽지만은 않았습니다. 만약 당회에서 작정 헌금을 계획하거나 대출을 받아 단기간에 모든 공사를 진행했다면, 깔끔하게 마무리할 수 있었을 것입니다. 그러나 강북제일교회는 헌금의 자발성, 빚지지 않기, 주신 만큼 감당하기라는 교회의 재정 원칙을 지키며 진행했습니다. 이로 인해 총 공사 기간은 약 4개월에 이르렀지만, 사람이 드러나기보다는 하나님의 일하심을 확인하는 시간이 되었습니다. 힘든 코로나 시국에도 불구하고 교회 리모델링이 이루어진 것은 교인들에게 하나님의 주권을 더욱 깊이 체험하고, 감사를 고백하는 계기가 되었습니다.

아바딤

　하나님이 주인 되신 교회는 거룩한 공교회성을 추구하며, 다른 교회와의 연합과 지역사회의 섬김을 실천합니다. 이를 위해 저는 2019년 건강한 작은 교회 동역 센터(건작동) 운영위원으로 섬기며 동양의포(동두천, 양주, 의정부, 포천) 지역 독서 모임을 시작했습니다. 이 모임은 지역 목회자들이 함께 친교를 나누고, 독서와 대화를 통해 서로 배우며 격려하는 자리였습니다. 때로는 동해안이나 수목원으로 나들이를 가며 친목을 다지기도 했습니다.

　같은 해 8월에는 의정부 더세움교회에서 청년 연합수련회를 개최했습니다. 각 교회의 청년 숫자가 적어 자체적으로는 수련회를 진행하기 어려운 상황이었지만, 연합을 통해 함께 가능성을 경험한 귀한 시간이었습니다.

　2020년 코로나로 인해 정기 모임이 어려워졌지만, 섬김의 사역은 이어졌습니다. 같은 해 11월에는 굿네이버스 경기 제2본부와 함께 독거노인 지원 사역을 감당하며, 사각지대에 있는 약 15명의 독거노인에게 총 900만 원 상당의 지원품과 지원금을 전달했습니다. 이를 통해 작은 교회들이 연합하면 더 큰 사역을 감당할 수 있음을 깨닫는 계기가 되었습니다.

　2022년 4월, 코로나 상황이 완화되며 모임을 재개했을 때, 단순한 친교와 독서 모임을 넘어 예배와 섬김 중심의 모임으로 발전시키자는 의견이 모였습니다. 이에 따라 모임 이름을 "아바딤"(하나님을 예배하고, 형제 교회를 섬기며, 이웃을 돕는 의미)으로 정하고 새롭게 시작했습니다. 이후 매월 둘째 주 금요일에는 목회자 친교/독서 모임을, 넷째 주 금요일 저녁에는 연합 찬양예배를 드리며, 예배 헌금 전액을 형제 교회와 이웃을 돕는 데 사용하고 있습니다.

아바딤을 통해 여러 귀한 섬김의 일들이 이루어졌습니다. 2022년 11월에는 포천의 화재로 사택과 예배당이 소실된 OO교회에 100만 원을 전달했고, 2023년 1월에는 동두천 OO교회의 아프리카 난민 가정에 100만 원의 화재 복구비를 지원했습니다. 작은 교회가 홀로 감당하기 어려운 사역들이지만, 연합을 통해 하나님께서 주신 사명을 감당하고 있습니다.

2023년 2월에는 여러 교회와 후원자들의 찬조로 제주도에서 2박 3일간의 아바딤 목회자 수련회를 열어, 11명의 목회자와 사모님들이 쉼과 안식을 경험하며 아바딤의 발전 방향을 함께 논의하는 시간을 가졌습니다.

현재는 지역 자립준비청년(보호종료청소년)을 돕기 위한 기금을 조성하고 있습니다. 어떤 교회는 성탄절 헌금을 이 기금에 후원하고, 다른 교회는 수제 비누, 샴푸, 식혜 등을 만들어 아바딤 연합 예배에서 판매한 수익금을 적립하고 있습니다. 이렇게 하나님께서 붙여주실 귀한 영혼들을 섬길 날을 기대하며 기도와 준비를 이어가고 있습니다.

이 모든 과정을 통해 하나님께서는 "홀로 우뚝 선 거목이 아니라, 함께 숲을 이루는 건강한 생태계"의 중요성을 가르쳐 주셨습니다. 앞으로도 하나님께서 아바딤 모임을 통해 이루실 일들을 기대하며, 그 걸음을 믿음으로 이어가고자 합니다.

닫는 말

어느덧 강북제일교회에서의 목회가 13년째를 맞이했습니다. 지나온 시간을 돌아보며 저와 교인들이 한결같이 고백하게 되는 것은 "목회는 하는 것이 아니라 되는 것"이라는 사실입니다. 주인 되신 하나님께서 가장 적합한 방식으로 교회를 세워 가신다는 것을, 우리 모두가 경험하며 하나님이 주인되신 교회를 함께 이루어가고 있습니다.

이 원고는 오랜 기간에 걸쳐 쓰였기에 작성 당시에는 유효했던 내용이, 시간이 지나며 변동된 부분도 있습니다. 예를 들면, 섬김이모임 체제(30명)에서 운영위원회 체제(10명)로 변경된 점이 그렇습니다. 이 책이 출간된 후에도 교회 안팎에서 새로운 변화가 이어질 것입니다. 하지만 저는 이러한 변화를 긍정적으로 바라봅니다. 변화는 하나님께서 교회를 세워 가시는 과정의 일부이며, 강북제일교회의 이야기로 자연스럽게 녹아들기 때문입니다. 무엇보다 중요한 것은 체제와 형식이 바뀔 수는 있어도, "하나님이 주인 되신 교회"라는 본질적인 목표와 방향은 흔들리지 않는다는 점입니다. 우리 교회가 하나님의 뜻을 따라 세워지는 교회로 계속 자라갈 것임을 확신합니다.

마지막으로, 이 모든 여정을 진실되게 함께해 온 강북제일교회 교인들의 고백을 나누며 이 글을 마무리합니다. 투박하지만 진정성 있는 이들의 고백 속에는 하나님이 주인 되신 교회를 세워가는 깊은 감격과 감사가 담겨 있습니다.

첨부 : 교인들의 고백

민인순 권사

　12년 전 처음 이상대 목사님께서 부임해 오셔서 건강한 작은 교회로 세워져 가야 하는 비전을 말씀하시며 그 뜻을 알게 되었습니다. 생소하고 낯선 말이었으나 점점 그 뜻을 이해하면서 건강한 작은 교회란 하나님을 주인 삼고 주님의 뜻을 생각하며 '하나님이시라면 어떻게 하셨을까?'라는 생각을 묵상하며 교회 모든 사역이 하나님의 뜻을 알아가기 위해 서로 기도하며 한마음으로 하나님 뜻에 맞춰져 가는 것이 올바른 방법임을 깨닫게 되었습니다.

　우리 교회는 모든 일에 예전과는 다르게 목사님 중심적 사고로 처리되는 것도 아니고 힘 있는 개인 한 사람의 추진력 있는 권력적 의견이 수렴되는 것도 아니었습니다. 우린 함께 섬김이 모임을 통해 모든 안건과 의견을 수렴하면서 한 영혼이 상처받는 일이 없도록 세심하게 배려하며 섬기는 교회 공동체로 변해갔습니다.

　재정 문제 또한 작은 교회임에도 불구하고 재정위원을 4명으로 세워 각자 담당을 정하면서 투명하게 쓰임 받고, 언제든지 재정 출납을 볼 수 있도록 교회 본당에 비치해놓고 모든 성도들이 의혹 없이 볼 수 있으며 또 언제든지 다양한 다른 의견을 안건으로 내놓으며 말할 수 있는 자유로움이 형성되었습니다.

또한 공동체 안에서 재정이 부족하면 서로 마음 아파하며 힘써 섬기길 애썼으며 좀 넉넉해지면 선교와 이웃에게 구제로 주님이 섬긴 모습을 닮아가길 애쓰는 주님을 주인 삼는 교회의 모습으로 성장해나가는 강북제일교회의 모습에 감사했습니다.

어려움에 처한 성도가 있으면 목적 헌금이라는 제도 속에 목적 헌금 봉투에 도움 받는 성도의 이름과 전하고 싶은 위로의 글을 적고 도움을 전하는 자의 이름은 적지 않는 따뜻한 배려 속에 이름 없이 고엘로 섬겨가는 우리 교회 성도들의 모습이 주님 앞에 아름답게 빛납니다.

함께 모든 공동체 성도들이 주님이 이 교회의 주인이심을 깨달으며 또 그렇게 실천하려는 애씀으로의 변함이 주 은혜였음을 고백합니다. 아직은 좀 더 많은 것들이 보완되고, 좀 더 주님의 뜻에 맞춰져 가야 하겠지만 하나님께서 우리 교회를 통해 이루어 가실 것을 믿습니다.

주님 주인 되심을 신뢰하며 주께서 이끄시어 신실하게 다듬어 가실 것을 확신하는 건강한 작은 강북제일교회의 성도 됨에 감사하며 주님 발자취를 조금이라도 따라가길 애쓰는 강북제일교회 공동체 되길, 날마다 주님 앞에 엎드려 겸손하게 주 말씀 앞에 귀 기울이며 순종하며 살아가는 우리 교회 되길 소망하며 기도합니다.

김은주 권사

내가 강북제일교회에 온지 16년째 되었습니다. 처음 목사님께서 오시고 얼마 안 있다가 성경공부를 초급반부터 시작하게 되었습니다, 우리 교회는 성경공부반이 초급반, 심화반, 평생반이 있습니다. 우리 교회에서 섬기는 섬김이들은 이 공부를 해야만 섬김이를 할 수 있고, 권사 임직을 받을 수 있습니다, 처음 성경공부를 시작할 때는 너무 힘들어서 때론 그만 두고 싶을 때도 있었지만 끝까지 참으며 하게 되었습니다, 그리고 초급반을 마치고 바로 심화반 공부를 하였습니다.

그런데 그 모든 성경공부 과정들을 다 마치고 보니 어느 순간 조금씩 하나님을 알아가고, 하나님을 주인으로 왕으로 모시고 살아가야 함을 깨닫게 되어 조금씩 변해가는 내 모습이 보였습니다, 그리고 공부를 마친 우리 교회 성도님들도 한 사람 한 사람 조금씩 변해가는 모습이 보였습니다.

예전에는 좋은 일이 생길 때나 슬픈 일이 생길 때, 자기가 속해있는 선교회나 구역에서만 위로해주고 축하해주고 찾아가주었는데, 지금은 구역, 선교회 상관없이 온 성도님들이 서로 기뻐해주고 위로해주고 찾아가 주고 합니다. 이렇게 사랑의 지경이 넓혀져 가는 게 가장 큰 변화라 생각합니다.

하나님의 뜻대로 되는 강북제일교회, 서로 말씀으로 하나 되는 성도님들, 서로 섬기며 사랑하며 하나님이 기뻐하는 강북제일교회 성도님들로 변해가는 것 같아 참 기쁩니다.

또 운영위원회를 통해 서로 회의하고 의논하며 그 어느 누가 주인이 아닌 오직 하나님이 주인인 강북제일교회로 세워져가고 있습니다. 재정도 투명하게 보고됩니다.

이런 우리 교회가 앞으로도 계속해서 건강한 작은 교회로 빚어져 가길 소망합니다. 이런 우리 강북제일교회가 하나님이 주인 되신 교회가 아닐까 싶습니다.

상처 입은, 다시 배우는,
다시 써 내려가는 교회 이야기
그십자가교회 이야기

02.
상처 입은, 다시 배우는, 다시 써 내려가는 교회 이야기
그십자가교회 이야기

목사 손연국

1. 이게 교회인가?

교회의 절망을 겪다

2014년 연말, 저는 한 도시에서 가장 빠르게 성장하고 있다고 알려진 대형 교회에서 약 4년간 부목사로 사역하던 중, 제 신앙 여정에서 가장 충격적인 사건을 겪게 되었습니다. 교회 내부에서 발생한 문제로 인해 공교롭게도 여러 교역자들이 동시에 사임하게 되었는데, 그 과정에서 차마 말로 다 표현할 수 없을 정도로 불합리하고 비상식적인 일들이 벌어졌습니다.

물론, 이런 비상식적인 일들이 교회 안에서 언제나 아무렇지도 않게 일어날 수 있다는 이야기를 소문으로 들어본 적은 있었습니다. 하지만 제가 몸담고 있는 교회에서 그러한 일이 실제로 벌어지고, 제가 그런 일을 겪게 될 것이라고는 꿈에도 상상하지 못했습니다. 그 경험은 마치 믿음과 신앙의 나무가 갑작스레 뿌리째 흔들리고 꺾이는 것과 같았습니다. 지금까지 신앙생활을 하며 쌓아 온 믿음과 사역의 열정이 그 사건 하나로 인해 마치 모래성처럼 완전히 무너지는 것과 같은 느낌이었습니다.

그 사건 이후, 저는 제 신앙과 사역의 본질에 대해 스스로에게 깊이 질문을 던지기 시작했습니다. 심지어 신학과 교회 자체에 대한 근본적인 회의감이 몰려왔고, 제 마음속에서는 깊은 갈등과 혼란의 파도가 쉼 없이 밀려들었습니다. 그러던 중, 과거 교역자 캠프에서 들었던 "CEO 목회"라는 표현이 문득 떠올랐습니다. 당시에 저는 "CEO"라는 단어 속의 "C"가 교회(Church)가 아닌 회사(Company)를 의미한다는 것을 알게 되었을 때 너무나 큰 충격을 받았었는데, 그것이 현실로 다가온 이번 경험은 저에게는 너무나 큰 고통이었습니다. 교회가 신학적 기초와 적용이 없이 어쩌면 그저 조직력만으로 대형화되어 존재할 수 있다는 사실을 직접 확인했을 때, 그것은 단순한 실망을 넘어 제 신앙과 영혼을 송두리째 갉아먹는 깊은 절망으로 이어졌습니다.

이처럼 교회 없는 교회, 신학 없는 교회가 오직 숫자와 성장만을 추구하며 승승장구 하는 불합리함과 모순은 마치 겉은 아름답게 빛나는 찬란한 크리스탈 유리잔 속에 숨겨진 독과도 같아 보였습니다. 어떤 교회이든 겉에서 보기에는 완벽하고 흠잡을 데 없어 보이지만, 그 내부는 이미 서서히 썩어가고 있을 수 있다는 이런 경험은 저에게 "이게 교회냐"라는 탄식과 외침을 쏟아내게 하였습니다. 그때 저는 마치 길을 잃은 사람처럼 너무나 깊은 절망감을 느꼈습니다. 신앙은 분명 저를 살리는 생명 줄과 같았지만, 그 신앙의 터전인 교회에 대한 환상이 흔들릴 때는 마치 폭풍이 몰아치는 바다 위에 떠 있는 조각배처럼 위태롭고 불안하기만 했습니다.

결국 저는 이러한 참담한 현실과 딜레마 속에서 신앙의 본질을 다시 고민하지 않을 수 없었습니다. 흔들리는 배 위에서 하늘을 올려다보며 하나님께 질문을 던지듯, 저는 제 신앙과 사역의 길에 대해 하나님께 끊임없이 묻고 또 물었습니다. 그 경험은 저에게 깊은 고통이었지만, 동시에 제 믿음의 뿌리를 다시 찾게 하는 역설적인 여정의 시작이 되었습니다.

사역을 쉬기로 하다

청년 시절, CCC(한국대학생선교회)를 통해 예수님을 만난 그 순간부터 제 삶은 교회라는 하나의 궤도 위에서만 움직였습니다. 예수님을 만난 이후 저는 작은 개척교회를 다니면서 정말 최우선에 두고 교회를 열심히 섬기었고, 작은 교회 공간에서 먹고 자기도 하며 새벽예배를 드렸고, 교회에 큰 어려움이 있을 때는 기도원에 들어가 교회와 목사님을 위해 금식기도를 했을 정도로 저는 교회를 정말 사랑하는 사람이었습니다.

20대에서 40대의 여정은 찬양 사역으로 하나님의 은혜를 나누고, 긴 세월 동안 전도사와 부목사로 사역의 길을 걸으며 어찌 보면 저는 제 삶의 전부를 교회에 바쳤습니다. 그렇게 오랜 시간 동안 교회를 중심으로 살아온 저는, 이렇게 교회만 알고 교회 밖의 세상을 모르는 사람이나 다름없었습니다. 교회는 어쩌면 제게 공기와도 같았습니다. 그만큼 교회는 저에게 생명을 유지하는 필수적인 존재이자, 운명처럼 뗄 수 없는 부르심으로 여겨졌습니다.

그러나 어느 날, 그토록 소중하게 여겼던 교회라는 이름에 처음으로 강력한 의문을 품기 시작했습니다. 교회는 정말 하나님의 의도대로 세워진 것인가? 아니면 우리가 스스로 만들어 낸 인간적인 제도에 불과한 것인가? 이런 질문들이 제 마음속에 자리를 잡으며, 저는 교회라는 존재에 대해, 교회 자체에 대하여 처음으로 의심을 가지게 되었고 반기를 들게 되었습니다. 그것은 마치 평생을 의지했던 나침반이 갑자기 방향을 잃은 것처럼 혼란스러운 일이었습니다.

그러던 즈음 결국 저는 아내에게 어렵게 이런 말을 꺼냈습니다. "이제 나는 교회 사역을 쉬어야 할 것 같아." 이 한마디는 마치 숨을 쉬고 있는데 숨을 쉬지 않는 것처럼 느껴졌습니다. 그때는 정말 제 마음속에서 무언가가 와르르 무너져 내리는 것 같았습니다. 그 즈음, 다른 대형교회에서 부목사 자리로 초청하는 제안이 들어왔지만, 저는 그런 제안을 처음으로 단호하게 거절했습니다. 그것은 커다란 건물과 수많은 숫자와 화려한 예배로 구성된 교회의 시스템이, 화려하게 장식된 아름다운 건물이, 정작 그 안에 하나님은 계시지 않는 껍데기 같은 자리로 느껴졌기 때문이었습니다.

사역을 내려놓고 쉼의 시간을 가지자, 예상치 못한 넉넉함과 동시에 낯설음이 찾아왔습니다. 오랜만에 손에 쥐어진 자유로운 시간이 마치 쏟아지는 모래처럼 끝없이 흘러가는데도, 그 여유 속에서 저는 오히려 더 무거운 짐을 느꼈습니다. 쉴 때마다 머릿속에 맴도는 단어, "교회"라는 이름은 마치 지워지지 않는 낙인처럼 저를 따라다녔습니다. 그 단어는 머릿속에 새겨진 문양처럼 사라지지 않았고, 마치 새벽을 알리는 종소리처럼 끊임없이 저를 깨우며 괴롭혔습니다.

시간은 점점 흘렀고, 쉼이 길어질수록 현실은 서서히 저를 압박하기 시작했습니다. 사역을 내려놓고 얻은 시간은 자유를 주는 것처럼 보였지만, 그것은 동시에 가계의 빈곤이라는 그림자를 몰고 왔습니다. 재정적 여유가 줄어들면서 마음이 복잡해지기 시작했습니다. 얼마 전까지 따뜻한 응원을 보내주던 아내의 눈빛은 점점 불안한 마음이 되어 걱정하고 염려하는 눈빛으로 바뀌는듯했습니다. 아이들을 위해서는 지금 무엇이라도 해야 한다는 절박함에도 휩싸이게 되었습니다. 마치 벽에 걸린 시계의 초침 소리가 점점 크게 들리듯, 그런 상황은 제가 쌓아온 삶의 무게를 더 크게 실감하게 했습니다.

쉼이라는 이름 아래 놓인 이 시간은 마치 광야와 같았습니다. 광야는 고요했지만, 그 고요 속에서 바람이 울부짖고 모래가 휘몰아쳤습니다. 쉼의 시간은 단순히 쉴 수 있는 기회가 아니라, 제 마음을 돌아보고 제 신앙의 뿌리를 다시 살피게 만드는 깊은 성찰의 시간이었습니다. 하지만 동시에, 쉼은 저를 끊임없이 시험하는 거울과도 같았습니다. 그 기울 속에는 현재의 모습뿐 아니라 과거와 미래의 모습까지 어렴풋이 비쳤습니다. 그렇게 저는 쉼이라는 이름의 낯선 길 위에서 새로운 싸움을 시작해야 했습니다.

교회들을 탐방하며

사역을 내려놓은 이후, 처음에는 오랫동안 품고 있었던 작은 호기심을 해결하고 싶었습니다. 평소 사역으로 인해 가보지 못했던 유명한 교회들을 방문하고 싶어졌습니다. 그래서 주일마다 가까운 분당의 대형 교회들을 찾아다니기 시작했습니다. 웅장한 건축물과 잘 정돈된 시설, 세련되게 구성된 예배와 수많은 사람들이 함께하는 그 공간은 겉보기엔 완벽해 보였습니다. 그러나 이상하게도, 그곳에서 저는 교회를 만나지 못했습니다. 사람들의 노랫소리와 화려한 조명이 가득한 예배당 안에서도 무언가 중요한 본질이 빠져나간 듯 한 공허함이 느껴졌습니다. 그것은 마치 아름다운 껍데기 속에 핵심을 잃은 빈 껍질과 같았습니다.

어느 날, 제가 존경받는다고 생각했던 한 대형 교회 목사님의 설교를 들은 후 집으로 돌아왔을 때, 초등학생 딸 아이가 저를 보며 의미심장한 말을 던졌습니다. "아빠! 아빠는 설교할 때 똑바로 해! 저 목사님처럼 하지 말고!" 그 말은 마치 제 가슴을 깊숙이 찌르는 칼 같았습니다. 그 단순한 문장이 저에게는 하나님의 음성처럼 들렸습니다. 딸의 그 말 이후, 저는 점점 더 깊은 고민 속으로 빠져들었습니다. 내 삶을 바쳐온 교회란 무엇인가? 하나님께서 원하시는 교회란 어떤 모습인가? 제 안에는 끊임없이 질문이 솟아올랐고, 어느 순간부터 "하나님, 도대체 교회란 무엇입니까?"라는 질문이 제 입에서 하루도 빠지지 않고 흘러나오기 시작했습니다.

그 질문은 마치 메마른 땅에서 샘물을 찾기 위해 끝없이 삽질을 하는 것 같았습니다. 제가 지금까지 쌓아왔던 신앙과 신학, 그리고 그동안 흠모하며 바라보았던 화려한 교회들이 모두 허상처럼 느껴졌습니다. 내 신앙의 기초가 흔들리고, 내가 사역해 온 길이 모두 빛바랜 그림 같았습니다. 마음속 깊은 곳에서는 "내가 알고 있는 교회는 정말 하나님이 기뻐하시는 교회일까?"라는 질문이 번개처럼 치고 지나갔습니다.

그때부터 저는 방향을 틀어, 작은 교회들을 찾아다니기 시작했습니다. 처음엔 두려움과 망설임이 있었지만, 한 발 한 발 내딛으며 그곳에서 새로운 교회의 모습을 발견하기 시작했습니다. 간판도 없이 도서관에서 예배를 드리는 작은 교회, 도시의 상처를 품고 치유를 꿈꾸는 작은 공동체, 공의와 정의를 노래하며 나아가는 소박한 교회들. 그곳은 겉으로 보기엔 초라하고 작았지만, 그 안에는 뜨거운 생명력이 숨 쉬고 있었습니다.

그 작은 교회들은 마치 아무도 주목하지 않는 들꽃과 같았습니다. 사람들의 눈에 잘 띄지 않지만, 한 걸음 가까이 다가가면 놀랍도록 향기로운 냄새를 풍기고 있었습니다. 도서관 교회에서는 책을 넘기는 소리처럼 조용하지만 교회가 담장을 넘어 세상과 손을 잡고 함께하는 새로운 은혜를 보았습니다. 도시를 품는 교회에서는 그 시대의 상처받은 사람들을 따뜻하게 품고 함께 울고 웃는 공동체의 모습을 보았습니다. 공의와 정의를 추구하는 교회에서는 단순히 종교적 의식이 아니라, 세상을 변화시키기 위해 사람을 세우고, 텍스트가 아니라 광장에 직접 나아가 외치는 사람들의 진짜 기도와 신앙을 보았습니다.

그 작은 교회들의 예배에 참여하는 시간은 저에게 마치 오랫동안 메마른 땅에 내리는 단비와도 같았습니다. 그 시간은 신앙의 본질을 잃고 흔들리던 제게 새로운 희망과 생명을 불어넣어 주는 황금 같은 순간들이었습니다. 하나님께서 교회를 통해 세상을 어떻게 바꾸고 싶어 하시는지, 그리고 제가 교회 안에서 어떤 역할을 감당해야 하는지를 조용히 깨닫게 해주셨습니다.

그 경험은 마치 어둠 속에서 잃어버린 길을 찾는 여정 같았습니다. 큰 교회의 화려한 불빛에서 눈을 돌려 작은 등불의 빛을 보았을 때, 그 작은 불빛이야말로 진정한 빛임을 알게 된 것입니다. 그것은 단지 교회를 다시 보는 것이 아니라, 신앙의 근본을 다시 세우는 과정이었습니다. 그리고 그 과정에서 저는 하나님께서 꿈꾸시는 교회의 모습을 아주 조금이나마 이해하게 된 것 같았습니다.

2. 고통 속에서

신장결석을 치료하며

　2015년 초, 매서운 겨울바람이 옷깃을 파고드는 어느 날, 오랜만에 가족들과 여행을 떠나기로 한 날이었습니다. 기대감과 설렘으로 차를 준비하며 집을 나섰지만, 그날 아침부터 제 몸은 이상 신호를 보내고 있었습니다. 옆구리 쪽에서 지속적으로 느껴지는 불편함과 통증이 점점 심해졌습니다. "대수롭지 않겠지"라고 애써 넘기려 했지만, 이런 불편함은 계속 제 몸을 떠나지 않았습니다. 여행을 가는 날이었기에 병원에 잠시 들렸습니다. 의사는 신장 결석일 가능성을 언급하며 약을 처방해주었습니다. 하지만 그 약으로도 고통이 잦아들지 않았습니다.

　경기도 이천시를 지나던 중, 갑작스럽게 모든 것이 터져나가듯 고통이 몰려왔습니다. 운전대를 쥔 손이 떨리고, 숨조차 제대로 쉴 수 없었습니다. 숨을 들이마시는 순간마다 갈비뼈 안쪽이 불타오르는 것 같았고, 통증은 마치 제 몸속 깊은 곳에서부터 날카로운 칼날이 퍼져 나오는 듯했습니다. 죽음이 이런 고통일까 싶을 정도로 숨조차 가누기 어려웠습니다. 결국, 차량을 급히 돌려 시내 병원으로 향했습니다. 병원에 도착하자마자 저는 몸을 웅크리고 헐떡이며 고통 속에서 신음했습니다.

　의사는 결석 치료가 필요하다고 했고, 레이저 치료를 진행하겠다고 설명했습니다. 치료는 결석으로 막힌 부위를 찾아내어 레이저로 집중적으로 두드리는 방식이라고 했습니다. 설명만으로도 아찔했지만, 실제 치료는 차원이 다른 고통이었습니다. 그것은 마치 몸속 깊은 바위틈을 망치로 쪼개는 듯한 느낌이었습니다. 결석 부위를 찾아 두드리는 치료 중에는 불꽃 같은 통증이 저를 덮쳤습니다. 제 몸속 어딘가가 갈라지고 부서지며 산산조각 나는 것만 같았습니다. 그 고통은 제가 이전에 느껴본 어떤 아픔보다도 강렬했고, 의사의 말처럼 출산의 고통보다 더한 것이었습니다. 이마에선 식은땀이 흘렀고, 제 손톱은 침대 시트를 파고들 만큼 절박했습니다.

그런데 그렇게 극심한 고통 속에서도 제 입술에서는 계속해서 한 가지 기도가 흘러나왔습니다. "하나님, 교회란 무엇입니까? 교회가 무엇인지 알려주십시오." 저는 제 몸을 훑고 지나가는 통증의 물결 속에서 저도 모르게 교회의 본질을 묻고 또 묻고 있었습니다. 그것은 마치 제 안에 깊이 박혀 있던 또 다른 결석, 곧 교회에 대한 절망과 회의가 만들어낸 고통이 신장 결석이라는 육체적 고통과 하나가 되어 제 안에서 울부짖는 것 같았습니다.

어쩌면 제게 신장 결석은 단순한 질병이 아니었습니다. 그것은 하나님께서 저를 깨우시기 위해 사용하신 망치와도 같았습니다. 치료 중에 들려오는 레이저의 규칙적인 충격음은 마치 하나님께서 제 마음속 깊이 박혀 있던 교회에 대한 왜곡된 환상을 산산조각 내시는 소리처럼 들렸습니다. 저는 그 순간, 제 육신의 고통을 넘어 영혼 깊은 곳에서 울리는 질문을 더 이상 외면할 수 없었습니다. 교회는 단순히 제가 섬기던 장소나 제 삶의 일부분이 아니었습니다. 그것은 제 존재의 중심이었고, 이제는 그 중심에 대해 하나님께 새롭게 배우고 깨달아야 할 시점이었습니다.

치료가 끝나고 고통이 잠잠해지던 병실에서 저는 눈을 감고 누워 생각하며 기도했습니다. 이 고통이 단순한 육체적 아픔으로만 끝나는 것이 아니라, 제 삶의 깊은 회복과 새로운 방향으로 나아가기 위한 하나님의 섭리가 되게 해달라고 기도했습니다. 이렇게 깊은 고통 속에서 던졌던 질문, "교회란 무엇입니까?"는 단순한 의문이 아니라 하나님께 드리는 간절한 외침이었고, 그 외침은 제가 나아가야 할 새로운 길을 가리키는 이정표가 되었습니다.

이 사건 이후로 저는 고통이라는 것이 단순히 인산을 짓누르는 무게만이 아니라, 때로는 그 안에 하나님의 깊은 사랑과 계획이 숨겨져 있다는 사실을 알게 되었습니다. 신장 결석으로 인해 겪었던 그 고통은 단순히 한 번의 육체적 치료로 끝난 일이 아니었습니다. 그것은 제 영혼을 다시 깨우는, 그리고 하나님께 더 가까이 나아가게 하는 통로였습니다. 하나님께서는 그 고통 속에서 저를 새롭게 빚으시고, 교회의 본질에 대해 다시금 질문하도록 이끄셨습니다.

무너져야 할 건물을 보다

사역을 내려놓은 뒤, 저는 매일 말씀 묵상에 제 하루를 매달리기 시작했습니다. 처음엔 익숙하지 않았지만, 시간이 흐르면서 말씀 묵상의 시간이 점차 길어졌습니다. 마치 오랜 가뭄 끝에 내리는 단비처럼, 하나님의 말씀이 제 영혼을 적셔주기 시작했습니다. 과거에는 사역의 분주함 속에서 겨우 시간을 내어 형식적으로 했던 묵상이었지만, 이제는 말씀은 매일 아침 제 삶의 중심이 되어가고 있었습니다. 고통의 시간을 지나며, 말씀을 붙잡는 것이야말로 제가 살아갈 유일한 길이라는 것을 깨닫게 되었기 때문입니다.

결석 치료로 인한 고통이 가시고 어느 날 아침, 큐티 시간에 저는 한 말씀과 마주하게 되었습니다.

"예수께서 성전에서 나가실 때에 제자 중 하나가 이르되, 선생님이여 보소서 이 돌들이 어떠하며 이 건물들이 어떠하니이까. 예수께서 이르시되, 네가 이 큰 건물들을 보느냐? 돌 하나도 돌 위에 남지 않고 다 무너뜨려지리라 하시니라" (마가복음 13:1-2)

이 구절은 신학생 시절부터 수없이 들어왔던 말씀이었습니다. 교회는 건물이 아니라는 말을 숱하게 들었고, 저 역시 다른 이들에게 그렇게 가르쳤습니다. 그러나 그날 아침, 이 말씀이 제 가슴속 깊은 곳에서 새롭게 살아나는 듯했습니다. 그것은 단순히 읽고 지나가는 말씀이 아니라, 마치 마음속에 큰 못이 박히는 듯 한 말씀처럼 제 마음을 깊이 두드리며 깨우는 소리처럼 들려왔습니다.

제자들이 웅장한 성전을 자랑스럽게 바라보던 그 모습이 문득 제 자신과 겹쳐 보였습니다. 성전을 바라보며 감탄하던 그들이, 그리고 돌 하나도 무너지지 않을 것처럼 보이는 그 건물들이 마치 오늘날의 화려한 교회들을 떠올리게 했습니다. 그러나 예수님께서 하신 말씀, "돌 하나도 돌 위에 남지 않고 다 무너뜨려지리라"는 선포는, 마치 제 내면을 관통하며 무언가를 산산이 부수는 듯 한 울림을 주었습니다.

그 순간, 저는 깨달았습니다. 내가 지금까지 흠모하고 바라보았던 교회의 모습이 과연 진정한 교회였는가? 수많은 그리스도인이 '교회는 건물이 아니다'라고 말하면서도 정작 그 건물을 종교적 상징으로 붙잡고 있지는 않았는가? 제 눈앞에 펼쳐지는 오늘날의 교회들, 그 중 일부는 예수님께서 이미 무너뜨린 성전을 다시 세우려는 시도가 아닐까 하는 생각이 들었습니다. 그것은 마치 하나님께서 부수신 돌 위에 사람의 손으로 돌을 쌓아 올리며 그곳을 또다시 인간 중심의 성전으로 만들려는 모습처럼 보였습니다.

이 말씀을 묵상하며, 저는 마치 제 영혼 깊은 곳에 하나님의 말씀이 새겨지는 것 같은 강렬한 감정을 느꼈습니다. 예수님의 말씀은 더 이상 머리로 이해하는 지식이 아니라, 제 마음속에 불처럼 타오르는 진리가 된 것 같았습니다. 그 순간은 마치 조각가가 거친 돌을 다듬어 아름다운 형상을 만들어내듯, 하나님의 말씀이 제 마음속 깊이 새겨지며 저를 새로운 사람으로 빚어가는 느낌이었습니다. 그날 아침, 저는 비로소 깨달았습니다. 교회는 건물이 아니라, 살아있는 하나님의 사람들, 곧 그분의 몸 된 공동체라는 것을. 제가 이전에 품었던 거대한 교회의 환상은 모래성처럼 무너지고 있었습니다. 화려한 건축물과 멋진 시설, 잘 짜인 예배 구성에 매료되었던 제 모습이 마치 제자들이 성전을 자랑하던 모습과 다르지 않았음을 인정할 수밖에 없었습니다. 하지만 예수님의 말씀은 그 모든 것을 넘어 진정한 교회의 본질이 무엇인지 저에게 가르쳐주셨습니다.

그 순간부터, 저는 오늘날 많은 교회들이 종교적 외형에 집착하며 샤머니즘적인 성전으로 변질되고 있는 모습을 더욱 생생히 보게 되었습니다. 인간의 손으로 세워진 화려한 성전이 아니라, 예수님의 몸 된 공동체로서의 교회가 무엇인지 묵상하며 제 삶을 다시 돌아보게 되었습니다. 그것은 단순히 말씀을 읽는 시간이 아니라, 말씀 속에서 저 자신을 발견하고, 교회의 본질을 새롭게 배워가는 시간이었습니다.

그 말씀은 가장 중요한 교회의 본질을 보도록 인도하였습니다. 거기에는 단순한 기록이 아닌, 살아 움직이는 하나님의 뜻이 담겨 있었습니다. 제가 무너져야 할 부분, 새롭게 세워져야 할 부분, 그리고 그 모든 과정 속에서 하나님께 더 깊이 의지해야 할 이유를 그 말씀을 통해 배울 수 있었습니다. 그날 이후로, 저는 하나님께서 원하시는 교회가 어떤 모습이어야 하는지 더 깊이 묵상하며, "무너뜨려지리라"는 이 말씀의 본질 앞에 몸부림하게 되었습니다.

개척의 용기를 가지다

"건물이 교회가 아니고 사람이 교회다." 이 단순한 문장을 수없이 들었지만, 그 의미를 온전히 깨닫기까지는 긴 시간이 걸렸습니다. 말씀을 묵상하며 교회의 본질에 대해 조금씩 눈을 뜨기 시작했을 때, 저는 거기에 머무르지 않고 성경적인 교회가 무엇인지 직접 찾아 나서기로 결심했습니다. 한마디로 말해서 교회론의 기초를 다시 배우는 여정을 시작한 것입니다.

그 여정 속에서, 저는 믿기 어려운 이야기를 들었습니다. 도서관 간판 외에는 교회 간판도 없는 작은 교회가 있었습니다. 그곳의 목사님은 "10가정이 되면 더 이상 등록을 받지 않겠다"고 선언했습니다. 처음 그 이야기를 들었을 때, 제 머릿속은 충격과 혼란으로 가득 찼습니다. 교회는 커지고 부흥해야 한다고만 배워왔던 제가 감히 상상하지 못했던 이야기였기 때문입니다. 그러나 그 말에는 무언가 다른 의미가 있음을 깨닫기 시작했습니다. 그것은 단순히 교회 규모의 문제를 넘어, 진정한 교회의 본질을 추구하는 몸부림이었습니다.

그 교회를 찾아가 보니, 그곳은 단순히 '작은 교회'라는 말로는 설명할 수 없는 특별한 곳이었습니다. 도서관을 운영하며 세상 사람들과 소통하고 진정한 진리를 실천하는, 세상 사람들에게 성경적인 가르침을 나누는 그곳은 말 그대로 '도서관 교회'였습니다. 그곳에서 목사님과 대화를 나누며, 저는 그들이 추구하는 것이 단순히 작은 숫자나 겸손한 태도가 아니라, 교회 본연의 본질을 지키기 위한 철저한 노력임을 알게 되었습니다. 도서관이라는 공간은 단지 장소일 뿐이었고, 그들의 초점은 오직 사람, 그리고 하나님의 말씀에 있었습니다.

그곳에서 저는 깨달았습니다. 교회는 그저 사람들이 모이는 건물이 아니라, 진리를 붙잡고 살아가는 사람들의 공동체라는 것을. 도서관 교회는 마치 잔잔한 호수와 같았습니다. 겉으로는 화려하지 않지만, 그 안에는 깊은 말씀과 은혜의 물결이 잔잔히 흐르고 있었습니다.

이 교회의 모습은 제가 그동안 가져왔던 교회에 대한 관점을 송두리째 흔들어 놓았습니다. "10가정이 넘으면 등록을 받지 않겠다"는 선언은 마치 세상 가치관에 정면으로 맞서는 도전 같았습니다. 더 많은 사람을 모으고, 더 큰 건물을 세우는 것이 성공이라 믿었던 기존의 교회론은 이곳에서 완전히 무너지게 되었습니다. 이 작은 도서관 교회는 마치 좁은 문과 협착한 길을 걷는 사람들이 모인 곳 같았습니다. 세상의 기준으로는 미친 행동처럼 보였지만, 그 중심에는 성경적인 교회를 향한 순수한 열망이 있었습니다.

이 교회를 방문하며 저는 마음속에서 새로운 교회론을 다시 써 내려가기 시작했습니다. 그때 떠오른 몇 가지 문장은 제 가슴에 깊이 새겨졌습니다.

1) 도서관이 교회다
교회는 반드시 웅장하고 특별한 건축물이어야 할 필요가 없었습니다. 지혜와 진리가 머무는 곳, 하나님과의 대화가 이루어지는 공간이라면 그것이 곧 교회였습니다.

2) 가정이 교회다

사람이 교회라면, 가족 역시 하나님의 교회였습니다. 식탁에서 함께 기도하고, 서로 사랑하며 섬기는 순간순간이 예배의 연장이었습니다.

3) 아빠가 교회다

교회는 어떤 특정한 직함을 가진 사람들만의 것이 아니었습니다. 가정의 중심에서 사랑과 책임으로 가족을 섬기는 아버지의 모습이 곧 교회의 한 단면이었습니다.

4) 삶이 교회다

예배당에서의 예배만이 교회의 일이 아니었습니다. 삶의 순간순간에서 하나님을 드러내고 그분의 뜻을 실천하는 모든 행동이 곧 교회의 연장이었습니다.

5) 정직이 교회다

사람들 앞에서 진실하게 살며, 세상의 기준이 아닌 하나님의 기준으로 바르게 사는 것이 곧 교회였습니다.

6) 1만원이 교회다

작은 마음이 모여 하나님의 일을 이루어가는 것이 교회였습니다. 큰 헌금이나 화려한 기부가 아닌, 마음에서 우러나온 작은 헌신이 하나님의 나라를 세워가는 도구였습니다.

7) 성경대로가 교회다
교회는 세상의 기준에 맞추는 것이 아니라, 오직 성경의 가르침에 따라 살아가는 공동체였습니다.

이 문장들은 그저 단순한 깨달음이 아니었습니다. 그것은 제가 다시 배워가야 할 새로운 교회론의 시작이었습니다. 도서관 교회의 경험은 마치 제 안에 잠들어 있던 영혼을 흔들어 깨우는 하나님의 말씀과 같았습니다. 하나님께서 원하시는 교회란 무엇인지 다시 생각하게 되었고, 지금까지 제가 쌓아왔던 교회에 대한 환상이 한 겹씩 벗겨지는 소중한 시간이었습니다.

2015년 2월 22일, 저는 페이스북에 이런 깨달음을 적으며 제 마음속 교회론의 조각들을 하나씩 새롭게 맞춰가기 시작했습니다. 그것은 단순히 저의 깨달음을 기록하는 것이 아니라, 하나님께서 제게 보여주신 새로운 방향으로 나아가겠다는 고백이었습니다. 교회는 건물이 아니라 사람입니다. 그리고 그 사람들은 삶 속에서 하나님의 나라를 이루어가는 움직이는 교회들입니다.

3. 진정한 교회를 향하며

건물이 아니라 사람이 교회다

작은 교회를 방문하고 말씀을 깊이 묵상하며 깨닫게 된 가장 중요한 진리는 바로 이것이었습니다. "교회는 건물이 아니라 사람입니다." "아빠가 교회이고, 엄마가 교회이며, 가정이 곧 교회입니다."라는 이 단순하지만 본질적인 교회론은 저희 가족에게 새로운 길을 열어주었습니다. 우리 가족은 이 교회론을 바탕으로 용기를 내어 처음으로 집에서 가정 예배를 드리게 되었습니다. 그 어색하게 시작했던 너무나 힘들었던 가정 예배의 시작은, 그 첫 걸음의 시작은 훗날 개척교회의 첫 예배로 이어졌습니다.

그 순간을 돌아보며 이런 생각이 듭니다. "교회는 결코 크고 웅장한 건물이나 모이는 숫자로 평가될 수 있는 것이 아니다." 한때 제가 동경했던 맥도날드식 대형 교회는 단지 왜곡된 탐욕의 결과물이자 허상에 불과하다는 것을 알게 되었습니다. 그러나 이러한 진리를 깨닫는 것과 실제로 삶 속에서 받아들이고 실천하는 것은 또 다른 문제였습니다. 솔직히 고백하자면, 저 자신조차도 이 진정한 교회론을 실천하며 살아가는 일이 결코 쉽지 않음을 자주 느낍니다. 지금도 때로는 현실의 벽 같은 한계와 두려움에 갇혀 있는 제 모습을 발견하곤 합니다.

그럼에도 불구하고, 작고 연약할지라도 건물 중심이 아닌 사람 중심으로, 성경이 말하는 참된 교회를 세워 가고자 하는 분들이 계시다면, 그 공동체야말로 하나님께서 기뻐하시는 진정한 교회가 아닐까 생각합니다. 교회의 본질은 숫자나 외형이 아니라, 그 안에 살아 숨 쉬는 영혼들, 그리고 하나님께 드리는 진실한 예배와 헌신에 있습니다. 이러한 교회론은 단순히 신학적 깨달음에 머물지 않았습니다. 이렇게 다시 배우는 교회론이 저에게는 삶의 방향을 바꾸고, 가치관을 새롭게 세우는 중요한 전환점이 되었습니다.

저는 지금도 종종 이렇게 말합니다. "교회는 벽돌과 시멘트로 이루어진 건물이 아닙니다. 교회는 기관이 아니고 교회는 조직이 아니며 교회는 종교가 아닙니다. 교회는 생명이자 심장입니다." 오늘날 대형화되고 시스템화된 교회의 가장 큰 맹점은 예수님을 잃어버리고, 성경을 망각한 체, 교회론을 잃어버린 종교적 교회를 세울 수 있다는 것입니다. 그러나 아빠가 교회이고 엄마가 교회이고 가정이 교회인 교회, 이렇게 세워지는 작은 교회는 세상의 눈에 작고 초라해 보일지라도, 하나님의 눈에는 그 어떤 대형 건물보다도 크고 아름다운 교회가 될 것입니다.

건강한 작아짐이 교회다

기존의 교회에 대한 제 인식은 어느 날부터 거꾸로 뒤집혔습니다. 저는 교회를 흔들어 보고, 비판하며, 낯선 시선으로 다시 읽기 시작했습니다. 그렇지 않으면 결코 기존의 교회 관념에서 벗어나지 못할 것이라는 위기감 때문이었습니다. 그러나 이 과정은 단순한 비판에 그치지 않았습니다. 이런 비판적 인식은 교회의 본질과 방향에 대해 묻고 답을 찾는 여정이었습니다.

그 여정에서 만나게 된 작은 모임이 '건강한 작은 교회 동역센터(건작동)'입니다. 이 모임은 한국 교회에 새로운 길을 제안하고 있었습니다. "홀로 빛나는 대형 교회에서 건강한 작은 교회로" 나아가자는 것이 건작동의 외침이었고 각기 서로 다른 교단 출신의 목회자들이 모여 작은 교회로서의 건강함을 함께 고민하고 실천해 나가는 자리가 건작동의 모임이었습니다. 이것은 마치 몇 그루의 큰 나무가 위대하게 존재하는 것이 아니라, 서로의 뿌리를 연결한 작은 나무들이 어우러져 숲을 이루는 것과 같은 교회의 갱신 운동이었습니다.

이런 움직임은 2017년 출간된 책 '재편(이진오/비아토르)'에 담겨 있었습니다. 저자는 한국 교회의 신학적 타락과 윤리적 부패를 날카롭게 지적했습니다. 그는 한국 교회의 교단이 대형화된 성장주의 속에서 자정 능력을 상실하고, 커지려는 욕망만이 남아버린 현실을 개탄했습니다. 결국 "개독교"라는 비난과 "먹사"라는 조롱을 자초하게 된 교회의 현실을 분석하며, 무조건 커지려는 욕망이야말로 교회의 진짜 위기를 초래한다고 말했습니다.

정말 그렇습니다. 커지려는 욕망을 내려놓지 않는 한, 그 누구도 그리스도의 복음을 자신의 탐욕을 채우는 수단으로 전락시키는 일을 피할 수 없습니다. 그렇게 욕망이 허락한 '합법적인 불법'이 교회 안에서 시작됩니다. 그러나 그리스도가 가르치신 교회는 이런 탐욕과 거리가 멉니다. 저는 "의도적으로 작아지는" 교회야말로 진정으로 하나님께서 기뻐하시는 교회임을 깨달았습니다. 건강한 작아짐을 향해 나아가는 건작동의 교회는 이러한 믿음을 실천하는 아름다운 공동체였습니다. 당시에 저는 페이스북에 이런 글을 적었습니다.

부활은
십자가에서 시작되건만

지금 나는
자라가는 과정
죽고 낮아지는 과정을
생략 하려고만 한다.

모두다 커지려하고
많은 것을 담으려고만
눈이 빨개져 있다.

낮아져야 진정 작아져야
하나님이 보이지 않을까?

위선의 믿음이
어둠의 성공을 부추기지만
항상 내려가야
다시 오를 수 있다.

우리는 그를 주라 부른다.
그러니 주님처럼
자꾸만 내려가야 한다.

그리스도의 낮아짐은 이해하기 어려운 깊이를 가지고 있지만, 바로 그 모습이 하나님의 사랑의 모델입니다. 그리스도를 통해 하나님이 드러나고, 낮아지는 사람들을 통해 그 하나님이 드러나는 모임이 바로 교회입니다. 예수님께서 이렇게 말씀하셨습니다.

"내가 주와 선생이 되어 너희 발을 씻었으니 너희도 서로 발을 씻어 주는 것이 옳으니라. 내가 너희에게 행한 것같이 너희도 행하게 하려 하여 본을 보였노라"(요13:14-15).

신이 인간으로 낮아져 제자들의 발을 씻기시는 그리스도의 모습은 하나님의 마음을 보여줍니다. 만약 그분이 단지 많은 사람을 모으기 위해 오셨다면, 그렇게 종처럼 어리석게 발을 씻기는 대신, 각 지역에 거대한 집회소를 세우고 조직을 만들기에 온 힘을 쏟으셨을 것입니다. 그러나 그분은 시대의 상식을 뒤집어, 제자들의 발을 씻기고, 권위를 내려놓아 가장 낮은 종의 자리에 서셨습니다. 열두 명의 제자와 함께 소박하게 나누셨던 시간이 그분의 사역의 중심이었습니다.

교회의 모델은 건물이 아니라 그리스도입니다. 남의 발을 씻기는 것이 교회입니다. 서로의 발을 씻어 주며 섬기는 공동체가 교회입니다. 교회는 이렇게 작아짐의 길을 걷는 사람들의 모임입니다. 가장 낮은 자리에서 서로의 발을 씻어 주는 작아진 사람들이, 그리스도의 사랑으로 함께 자라나는 공동체가 바로 하나님의 진정한 교회입니다.

기독교 왕국에서 성육신적 교회로

30여 년간의 신앙생활과 20여 년간의 사역자 삶을 되돌아보면, 저는 크리스텐덤의 이상에 깊이 빠져 있었습니다. 크리스텐덤의 교회론과 성장론은 마치 빛나는 등대처럼 저를 끌어당겼습니다. 대형 교회의 성공을 목표로 삼으며, 더 크게, 더 많이, 더 높이를 향해 나아가는 것이 이상적인 교회라고 믿었습니다. 저는 교회를 강력한 제국으로 만들고, 세상 속에 견고히 뿌리내린 왕국으로 세우는 것이 하나님의 뜻이라고 생각했습니다. 교회의 크기와 영향력이 곧 하나님의 영광을 드러내는 척도라고 여겼던 것입니다. 그러나 이 믿음은 마치 화려하지만 비어 있는 성채와 같았습니다. 그 성벽 안에 진정한 하나님의 뜻은 온전히 자리 잡고 있지 않았습니다.

이러한 왜곡된 신학의 틀이 더 본격적으로 깨지기 시작한 것은 "한국 선교적 교회 네트워크"를 만났을 때였습니다. 저는 5기 스터디 모임에 참여하며 동료들과 함께 책을 읽고, 강의를 듣고, 공부하며 발제를 나누는 시간을 보냈습니다. 그 시간들은 마치 오래된 틀에 망치를 내려치는 순간들이었습니다. 그 모임 속에서 우리는 교회의 본질을 탐구했고, 하나님의 선교적 사명을 새롭게 이해하기 시작했습니다. 그 과정은 마치 두꺼운 안개 속에서 길을 잃은 사람이 갑자기 눈앞에 펼쳐진 새벽빛을 발견하는 것과 같았습니다. 새로운 교회론을 보게 되니, 제 신학 자체가 바뀌어 갔습니다.

우리가 하나님을 "선교사 하나님"으로 명명하는 것에 익숙해져야 한다는 가르침은 제 신학의 방향을 완전히 바꾸어 놓았습니다. 하나님을 단순히 성전의 중심에 앉아 계신 분으로 이해하던 관점에서, 이제는 하나님의 성품 자체가 "보내심"이라는 선교적 행위임을 깨닫게 되었습니다. 이는 삼위일체적 관점에서 더욱 명확해집니다. 성부 하나님께서 성자를 이 세상에 보내셨고, 성부와 성자는 성령을 보내셨습니다. 레슬리 뉴비긴의 "미시오 데이(Missio Dei)"는 이를 강조하며, 하나님의 선교적 사역이 모든 교회론의 기초가 되어야 함을 가르칩니다. 이 진리는 제게 단순한 신학적 지식이 아니라, 삶의 방향성을 완전히 바꾸는 불씨가 되었습니다.

그동안 저는 교회가 선교를 실행하는 기관이라고 생각했습니다. 하지만 이제는 그 반대임을 알게 되었습니다. 교회는 하나님의 선교 행동에서 비롯된 산물이지, 교회가 선교를 창출하는 것이 아닙니다. 교회는 선교적 존재로 태어났으며, 이는 곧 교회의 본질 그 자체입니다. 마치 나무가 뿌리에서 생명을 얻어 성장하듯, 교회는 하나님의 선교적 사역이라는 뿌리에서 태어나 자라납니다. 따라서 교회의 방향성은 선교라는 본질로부터 규정되어야 하며, 선교가 교회의 부속적 활동이 되어서는 안 됩니다.

이 깨달음은 마치 신선한 공기가 제 안에 밀려들어오는 것 같았습니다. 성장과 성공을 추구하던 제 신학은 마치 오래된 옷처럼 벗겨지고, 하나님의 선교적 목적에 초점을 맞춘 새로운 옷이 입혀졌습니다. 모험으로 나서는 믿음의 길에서 발견한 가르침, "우리는 하나님의 선교로 태어난 백성이다"라는 문장은 제게 강렬한 울림을 주었습니다. 이 말의 의미는 명확했습니다. 교회는 하나님의 선교 행동의 산물이지, 교회가 하나님의 선교를 생산해내는 주체가 아니라는 것입니다. 이 진리를 깨닫는 것은 마치 거대한 강물의 흐름 속에서, 그 물길의 방향이 하나님께서 정하신 대로 흘러가고 있음을 목격하는 것 같았습니다.

이 선교적 관점은 우리가 여전히 여정 중에 있음을 상기시킵니다. 구원의 선교는 아직 완성되지 않았고, 우리는 그 흐름 속에서 살아가고 있습니다. 제 신학은 이제 명확해졌습니다. 기독론이 선교론을 결정하고, 선교론이 교회론을 결정한다는 이 간단한 진리가 저의 신앙을 새롭게 정의하게 만들었습니다. 예수님의 선교적 사역, 즉 보내심의 사역이 교회의 모든 활동의 중심에 자리 잡아야 한다는 사실을 깨달았습니다.

이 과정에서 저는 크리스텐덤의 왜곡된 이상이 마치 사상누각처럼 무너져 내리는 것을 목격했습니다. 그 자리에 새롭게 세워진 선교적 교회론은 제게 교회의 진정한 본질을 가르쳐 주었습니다. 교회는 더 이상 높은 탑을 쌓는 바벨탑의 도구가 아니라, 하나님의 뜻을 따라 세상에 보내심을 받은 백성의 공동체입니다. 우리는 하나님의 선교라는 거대한 이야기의 일부로 살아가고 있으며, 그 여정은 여전히 진행 중입니다.

이 깨달음은 제 신학적 여정에서 가장 중요한 전환점이 되었습니다. 교회는 단순히 세상의 기준으로 성공을 측정하는 조직이 아니라, 하나님의 선교적 사명을 수행하는 살아 있는 공동체임을 배웠습니다. 그리고 그 공동체의 중심에는 언제나 보내시는 하나님과 보내심을 받은 우리가 있습니다.

이런 관점에서 과거에 페이스북에 썼던 글이 있습니다.

최근에 동네 주민 한 분이 저의 교회 이야기를 들으시더니 이런 방식으로는 부흥하는 게 힘들다고 하십니다. (교회는 안 나가시지만 이분은 어떻게 해야 교회가 부흥하는지 다 알고 계시더군요~ 그래도 우리 교회가 다른 교회들과 다르다며 칭찬과 염려를 해주시네요. ㅠㅠ)

기존의 교회가 아닌 #미셔널처어치 로 향하다 보니 교회 밖 사람들을 많이 만나게 되면서 하루의 시간이 너무나 부족할 정도로~ 요즘 너무나 바쁘게 살고 있습니다. 때론 이렇게 어려운 길을 가야 하는지 자문 하기도하고 밤마다 무릎 꿇고 하나님께 묻기도 합니다.

그래도 지금 제가 제일 감사하는 것은 교회공동체의 모습입니다. 7년 전 당시에 그십자가교회에 오신 우리 교회 장로님은 "한국 교회가 다 썩은 줄 알았는데 그래도 한국 교회에 희망이 있다는 것을 알게 되었다"고 항상 이렇게 고백하십니다.

주일 오후에 3주째 신앙의기본기 도서를 가지고 공부하며 그룹 발표를 위해 씨름하시는 글을 올리시는 집사님의 페북의 모습~ 말씀 묵상을 하며 조금씩 댓글을 다시는 교회 지체들의 모습이 저에겐 가장 큰 기쁨과 행복입니다.

 마을 이장으로 사는 여러 가지 활동들이 늘어나고~ 초등학교와 중학교에서 학폭위 위원으로 아이들을 돕는 사역을 시작한 일~ 조금씩 내딛는 이 일들이 혹시라도 자랑처럼 여겨질까 봐 요즘 페북에도 일부러 사진이나 글을 올리지 않고 저를 돌아봅니다.

 이 길이 크리스텐덤 이 아닌 성육신 하신 주님의 길이라면, 다른 사람이 찾지 않는 #좁은 길 이라면 그저 주저하지 않고 걸어가겠습니다.

4. 건강한 작은 교회를 향하며

우리 교회는 교회 개척 초기부터 바른 교회의 건강함을 이루기 위해 몇 가지 원칙을 세우고 이를 교회에 적용해 왔습니다. 먼저 교회의 표어를 '낮아짐, 함께함, 더불어'로 정하였습니다. 이 표어는 하나님께 낮아짐, 성도들과 함께함, 이웃들과 더불어 라는 의미를 담아 더욱 구체적으로 다듬어졌습니다. 이는 진정한 십자가의 의미를 잃어버린 이 시대에 그 십자가를 다시 세우고 회복하기 위한 우리의 다짐이었습니다. 이러한 표어를 바탕으로 건강한 작은 교회를 세우기 위해 우리는 끊임없이 실천하고자 노력해 왔습니다.

민주적 교회를 위한 운영위원회

하나님께 낮아짐을 어떻게 실현할 수 있을지에 대해 깊이 고민하였습니다. 우리 교회는 교회를 개척한 초기, 성도가 10여 명에 불과했을 때부터 이 낮아짐의 원칙을 조금이라도 실천하기 위해 운영위원회를 구성하였습니다. 이는 목회자가 교회의 주인이 아니라 하나님이 교회의 주인이시며, 성도가 곧 교회임을 드러내기 위한 최소한의 노력으로 시작되었습니다. 현재도 교회의 모든 중요한 결정은 운영위원회를 통해 함께 논의하고 결정하며, 이 원칙을 지속적으로 지켜가고 있습니다.

예배의 갱신과 개혁적 헌금 제도

"건물이 교회가 아니라 사람이 교회다"라는 단순한 진리를 기반으로 교회를 돌아보며, 우리는 너무 많은 예배가 왜 존재해야 하는지 질문하게 되었습니다. 왜곡된 종교성을 바로잡기 위해 우리 교회는 새벽기도회를 폐지하기로 결정하였으며, 개척 초기부터 십일조와 감사헌금을 제외한 모든 헌금 항목을 없앴습니다. 당연히 *"이렇게 해서 개척 교회가 생존할 수 있을까?"*라는 걱정이 있었지만, 이러한 변화 없이는 또 하나의 새로운 교회를 세우는 것이 의미 없다고 판단하였습니다.

직분의 한계를 극복하기 위한 예배 기도와 축도

우리 교회에서는 중학생 이상의 성도라면 누구나 주일 예배의 대표 기도에 참여할 수 있습니다. 대표 기도는 보통 직분자의 몫으로 여겨졌지만, 우리 교회에서는 부족함이 있더라도 누구나 기도자로 나설 수 있도록 장려하고 있습니다. 또한, 목사의 고유 권한으로 여겨졌던 축도는 교회의 모든 성도가 서로를 축복하며 함께 진행합니다. 축도의 시간에는 모두가 손을 펼치고 서로를 축복하며 하나님 앞에 한마음으로 나아갑니다. 이러한 방식은 낮아짐과 수평적 관계를 추구하는 교회의 실천적 노력입니다.

진리의 말씀이 이끄는 큐티푸드

"성도들과 함께한다는 것이 무엇일까?"라는 질문 속에서 우리는 함께한다는 것은 말씀과 소그룹을 통해 삶을 나누는 것이라 결론을 내렸습니다. 교회에 성도가 어느 정도 모이기 시작했을 때, 이를 구체화하기 위해 '큐티푸드'라는 이름으로 지역별 큐티 모임을 시작하였습니다. 비록 중간에 모임이 와해되는 어려움도 있었지만, 지금도 소그룹 큐티 모임을 통해 교회가 서로 깊은 코이노니아의 공동체가 되도록 꾸준히 노력하고 있습니다.

라임 작은 도서관

이웃들과 더불어 살아가기 위해 우리 교회는 예배당이자 도서관인 작은 도서관을 개설하였습니다. 이 도서관은 엘리베이터가 없는 3층이라는 제약이 있지만 단순히 책을 빌리고 읽는 기능을 넘어 예배당 공간을 지역 시민들과 공유하는 역할을 하고 있습니다. 지역의 교육공동체나 마을 공동체가 이 공간에서 다양한 모임과 세미나를 진행할 수 있도록 교회는 공간을 무상으로 제공하고, 때로는 김밥이나 간식을 마련하며 협력해 왔습니다. 이러한 노력을 통해 우리는 지역사회와 함께하며 '더불어'의 가치를 실현하고자 노력하고 있습니다.

5. 성육신적인 선교적 교회를 향하며

세월호의 아픔과 함께

우리 교회 공동체는 선교적 교회의 사명을 실천하는 일환으로, 세월호 3주기 때부터 성도들과 함께 시내 중심에서 세월호 캠페인을 진행하며 추모 리본을 나누어 드리는 활동을 해왔습니다. 또한, 학생들을 중심으로 이루어진 지역의 마을 교육 공동체가 주최하는 세월호 추모 행사를 예배당 공간에서 지속적으로 열도록 지원해왔습니다.

그와 같은 기회가 주어지지 않을 때는, 목회자인 제가 지역의 다른 세월호 추모 행사에 참여하거나 봉사하며 이웃의 아픔에 함께하고자 노력해 왔습니다. 수많은 교회가 이처럼 큰 슬픔을 당한 이웃들을 돌아보지 않는 현실 속에서, 우리 교회는 비록 작은 활동이라도 세상의 아픔을 보듬고 함께하려는 교회의 모습을 지키고자 힘쓰고 있습니다.

이러한 모습을 지켜본 지역의 마을 교육 공동체를 이끄는 한 비신자인 중학교 선생님께서 "내가 난생 처음으로 교회를 나가고 싶은 생각을 해봤다"고 말씀하신 적도 있습니다. 저는 선교하시는 하나님께서 당연히 세월호의 아픔에 함께하시며 그곳에서도 선교하고 계실 것이라 믿습니다. 그렇기에 보냄 받은 선교적 교회라면, 그들의 고통에 동참하고 함께 아파하며, 하나님의 마음을 세상에 드러내야 한다고 확신합니다.

평화의 소녀상(미소추)

경기도 광주시에는 일제 강점기, 일본 군대의 성 노예로 고통 받으신 할머님들이 모여 사시는 나눔의 집이 있습니다. 우리 교회는 당시 우리 지역에 거주하시던 한 분이 주도하신 미소추(미래세대와 함께하는 경기 광주 평화의 소녀상) 운동에 작은 기부를 하며 그 일에 동참하게 되었습니다. 이 일이 계기가 되어 우리 교회는 소녀상 건립 운동에 함께 참여하게 되었으며, 특히 교회의 한 청년이 집행위원장으로서 이 일을 총괄하며 온갖 어려움을 극복하고 소녀상을 세우는 데 중요한 역할을 했습니다.

그러나 저 역시 이 일에 참여하며 예상치 못한 많은 공격을 받았습니다. 지역 내 일부 소수가 자신들의 기득권을 지키려는 목적으로 소녀상 건립을 반대하며 우리를 공격해 왔고, 이에 대응하다 보니 제가 그 일의 중심에 서서 싸워야 했습니다. 목회자로서 지금까지는 대개 존경받고 대접받는 역할에 익숙했을지 모릅니다. 하지만 지역사회를 위해 하나님의 공평과 정의를 선택하며 행동하면 이러한 공격에 노출되기 쉽다는 사실을 새롭게 깨달았습니다.

그럼에도 불구하고, 저는 이러한 경험 또한 하나의 작은 선교라고 믿습니다. 지역을 위한 공의로운 일에 동참하며 하나님께서 원하시는 정의를 이루어 가는 것이야말로 교회가 세상 속에서 감당해야 할 선교적 사명이라고 확신합니다.

청소년 빛 십대라면

코로나 이전의 매주 화요일, 우리 교회는 약 100여 명의 중학생들이 엘리베이터가 없는 3층 교회당 공간을 찾아왔습니다. 장로님을 비롯하여 소수의 인원이 '십대라면'이라는 배너를 걸고 청소년들에게 컵라면을 무료로 나누어주는 활동을 했었습니다. 처음부터 전도를 목적으로 시작한 일은 아니었기에, 단지 아이들에게 따뜻한 한 끼를 대접하는 정말 순수한 마음으로 이 일을 진행했었습니다.

당시에 어떤 학생들은 "이렇게 해서 도대체 뭐가 남냐"고 묻기도 하고, 농담 삼아 "교회 나가겠다"고 말하기도 합니다. 하지만 저는 웃으며, "일부러 교회 오지 말아라"고 답하곤 했었습니다.

그때 우리 교회는 개척교회로서 재정적으로 어려운 상황이라 외부 교회의 지원을 받아 이 일을 감당하기도 했었지만, 이 모든 과정 속에서도 "하나님의 나라는 지금 여기 우리 안에 있다"는 믿음을 가지고 꾸준히 기도하고 있습니다.

학교폭력위원회 위원이 되다

교회를 개척한 후, 목회자로서 뿐만 아니라 일반 시민으로서 지역에서 사람들을 조금이라도 도울 수 있는 방법을 고민해 왔습니다. 그러던 중, 어느 날 자녀들에게서 이런 이야기를 들었습니다. "학교에서 학폭위가 열렸는데, 누군가 정말 안타까운 일을 겪었대요."

그 이야기를 듣고 저는 곧바로 자녀가 다니는 학교에 전화를 걸어, 학부모로서 학폭위 위원이 되려면 어떻게 해야 하는지 문의하였습니다. 학교의 안내를 받아 학폭위 위원에 지원하였고 학생들과 학교를 돕는 데 작은 역할을 하게 되었습니다. 이때 청소년들을 돕기 위하여 자살 예방 교육 강사 교육을 받기도 하였습니다.

이와 같은 작은 참여와 노력 속에서, 우리 교회는 지역 학교를 위해 장학금을 모아 몇몇 학생들에게 전달하기도 하였습니다. 이러한 활동은 지역사회를 위해 교회가 함께할 수 있는 의미 있는 길 중 하나라고 생각합니다.

마을 이장으로 살다

제가 살고 있는 마을에 무려 6만 평 규모의 초대형 물류단지가 들어오게 되었습니다. 사실 부목사로 사역하던 시절에는 마을 일에 관여할 시간도, 관심도 없었습니다. 하지만 마을에 물류단지 반대 비상대책위원회(비대위)가 꾸려지고, 주민설명회에서 제가 마을을 위해 뚝심 있게 발언한 것이 계기가 되어 주민들의 추천으로 비대위 총무를 맡게 되었습니다. 이후 시위를 이끌며 활동하다 보니, 얼마 지나지 않아 비대위 집행위원장의 역할까지 맡게 되었습니다.

평범한 목회자로서, 사실 시위라는 것 자체를 전혀 알지 못했던 제가 선두에 서서 마을을 위한 반대 시위를 수년 동안 이끌게 되었습니다. 이렇게 몇 년 동안 주민들과 함께하며 반대 시위 활동에 참여했고, 그 과정에서 업체의 고발로 재판을 받은 적도 있으며, 마을 주민들의 신뢰를 얻어 결국 마을 이장으로까지 추대되었습니다. 이장이 되고 나니, 전에는 인사조차 나누지 않았던 주민들과도 가까워져 식사 자리에 초대받는 일이 많아졌습니다. 어떤 분들은 술을 드시면서도 "교회에 한 번 가볼까?"라는 말씀을 하시기도 합니다. 만약 제가 마을을 위해 이렇게 선교적 희생을 하지 않았다면, 동네 주민들과 이런 관계조차 맺지 못했을 것입니다.

이 일을 통해 저는 몇몇 마을 주민들을 교회의 기념 예배에 초대하기도 하면서 좋은 관계를 만들어 가고 있습니다. 물론 이 과정에서 차마 여기서 다 이야기할 수 없는 큰 고통과 갈등도 있었지만, 선교적 교회의 모힘은 예수 그리스도의 성육신적 희생을 따라가는 너무나 소중한 기회라고 생각합니다. 그 때 기록했던 페이스북의 글을 다시 나누어 봅니다.

지금 거리에 서 있는 시간이 하나님께서 주신 어떤 싸인인지, 저는 아직 명확히 알지 못합니다. 교회당이 아닌 마을 주민들 속에서 함께 시위대로 서 있는 일이 과연 옳은 일인지, 정말 "더불어"의 사명인지도 확신하지 못할 때가 있습니다. 이 일이 정말 하나님의 선교적 부르심인지 때로는 혼란스럽고 헷갈리기도 하지만, 시위하는 트럭 위에서, 거리에서 저는 계속 기도합니다.

"가난하고 약한 자와 함께하소서!"
"하나님의 공의와 정의가 임하소서!"
"하나님의 나라가 이곳에 이루어지게 하소서!"

교회당에서 부르짖으며 목이 쉰 기도는 경찰서에서도, 길거리에서도 더 큰 외침과 간구로 이어집니다.

공의와 정의를 행하는 것은 제사 드리는 것보다 여호와께서 기쁘게 여기시느니라 눈이 높은 것과 마음이 교만한 것과 악인이 형통한 것은 다 죄니라 (잠언21:3-4)

하나님께서 기뻐하시는 일은 언제나 하나님의 공의와 정의를 세우는 것입니다. 이 믿음으로 저는 거리에서도, 교회 안에서도 하나님의 뜻을 따라가고자 노력하고 있습니다.

6. 교회 밖 교회를 걸어가며

종교가 아닌 본질을

우리는 가끔 우물 안의 개구리를 이야기합니다. 그런데 우물 안에 갇힌 교회에 대해서는 이야기하지 않습니다. 만약 진리가 종교에 빠져있다면 그 진리는 종교에 갇히게 됩니다. 그러면 종교에 갇힌 진리는 어떻게 되겠습니까? 그것은 진리가 아니라 거짓이 되는 것입니다. 그러므로 우리는 의도적으로 교회가 종교에서 나와 진짜 본질을 바라보기 위해 노력해야 합니다. 그래야 진리가 진짜 교회가 됩니다. 이것과 관련하여 제가 적었던 글을 소개합니다.

1. 바리새인들은 다윗의 자손으로 오실 그리스도를 기다리고 있지만 예수님은 시110:1을 통해 다윗이 자신의 후손으로 올 메시야를 왜 "주"라고 표현했는지 물으십니다.

2. 인간적 혈통과 구약적 율법에 머무른 메시야론은 다윗의 자손만을 기다리면서 오신 그리스도를 보지도 못하고 성경의 질문에 대답하지도 못합니다.

3. 다윗이 그리스도를 주라 칭하였은즉 어찌 그의 자손이 되겠느냐 하시니(45) 한 마디도 능히 대답하는 자가 없고 그날부터 감히 그에게 묻는 자도 없더라(46)

4. 이것은 마치 교회가 "주님의 몸"이라고 말하면서 왜 몸인지 정확하게 알지 못하는 "종교에 빠진 진리"와 같습니다.

5. 율법 안에 메시야의 진리가 완전히 가려져 있었던 것처럼 진리가 종교에 빠져있으면 종교에 갇힌 교회는 하나님의 의도를 알지도, 드러내지도 못합니다.

6. 예배는 드려지고 설교에 은혜 받는데 거기에 그리스도가 주인 되신(다윗이 주라고 고백한 것처럼) 성경적 교회의 가치와 정신이 담겨있지 않는다면 이것은 바리새인적 종교일 뿐입니다.

7. 지금까지 전통적으로 이해하며 가져왔던 "종교적 그리스도"에 대한 깊은 반성과 성찰, 새롭게 임한 하나님의 나라에 대한 성경적 이해가 없이는 교회가 교회 되지 못합니다.

8. 종교에 빠져있는 교회를 구출해야 합니다. 그래야 그리스도가 그리스도 되시고 주님이 주님이 되시며 교회가 교회 됩니다.

"바리새인들이 모였을 때에 예수께서 그들에게 물으시되 너희는 그리스도에 대하여 어떻게 생각하느냐 누구의 자손이냐 대답하되 다윗의 자손이니이다 이르시되 그러면 다윗이 성령에 감동되어 어찌 그리스도를 주라 칭하여 말하되 주께서 내 주께 이르시되 내가 네 원수를 네 발 아래에 둘 때까지 내 우편에 앉아 있으라 하셨도다 하였느냐 다윗이 그리스도를 주라 칭하였은즉 어찌 그의 자손이 되겠느냐 하시니 한 마디도 능히 대답하는 자가 없고 그 날부터 감히 그에게 묻는 자도 없더라" (마태복음 22:41~46)

오늘날 우리에게 필요한 것은 전통적으로 이해해왔던 "종교적 그리스도"에 대한 깊은 반성과 성찰입니다. 성경이 말하는 그리스도는 단지 종교적 상징이 아닙니다. 그분은 새로운 하나님의 나라를 가져오셨으며, 그 나라를 살아가는 방식은 세상이 이해할 수 없는 역설적인 진리로 가득 차 있습니다.

예수님의 질문처럼, "그리스도에 대하여 너희는 어떻게 생각하느냐?"는 여전히 오늘날 교회를 향한 도전입니다. 우리는 과연 그리스도를 주로 모시고 있는가, 아니면 종교적 틀 속에 갇힌 피상적인 신앙을 붙잡고 있는가? 교회가 교회로서의 본질을 되찾기 위해서는, 이 질문에 대답해야 합니다.

우리는 더 이상 바리새인처럼 종교의 안락한 틀 속에 머물러 있을 수 없습니다. 그리스도께서 다윗의 주이신 것처럼, 그분은 우리의 삶과 교회의 주인이십니다. 예배의 형식 속에서 그분의 주권을 발견하고, 설교와 찬양 속에서 그분의 진리를 선포하며, 우리의 신앙과 교회가 종교를 넘어 진리 안에 거하는 그 날이 오기를 바랍니다.

건물이 아닌 교회를

많은 사람들이 여전히 "예배당"을 "교회"라 부릅니다. 그러나 우리는 익숙한 이 관행을 다시 생각해봐야 합니다. 교회와 예배당을 혼용하는 이 언어의 습관은 단순한 표현의 문제가 아닙니다. 그것은 우리의 신학적 사고를 왜곡할 수 있는 문제이기도 합니다.

건물이 성전이 아니라 사람이 성전입니다. 건물이 교회가 아니라 사람이 교회입니다. 이 진리는 단지 신학적 선언이 아니라, 우리가 살아가는 방식과 예배의 본질을 완전히 뒤바꾸는 도전입니다. 그러나 우리는 자주 그 본질을 잊고, 교회를 특정한 장소와 구조물로 한정 짓습니다.그러면 본질적인 예배당은 어디일까요?

그 답은 눈에 보이는 건물이 아니라, "사람들이 살아가는 세상" 속에 있습니다. 하나님께서는 우리를 세상의 한가운데로 보내셨습니다. 우리가 살아가는 가정, 직장, 거리, 그리고 시장 한복판이 곧 하나님의 임재가 드러나는 진정한 예배당입니다.

마치 하늘을 자유롭게 나는 새가 어디에나 둥지를 틀 수 있듯이, 예수 믿는 자들이 살아가는 모든 곳이 하나님의 임재로 가득한 예배당이 됩니다. 하나님께서는 특정한 장소에 국한되지 않으십니다. 그분은 선교하시는 하나님으로서, 우리의 일상과 세상 속에서 일하고 계십니다. 우리가 서 있는 그 땅이 곧 거룩한 땅이며, 우리가 드리는 모든 삶이 곧 예배입니다.

예배당 건축을 "성전 건축"이라고 부르는 것은 비성경적입니다. 그것은 마치 껍데기만 화려한 성을 세우면서, 그 안에 진정한 왕이 계신지를 묻지 않는 것과 같습니다. 하나님의 성전은 화려한 돌과 금으로 만들어지지 않았습니다. 오히려 그것은 우리 안에, 그리고 우리가 살아가는 세상의 한가운데에 있습니다.

예수님께서는 성전을 무너뜨리고, 사흘 만에 다시 세우겠다고 하셨습니다. 그 성전은 건물이 아니라, 그분의 몸이었으며, 부활하신 주님을 통해 이제 우리도 성전으로 살아가게 되었습니다. 우리의 삶의 모든 자리가 예배당이고, 우리의 모든 행동이 곧 제사입니다. 그러므로 세상 속에서 교회의 정체성과 사명을 회복해야 합니다. 교회는 세상 속에서 하나님을 증거하는 제사장 공동체입니다. 그것은 단순히 교회의 벽 안에서 모이는 공동체가 아니라, 세상 속으로 나아가 그리스도의 향기를 드러내는 사람들입니다.

길거리에서 나누는 작은 친절, 직장에서 드리는 정직한 노력, 가정에서의 사랑과 용서, 이 모든 것이 세상 속 예배당에서 드려지는 거룩한 예배입니다. 우리는 이 세상 속에서 하나님의 나라를 살아내고, 그분의 영광을 나타내는 존재들입니다. 예배당은 우리를 모으는 장소일 뿐입니다. 그러나 진정한 교회는 흩어지는 곳에 있습니다. 우리가 세상 속으로 흩어져 각자의 삶을 통해 하나님을 예배할 때, 그곳이 바로 본질적 예배당이 됩니다. 하나님께서 바라보시는 것은 단지 우리가 예배당에 모여 드리는 한 시간의 예배가 아니라, 우리의 모든 삶이 예배로 드려지기를 원하시는 것입니다. 교회는 건물이 아니라 사람이고, 예배당은 세상 그 자체입니다. 우리가 매일 살아가는 자리에서 하나님의 임재를 드러낼 때, 우리는 진정으로 교회로서 살아가게 됩니다.

안이 아닌 밖을

스위스 신학자 한스 큉은 교회에 대해 한 가지 분명한 확신을 전합니다. "교회에는 미래가 있다. 왜냐하면 교회는 이 세상 속에 현재를 가지고 있기 때문이다." 하지만 그 이유는 단순하지 않습니다. 교회가 미래를 가질 수 있는 이유는 교회가 지금 이 순간, 세상 속에 존재하며 사명을 다하고 있기 때문입니다. 교회는 단지 세상의 한 구석에 머무르며 과거의 영광을 기억하거나, 안전한 경계선 안에 스스로를 가두는 곳이 아닙니다. 오히려 교회는 끊임없이 자신에게 주어진 사명을 발견하고, 그것에 응답하며, 그때그때 새롭게 주어지는 봉사의 책임을 살아내야 하는 곳입니다. 바로 여기에서 교회의 현재가 채워지고, 교회라는 공동체기 존재의 의미를 찾게 됩니다.

마이클 프로스트는 이러한 교회의 사명을 더 구체적으로 설명합니다. 선교란 단순히 안전한 울타리 안에서 이루어지는 것이 아니라, 세상의 경계를 넘어선 모험입니다. 선교는 지금 이 세상과 하나님께서 이루실 새 세상 사이에서 이루어지는 긴장 속의 행동입니다. 그것은 마치 한쪽 발은 땅 위에, 다른 한쪽 발은 물 위에 놓고 균형을 잡아야 하는 위험한 행위와 같습니다. 선교는 우리가 익숙하고 안전하다고 느끼는 항구에서 나와, 하나님이 사랑하시는 세상을 향해 배를 띄우는 일입니다. 거기에는 낯선 바람과 거친 파도가 기다리고 있을지라도, 선교적 삶은 그 미지의 영역 속에서 비로소 완성됩니다.

그러므로 교회는 안이 아닌 밖을 향해야 합니다. 교회는 단지 내부에서 성도의 교제를 나누는 공간으로 머물 수 없습니다. 오히려 교회는 하나님의 부르심을 따라 세상 속으로 흩어지는 곳이어야 합니다. 우리의 안전한 항구를 떠나, 위험을 감수하며 사랑과 섬김으로 나아가야 합니다. 그곳이 바로 하나님께서 기다리시는 교회의 자리입니다.

교회란 단순히 건물 안에서 이루어지는 행사가 아닙니다. 교회는 우리가 살아가는 모든 곳에 존재합니다. 교회는 가정의 식탁 위에서 이루어지는 대화 속에 있고, 직장에서 동료를 도울 때 피어납니다. 마을 골목에서 이웃을 섬길 때, 교회는 그곳에 나타납니다. 교회의 진정한 모습은 우리가 하나님의 부르심을 따라 세상 속으로 나아갈 때, 우리의 삶과 행동 속에서 드러납니다.

교회는 마치 불안정한 다리 위에 서 있는 사람과도 같습니다. 한쪽 발은 하나님께서 이루실 새 세상에, 다른 한쪽 발은 지금 우리가 살아가는 이 세상에 딛고 있습니다. 그 다리는 흔들릴 수 있습니다. 때로는 두려움을 느낄 수도 있습니다. 그러나 그 다리를 통해 하나님께서 우리를 부르신 세상과 새 세상을 잇는 선교적 삶이 이루어집니다.

건물이 교회가 아니라, 세상이 교회입니다. 우리가 도움을 줄 수 있는 그 자리, 하나님께서 보내시는 그 장소가 바로 교회입니다. 교회는 우리가 들어가 숨는 피난처가 아니라, 하나님께서 세상 속으로 보내시는 배와도 같습니다. 그 배는 안전한 항구에 머물지 않습니다. 폭풍이 몰아치는 바다로 나아가, 하나님의 사랑과 정의를 싣고 항해합니다.

   그러므로, 우리가 있는 그곳이 곧 교회임을 확신해야 합니다. 교회는 벽 안에 갇히지 않고, 세상 밖으로 흘러가는 강물과 같습니다. 하나님께서 부르시는 그 세상 속으로 나아가십시오. 안에서 위로를 받는 데 머물지 말고, 밖으로 나아가 세상을 섬기십시오. 그것이 건물이 아닌 교회, 안이 아닌 밖으로 향하는 참된 교회의 길입니다.

알콩달콩 으랏차차
나무교회 이야기

03.
알콩달콩 으랏차차
나무교회 이야기

목사 홍선경

'나무에게 부탁했네, 하나님에 대해 얘기해달라고.
그러자 나무는 꽃을 피웠네'-타고르

나무에게 하나님에 대해 얘기해달라고 하자 나무는 아무 말 없이 꽃을 피웁니다. 꽃을 피우는 것으로, 그렇게 자기 존재로 하나님을 드러냅니다. 세상이 우리에게 너희의 하나님을, 너희가 믿는 예수를 보여달라고 하면 우리는 무엇을 보여줄 수 있을까요?

나무교회가 이 땅에 심기어졌습니다. 이 땅에 교회가 하나 세워진다는 것은 예수의 꿈이 하나 심긴다는 것입니다. 이 세상에 교회가 하나 세워진다는 것은 이 땅에 예수 십자가가 또 하나 세워진다는 것입니다. 그렇다고 그 모습이 늘 결연하거나 투지에 불타거나 하는 것은 아닙니다. 아주 자연스레, 혹은 전혀 예기치 못한 모습으로 진행되는 때가 더 많습니다. 적어도 나무교회의 시작은 그랬습니다. 나무교회는 어떤 대단한 결기가 모아져서 세워진 교회가 아닙니다. 새로운 교회에 대한 열망이나 하나님 나라에 대한 갈망을 가진 패기 넘치는 사람들에 의해 세워진 교회도 아닙니다. 목사의 열정도, 교우들의 갈망도 아니었습니다. 많은 준비와 노력을 통해 세워진 교회도 아닙니다. 그러고 보니 하나님이 하신 일이라고 밖에는 달리 표현할 길이 없습니다.

'목사님, 우리 그냥 함께 예배드립시다'

　나무교회 이전에 나무공동체라는 이름의 성경공부 모임이 있었습니다. 각기 다른 통로로 알게 된 두 가정이 두어 달의 시간차를 두고 성경을 배우고 싶다고 연락을 주셨습니다. 당시 저는 사역하던 교회를 사임하고 다음 걸음을 고민하던 때였습니다. 두 가정 중 한 가정이 거실을 내주면서 함께 성경공부를 시작했습니다. 어찌어찌 다른 분들까지 합류하면서 10여 명 가까이 모였습니다. 당시 모인 분들은 교회와 목회자에게 실망하고 새로운 교회를 찾는 분들이었습니다.

　우리는 출애굽기를 먼저, 그리고 창세기를 함께 했습니다. 주일 예배는 각기 다른 곳에서 드렸습니다. 저 역시도 순례자의 마음으로 가족들과 여러 교회를 탐방하며 예배드리던 때였습니다. 누군가 모임에 이름이 있으면 좋겠다고 하셔서 제가 나무공동체라는 이름을 내놓았고 다들 좋다 하셨습니다. 그렇게 나무공동체라는 이름으로 모여 말씀을 나눈 지 일 년이 되어갈 무렵 어느 날, 한 가정이 따로 만나자고 하시더니 '목사님, 우리 이제 그냥 모여서 예배드리죠, 우리 그냥 교회 시작합시다'라고 제안해 주셨습니다. 그즈음 여러 교회를 순례하며 예배드리던 저희 가족들도 '이제는 우리 교회에 다니고 싶다'고 하던 차였습니다.

　나무교회는 그렇게 시작되었습니다. '우리 그냥 모여서 예배 드립시다', '이제는 우리교회에 다니고 싶어요'로 시작했습니다. 그렇게 2013년 3월, 목회자의 집 거실에서 첫 예배를 드렸습니다. 거기 모인 분들은 어떤 새로운 교회, 대안적 교회를 꿈꾼 것은 아닙니다. '우리 이런 교회를 만들어 갑시다'라고 하지도 않았습니다. '말씀에 목말라 죽겠다'하신 것도 아닙니다. 그저 각자의 색깔대로 성향대로 교회를 좋아하고 사랑하는 분들이었습니다. 목회자인 저 역시 어떤 대단히 새로운 교회를 꿈꾸지 않았습니다. 그냥 배운 대로 사역하고 싶었을 뿐입니다. 생각한 대로 살고 싶었을 뿐입니다. 그렇게 우리는 우연처럼 만나서 또 하나의 교회를 이 땅에 심었습니다. 예수의 꿈이 그렇게 우리를 통해 심기어졌습니다.

우리의 이름은 나무교회

'나무교회'라는 이름의 시작은 이렇습니다. 30대 후반에 발을 들이게 된 신학의 세계는 기쁨과 경이로움의 연속이었습니다. 신대원 3년 내내 시원하고 다디단 우물물을 먹는 것 같았습니다. 매 강의 시간이 제게는 예배 시간이었습니다. 뒷모습만 보아도 머리가 숙여지는 교수님들, 성실과 열정이 은사인 듯한 학우들, 이런 분들과 한 공간에서 같은 시간을 보내는 것 자체가 늘 고맙고 감사했습니다. 그날도 수업을 마치고 부랴부랴 집으로 향했습니다. 콧노래를 부르며 기쁜 걸음으로 신나게 집으로 향했습니다. 해가 뉘엿뉘엿 지는 시간이었습니다. 학교 교문 밖 살짝 언덕진 길을 걸어 나오는데 길가에 있는 나무들이 제게 수고했다고 박수를 쳐주는 것 같았습니다.

주를 알아가는 저의 기쁨을 알기라도 하는 듯, 학업으로 또 살림으로 늘 지쳐있었지만 지각 한 번 안 하고 성실히 살아가고 있는 저를 칭찬이라도 하듯, 집으로 향하는 제게 오늘도 수고했다며 잘했다며 밝게 미소 지어 주는 것 같았습니다. 양쪽에 늘어선 나무들이 바람에 살랑살랑 흔들리는데 어떤 나무는 노래하고, 어떤 나무는 환호하며 박수 쳐주는 것 같았습니다. 그 순간 저는 그 사이를 신나게 춤추며 걸어가는 어린아이가 되어 버린 것 같았습니다. 그렇습니다. 하나님이 너무 좋은 어린아이. 그렇게 그 짧은 길 끝에 다다랐을 때 순식간에 생각 하나가 휘리릭 지나갑니다. '그럴 리는 없지만, 진짜 그럴 일은 없겠지만 만약에, 아주 만약에, 하나님이 나를 통해 교회를 시작하신다면 나무교회라고 이름 지어야겠다, 물론 그럴 리는 없겠지만…' 그러고는 그 이름을 까맣게 잊어버렸습니다. 그리고 십 수 년 뒤, 놀랍게도 하나님은 이 부족한 사람을 통해 이 땅에 교회를 하나 심으셨습니다. 바로 그때 그 이름, 나무교회라는 이름으로 말입니다.

나무는 홀로 있어도 아름답고 군락을 이루고 있어도 아름답습니다. 인류처럼 말입니다. 나무는 같은 종(種)이라도, 같은 날 심었어도 모양이 같은 나무는 없습니다. 다 다릅니다. 사람처럼 말입니다. 나무에게는 곱고 신비로운 나이테도 있고, 조금 거슬리는 옹이도 있습니다. 나무가 지나온 세월이 아름다운 나이테가 되기도 하고 곱지 않은 옹이가 되기도 합니다. 사람의 지나온 세월이 지혜와 인품이 되기도 히고 아픔괴 상처가 되는 것처럼 말입니다. 나무는 한 그루 안에 난 지 오래된 잎도 있고 갓 나온 어린잎도 있습니다. 교회처럼 말입니다. 나무는 자라는 것이 보이지 않아도 기어이 자라고 있습니다. 그리스도인처럼 말입니다. 나무는 바람에 흔들릴지언정, 뿌리째 뽑히는 일은 거의 없습니다. 주의 사랑을 아는 그리스도인처럼 말입니다. 나무는 사람들에게 그늘을 줍니다. 산소를 줍니다. 종이를 줍니다. 사람들에게 쉼을, 생기를, 말씀을 주는 교회처럼 말입니다. 나무처럼 사람과 세상에 유익한 피조물이 또 있을까 싶습니다. 교회처럼 말입니다. 저는 아직까지 교회처럼 좋은 공동체를 본 적이 없습니다. 세상이 뭐라 해도, 그 누가 뭐라 해도 '그래도 다시 교회'였고, '그래서 다시 교회'였습니다. 포기할 수 없는 우리 주 예수 그리스도의 몸, 교회. 우리는 나무교회입니다.

나무교회가 10년이 되었습니다. 10년이라는 시간 동안 말할 수 없는 감동과 은혜도, 역시 말로 다 할 수 없는 아픔도 지나왔습니다. 참 많이 웃었고, 울기도 많이 울었습니다. 이제 지난 10년간의 나무교회의 모습을 들려드리고자 합니다. 나무교회 이야기가 누군가에게 위로가 되고 힘이 될 수 있을 것이라는 마음으로 써 내려가 보겠습니다.

1. 자람과 쉼의 공동체

나무는 심긴 그 자리에 그대로 있습니다. 심긴 그 자리에서 누가 보든 안 보든 자랍니다. 그대로인 듯하나 쉼 없이 자라고, 움직이는듯하나 언제나 그 자리에 있습니다. 나무는 그렇게 사람이 자고 깨고 하는 중에 자랍니다. 나무교회도 그렇습니다.

나무교회의 시작에는 초신자가 없었습니다. 짧게는 20년, 길게는 40년 이상 신앙생활을 하신 분들이 대부분입니다. 대개가 이전에 몸담고 있던 교회를 10년 이상 다니던 분들입니다. 그래서 그 교회를 떠나오기란 쉽지 않았을 텐데 어떤 이유로 정들었던 교회를 나오셨습니다. 다니던 교회를 나와 예배를 안 드리는 분도 있었고, 여러 교회를 두루 다니며 정착할 만한 교회를 찾고 계시는 분도 있었습니다. 모두들 교회를 사랑하시는 것은 분명한데 사실 그 사랑이라는 것이 조금은 막연해 보였습니다. 오랜 시간 신앙생활을 해왔지만 교회가 무엇인지-왜 교회에 다녀야 하는지에 대해 답을 하지 못하셨습니다. 우리나라의 많은 신자들이 그렇듯이 말입니다. 우리는 먼저 교회론을 함께 했습니다. 그 사람의 교회론을 보면 그의 신앙의 많은 부분이 드러납니다. 교회론이라고 하니 다소 거창해 보이지만 나는 왜 교회에 다니는가에 대한 답을 말합니다. 당신에게 교회는 무엇이며, 왜 교회여야 하는지, 왜 예수여야 하는지, 왜 성경을 읽어야 하는지에 대해 함께 배우고 나누었습니다.

사람의 몸과 마음이 그렇듯이 신앙에도 '자라게 된다'와 '자라야 한다'

가 있습니다. 우리의 몸은 잘 먹고 잘 자고 잘 배설하면 잘 자랍니다. 그렇게 자라는 몸은 어느 시점에 다다르면 자람이 멈춥니다. 더 이상 자라지 않는 지점이 옵니다. 하지만 우리들의 내면은 몸과는 다릅니다. 넓고 깊게 계속 자랍니다. 깨지고 무너지면서 자랍니다. '자라야 한다'로 시작해서 '자라게 되는구나'를 만나기도 하고, '자라게 되는 줄' 알았는데 '자라야 한다'를 만나기도 합니다. 그 순서가 어떠하든 우리의 자람은 우리의 생각, 그 이상입니다. 그리스도인은 말씀 안에서 차원이 다른 자람을 경험하게 됩니다.

나무는 처음에는 흙이 자라게 합니다. 흙이 가진 영양분이 나무를 품고 나무를 살립니다. 그러다가 어느 정도 시간이 흐르면 나무가 흙을 비옥하게 합니다. 참으로 놀라운 자연의 섭리입니다. 나무교회를 통해 자란 교우님들이 이제 나무교회를 자라게 합니다. 목회자가 노심초사하고 전전긍긍하며 불면 날아갈까 쥐면 깨질까 조심조심하던 때가 있었는데 어느새 교우님들이 나무교회를 돌봅니다. 나무들이 스스로 자신들의 토양을 만들어 가고 있습니다. 나무는 죽은 게 아닌 이상 자랍니다. 나무교회도 그렇습니다. 전체를 볼 때는 몰랐는데 교우님 한 분 한 분이 뿌리가 깊어지고 밑동이 굵어졌습니다. 또 각 개인을 볼 때 몰랐는데 전체를 보니 물길이 잘 나있고 조금씩 예쁜 정원이 형성되어 있습니다. 사랑하고 물을 주는 일은 우리의 일이지만 자라게 하시는 분은 하나님이심을 교회 안에서 배웁니다.

숨 쉬고 싶은 사람들, 쉼이 필요한 사람들

"돌아보면 나름대로 열심히 살아왔고, 지금도 그렇게 살고 있는데, 우리네 인생은 왜 이렇게 힘겨운 걸까. 그렇게 사랑했던 사람들이 짐이 되기도 하고, 그렇게 믿었던 사람들이 쉽게 등을 돌리기도 하고. 그저 잘하려고 한 것뿐인데. 쉼이 필요한 그대, 숨 쉬고 싶은 그대. 예수 그리스도, 그분을 소개합니다".

나무교회 전도지 문구입니다. 한 장 한 장 직접 만들어서 프린트하고 색상지에 붙여서 만든 전도지입니다(교우들과 함께 전도지를 돌린 것은 아니고, 저 혼자 버스 정류장에서 돌렸습니다). 많은 신자들이 자신의 숨이 아닌 다른 사람의 숨을 쉬며 살아갑니다. 자기 숨을 쉬지 못하고 다른 사람의 숨을 따라 쉽니다. 나의 하나님을 만나는 것이 아니라 특정 교회의 하나님, 특정 목사의 하나님을 믿는 것으로 신앙생활을 하고 있습니다. 얼핏 보면 생명력이 있어 보이기도 하지만 자세히 보면 주체적 신앙인-책임적 그리스도인이 되지 못한 채 그저 군중으로 살아갑니다. 그러다 보니 자주 숨이 찹니다. 심호흡은 없고 한숨만 있습니다. 자기 숨이 아니니 심호흡을 할 줄 모릅니다. 나무교회는 오시는 분들이 숨 고르기를 할 수 있도록 돕습니다. 자기 숨을 찾아가는 일, 자신의 하나님을 만나는 일은 수고로움을 요합니다. 신앙생활을 오래 하신 분들 중에는 뭔가 교회 일을 하지 않으면 불안해하는 분들이 있습니다. 그런가 하면 이제는 섬김이고 뭐고 아무것도 하고 싶지 않다는 분들도 있습니다. 스스로 선택하고 결정하는 힘이 없어서 그저 일 속에서 살아가든가 아니면 무작정 일을 피하든가 두 극단을 오갑니다. 나무교회에 오면 무슨 일이든 과하게 하지 않도록 합니다. 충분히 숨을 돌리고 숨 고르기를 하도록, 더 이상 다른 사람의 숨을 따라 쉬는 것이 아니라 나만의 깊은 호흡을 만나도록 돕습니다. 일단 (본인이 원하는 선에서) 말씀에 집중하도록, 말씀 안에 머물도록 돕습니다. 이런저런 섬김 사역부터 예배 순서를 맡는 일에 이르기까지 본인이 충분히 고민해 보고 결정하도록 합니다. 물론 그런 목회적 배려가 가닿지 않기도 합니다. 맡은 일이 있음에도 갑자기 잠수를 타기도 하고 갑자기 다음 주에 교회를 떠나겠다는 분들도 있었습니다. 당혹스러울 때도 있었지만 덕분에 나무교회는 없으면 없는 대로 자리가 비면 비는 대로, 사람에 좌우되지 않고 하나님을 예배할 수 있는 힘이 생겼습니다.

도시에 위치한 중(대)형 교회에서 열심히 신앙생활을 한다는 말은 대개 바쁘고 분주한 교회생활을 한다는 말인지도 모르겠습니다. 주일 예배를 비롯해서 수요예배, 금요기도회, 그리고 구역 모임, 교사 혹은 찬양대, 식사 봉사, 그 외 성도들 간의 교제…, 그중 절반 만 참여해도 바쁜 신자가 됩니다. 신앙생활을 한다고 분주하기는 한데 나의 하나님은 없고, 특정 교회의 하나님, 좋아하는 목사님의 하나님을 믿는 신자들이 생각보다 많습니다. 예수를 믿는다는 것, 나만의 고유의 숨을 찾아가고 나만의 아름다움을 찾아가는 일입니다. 하나님은 우리에게 안식을 주시는 분이십니다. 예수가 우리의 안식이며 안식이 창조의 완성임을 우리는 압니다. 아담이 처음 눈을 떴을 때 하나님을 보았을 것이고 그 하나님 아버지와 놀았을 것입니다. 그분 안에서 그분과 함께 하며 그분을 누렸을 것입니다. 오늘날 많은 신자들이 애굽의 바로(Pharaoh)가 외치는 그 말, '더, 더, 더'에 눌려(출1장) 교회 안에서조차 쉴 줄 모릅니다. 쉼을 잃은 지 오래라 쉬는 것도, 노는 것도 배워야 할 지경에 이르렀습니다. 몸의 쉼은 돈으로 살 수 있을지 몰라도 마음의 쉼-영혼의 쉼은 또 다른 문제입니다. 나무교회는 온유하고 겸손한 예수가 주는 참된 쉼, 그 안식을 사모하고 그 안식을 배우고 누려갑니다(마11:28-30).

말씀 속에서 답을 찾아가는 사람들

나무교회는 질문(質問)과 회의(懷疑)를 존중합니다. 성경은 우리에게 답을 주기 전에 질문을 줍니다. 그렇게 오랜 시간 교회를 다녔어도 질문을 가져본 적도, 질문해 본 적도 없는 신자들. 질문이 있어도 물어볼 데가 없답니다. 종교를 묻는 란에 기독교(혹은 개신교)라고 적지만 과연 기독교(개신교)가 무엇인지 모릅니다. 믿는다고는 하는데 무엇을 믿는다는 것인지, 믿는다는 것은 또 무엇인지 생각해 본 적 없는 신자들이 너무도 많습니다. 나무교회는 주일 예배 후에 그루모임을 갖습니다(그루는 나무교회 소그룹의 단위입니다. 남성그루, 여성그루, 청년그루가 있습니다). 그날 설교와 연관된 질문을 주보에 올리면 그 질문을 그루 모임에서 나눕니다. 30-40분 정도 나눔 후에 다시 전체가 모여 설교자와 함께 질의응답 시간을 갖습니다. 설교자는 설교에서 다 나누지 못한 것들을 나누고, 교우님들의 질문에 최대한 성실히 답합니다.

나무교회는 젊은 교회입니다. 아니 어쩌면 어린 교회라는 말이 맞을지도 모르겠습니다. 교회 연수도 그렇고 구성원들도 젊습니다. 3,40대가 주를 이룹니다. 2,30년 이상 교회를 다니기는 했지만 성경을 차근차근 배워보지 못한 분들입니다. 자신이 성경을 잘 모르고 있었다는 것을 나무교회에 와서 발견했다고 해도 과언은 아닙니다. 본디 교회가 그러하듯 나무교회 역시 말씀을 배우는 공동체입니다. 지금은 매년 1월과 2월, 두 달간 성경일독을 하지만 그렇게 하기까지 연습을 제법 많이 했습니다. 이를테면, 1월에 모세오경 읽기, 사순절에 신약 읽기, 기쁨의 50일에 요한복음과 요한서신 읽기, 대림절에는 복음서와 시편 읽기, 가을에는 성문서 읽기 등 틈나는 대로 교우님들이 성경을 가까이하도록 했습니다. 그렇게 4년 정도 지나니 1월과 2월 두 달 동안 성경 일독을 할 수 있는 분들이 생겨나기 시작했습니다. 주일 설교는 책별로 순서 설교를 하고 있고, 한 책이 끝나면 성경퀴즈대회를 진행합니다. 그동안 사도행전, 요한복음, 마가복음, 욥기, 에스더 등을 함께 했습니다.

나무교회는 주중에 소그룹으로 모입니다. 복음을 성경 전체 흐름으로 배우는 새롬양육(고후5:17), 교회 공동체 일원으로 자리 잡아가는 마디과정(엡4:16), 교리를 배워가는 버리과정과 하사온과정(딤후16-17), 자아를 더욱 깊이 만나는 떨기나무과정(출3:2), 그 모든 과정의 목표는 결국 스스로 말씀을 펴서 읽을 수 있는 그리스도인이 되는 것입니다. 매 주일 성경을 암송하는 것도 그런 이유입니다. 24구절을 계속 반복적으로 암송해왔습니다. 말씀을 읽고 듣고 암송하고 묵상하고, 그렇게 말씀과 함께 하다 보면 말씀을 주신 하나님께서, 말씀이신 예수께서 나를 얼마나 사랑하는지를 만나게 될 것을 믿어 의심하지 않습니다. 한숨이 아닌 심호흡, 나만의 호흡을 찾아가는 길, 멈출 줄 아는 힘, 그리고 언제든 내달릴 줄 아는 힘은 결국 말씀으로부터 나옵니다. 모든 것이 말씀에서 나오고 또 말씀을 향합니다.

나무교회가 이 땅의 야곱들이 와서 이스라엘이 되는 얍복나루가 되길 소망합니다. 말씀을 부여잡고 씨름하는 얍복나루같은 교회. 허벅지 뼈가 부러지고 온몸이 만신창이가 되지만 하나님을 떠나서는 살 수 없음을,

예수 없이 사는 것은 살아도 사는 것이 아님을 알게 되는 이스라엘. 그런 이스라엘이 태어나는 교회가 되길 소망합니다. 하나님이 찾으시는 그 예배자(요4:23)가 우리 나무교회이길 바라며 매주 소박하지만 진실한 예배를 드리고 있습니다.

2. 홀로서기와 더불어 살기를 배우는 공동체

나무는 '홀로'자라고 또 '함께' 자랍니다. 땅에 뿌리를 박고 '따로 또 같이' 자랍니다. '홀로서기'를 배우고, 홀로선 자들이 '더불어 살기'를 배우는 곳, 더불어 살면서 홀로 살 힘을 키워가는 곳, 나무교회입니다.

나무교회를 방문하시는 분들이 입을 모아 말씀하십니다-'교우님들의 얼굴이 다들 밝으시네요', '정말 가족 같은 교회네요'. 그렇습니다. 교우님들이 모이면 웃음이 끊이지 않고, 예배가 끝나도 또 차를 마시며 서로를 나눕니다. 코로나 이후 예배 인원이 많이 줄었지만 함께 하는 분들은 서로를 더욱 깊이 사랑하며 시도를 누리고 있습니다.

왁자지껄 우당탕탕 즐거운 나무교회

매년 다녀오는 전교인 수련회는 성경 본문 하나를 한 줄기로 잡아 진행합니다. 요나 이야기, 삭개오 이야기, 탕자 이야기, 노아 이야기, 38년 된 병자 이야기 등을 함께 했습니다. 수련회 시작부터 끝까지 오로지 그 본문을 가지고 놀이와 말씀을 함께 합니다. (지금은 주일학교가 없지만) 여름성경학교도 같은 본문으로 진행합니다. 전교인 수련회의 압권은 언제나 연극입니다. 조별로 한 사람도 빠짐없이 배우가 되어 연기합니다. 처음에는 불편해하는 분들도 있었지만, 이제는 수련회 가면 으레 하는 것으로 정착되었습니다. 쑥스러움을 무릅쓰고 민망함을 뒤로 하고 모두 다 열심히 참여합니다. 놀라운 창의력과 연기력으로 한바탕 웃음과 은혜의 잔치가 열립니다. 여우주연상, 남우주연상, 감독상, 신인상 등을 시상하며 왁자지껄 웃고 쉬는 수련회입니다. 왁자지껄 우당탕탕 나무교회는 모일 때마다 흥겹습니다.

그간 우리들이 함께 한 행사를 소개해 보겠습니다. 어른들을 위한 어린이날, 일명 '어른이날'(2022) 행사로 사방치기, 뽑기, 제기차기 등 옛날 놀이를 함께 했습니다. 부활절 이후 이어지는 기쁨의 50일 기간에는 '예배 지각하지 않기 캠페인'(2015)으로 좀 더 준비된 예배를 드리고자 힘썼고, '못난 놈들은 얼굴만 봐도 흥겹다'(2022년)라는 이름으로 삼삼오오 만나 식사도 하고 차도 마시고 산책도 했습니다. 대림절 기간 마니또 놀이(2021), 성탄절에 교우들에게 카드 쓰기(2022) 등도 진행했습니다. 바자회를 통해 빔프로젝트(2019)와, 무선 핀 마이크(2022)를 마련하기도 했습니다. 나무교회에는 찬양대가 따로 없어서 온 교인이 찬양대가 됩니다. 부활절, 추수감사절, 성탄절, 그 외에도 수시로 전교인 특별찬양으로 하나님을 찬양합니다. 전교인 특별찬양을 드릴 때마다 생각합니다. 하나님은 왜 (최근 수년간) 찬양 인도자도 반주자도 없이 드리는 이 작은 자들의 찬양을 이리도 기뻐하시는 것일까. 감격에 겨워 울컥하는 마음으로 묻곤 하지만 여전히 잘 모르겠습니다.

하나님께 소중한 당신, 우리에게도 당신이 소중합니다

예배 시간에 낯선 사람이 한 사람이라도 오면 교우들의 신경이 모두 그 분에게 가 있습니다. 아무렇지 않은 척 앉아있지만 누굴까, 어떻게 우리 교회를 알고 왔을까, 우리 교회 다니면 좋겠다…. 어느 누구 하나 직접 그런 말을 하는 사람은 없어도 머리 위에 말풍선이 떠 있는 것 같습니다. 다들 좀 더 조용히, 좀 더 경건의 모양을 하고는 사랑스럽게 앉아 계십니다. 또 누군가 한 사람이 안 오면, 그 사람의 자리가 선명히 느껴집니다. 어디 아픈 것은 아닌지 무슨 일이 있는 것은 아닌지 사랑의 걱정을 합니다. 있을 때도, 또 없을 때도 한 사람의 무게가 고스란히 전해집니다.

나무교회는 1명, 혹은 2명, 많으면 4명이 목회자와 함께 주중 모임을 갖습니다. 직장 때문에 주일 예배를 못 드리는 교우는 주중에 따로 만나 말씀을 나눕니다. 교회가 당신을 기억하고 있다고 주일 예배 못 드려도 하나님은 여전히 당신을 돌보고 계심을 교회가 친히 보여줍니다.

지금은 우리와 함께 예배드리시지는 않지만 3년 정도 우리와 함께 예배드리신 어르신이 계십니다. 대구에서 사시다가 자녀분들과 함께 사시기 위해 서울로 올라오셨습니다. 대구에서 계실 때는 제법 큰 교회에 다니셨던 터라 같은 연배의 어르신도 없는 나무교회가 힘드시지는 않으실까 많이 걱정했습니다. 어르신께 해드릴 것이라고는 어르신의 말씀을 들어드리고 하나님의 말씀을 들려드리는 것 밖에 없었습니다. 그 어르신 부부 댁으로 가서 성경을 함께 했습니다. 창세기부터 차근차근 매번 교재를 만들어 갔습니다. 활자도 큼직큼직 보시기 좋게 만들어 갑니다. 다음 만남까지 성경을 읽으시고 답을 기록하시도록 했고, 마지막 질문으로는 본문과 관련하여 당신의 이야기를 하실 수 있도록 교재를 만들었습니다. 아담과 하와, 노아의 홍수 이야기, 아브라함과 이삭 이야기, 얼마나 즐거이 들으시던지요, 또 얼마나 이야기를 맛깔스럽게 하시던지요. '목사님과 제자훈련 하니 참 좋습니다, 교회를 그렇게 오래 다녔어도 이런 것을 배운 적은 없습니다'. 환히 웃으시며 우리들의 만남을 '제자훈련'이라고 스스로 지칭하시며 좋아하시던 모습이 지금도 눈에 선합니다.

작은 교회는 한 사람 한 사람을 소중히 여기고 그 한 사람의 의견을 존중하며 그를 주님의 귀한 양으로 대합니다. 규모가 큰 교회에 다니다가 작은 교회에 오면 그것에 감동을 받고 좋아하십니다. 나름의 시스템이 갖춰져 있는 규모 있는 교회에서는 의견을 낼 수도 없고 내려 하지도 않았다가 작은 교회에 오니 의견이 반영되고 존중받는 것에 대한 기쁨을 만나시는 것 같습니다. 하지만 반대로 자신의 의견이 관철되지 않을 때는 많이 힘들어하십니다. 조금 큰 교회에서는 의견이 반영되지 않아도 그 결과를 잘 수용하지만 작은 교회에서는 그게 잘 안되시나 봅니다. 최종결정은 책임져야 하는 이가 내려야 함을, 다 말씀드릴 수 없는 부분이 있음을 줄곧 말씀드리지만, 그럼에도 본인의 생각이 관철되지 않을 때 많이 힘들어 하시다가 교회를 옮기는 분들이 있습니다. 규모가 작아서 바르게 가기가 쉬운 면도 있지만 규모가 작기에 감당해야 할 큰일들이 있음을 절감합니다.

사람들은 다닐 교회가 없다고 하지만 둘러보면 세상에는 아름다운 교회가 참 많습니다. 교우들이 옛날 같지 않다고 하지만 둘러보면 귀하고 아름다운 성도들도 참 많습니다. 작지만 아름다운 교회, 아니 작아서 아름다운 교회가 생각보다 많습니다. 자신이 감당해야 할 몫을 피하려고 하지만 않으면 말입니다.

하나둘 시간-하나님과 나 둘 만의 시간

주중에는 〈매일성경〉 본문에 따라 아침 묵상을 합니다. '하나님과 나 둘만의 시간'이라는 의미로 [하나둘시간]이라 이름 지었습니다. 우리의 하나님을 만나되, 나의 하나님이 없다면 그저 군중의 하나님으로 만나게 될 것입니다. 나무교회는 골방을 사랑하는 그리스도인, 홀로의 시간을, 고독을 두려워하지 않는 그리스도인, 도리어 고독과 고요를 찾아들어가는 그리스도인이 되도록 돕습니다. 떼제 성가와 함께 고요히 하나님 앞에 앉아있는 기도회를 갖기도 합니다. 고요 속에서 침묵 속에서 주님을, 또 나를 만납니다. 그렇게 따로 또 같이, 하나님 앞에 섭니다. 홀로의 시간이 있는 사람만이 기쁨의 더불어기 가능하고, 더불어의 시간 속에서 사랑 받은 자 만이 즐거이 홀로의 시간 속에 들어갈 수 있음을 알아갑니다. 하나님과의 골방의 시간을 가진 사람만이 세상 속에서 그리스도인으로 살아갈 수 있다는 것을 시간 속에서 배우고 있습니다.

우리 집이 나무교회-그대가 나무교회

우리는 예수의 꿈입니다. 우리의 비전은 예수입니다. 우리들의 자아실현은 예수 실현입니다. 예수가 꿈꾼 세상, 그 세상을 만들어 가기에 앞서 내가 그 세상이 되는 것이 먼저이고 또 궁극입니다. 우리 교우님 한 분 한 분이, 또한 각 가정이 주님의 꿈입니다. 각 가정이 교회임을, 내가 바로 교회임을 우리는 만나갑니다. 아내는 남편의 하나님을, 남편은 아내의 하나님을 기대합니다. 하나님이 나의 배우자를 어떻게 빚어가실지 기대하며 사랑합니다. 자녀들도 그렇습니다. 부모만큼 영향력 있는 신앙의 선배는 없습니다. 자녀는 결국 부모의 뒷모습을 보고 자랍니다. 부모와 자녀가 모이면 하나님을 얘기하고 거실에서는 찬양 소리가 울려 퍼지는 가정이 되도록, 우리 집이 바로 나무교회가 되도록 교회가 돕습니다. 아이와 말씀을 나눌 수 있도록 양육에 도움이 되는 도서와 교재 등을 제공합니다.

3. 나이테와 옹이가 있는 우리

　나무에는 '나이테'와 '옹이'가 있습니다. 지나온 삶의 궤적이 아름답고 신비로운 나이테가 되기도 하고 아프고 안쓰러운 옹이가 되기도 합니다. 나이테가 자랑일 수 없고, 옹이가 부끄러움이 아닌 공동체, 우리는 나무교회입니다.

　아름답기만 한 사람도, 부족하기만 한 사람도 없습니다. 누구에게나 나이테도 있고 옹이도 있습니다. 근사하고 멋진 나이테는 어디 가든 인정받지만 옹이는 그렇지 않습니다. 세상은 말합니다. 옹이가 많은 나무는 쓸모없다고. 하지만 교회는 그 옹이의 아름다움을 보는 곳입니다. 나무교회는 자신의 발(feet)을 드러내는 것을 부끄러워하지 않습니다(요13장). 사실 작은 교회는 감출 수가 없습니다. 다 보입니다. 작은 공간에서 적은 수가 모이다 보니 피할 길이 없습니다. 도무지 감출 수가 없습니다. 그래서 좋습니다. 작은 교회는 그래서 싫다고, 그래서 부담스럽다고 발 들여놓기를 주저하는 분들이 많은데 실은 그래서 좋은 겁니다. 많은 분들이 익명성이 보장되는 곳을 찾지만 교회는 그럴 수 없다고, 그래서는 안 된다고 생각합니다. 성경은 성도를 하나님의 권속(眷屬, 가족)이라고 말합니다(엡2:19). 그렇습니다. 우리는 예수 안에서 한 가족입니다. 가족은 부족하다고 싫다고 맘에 안 든다고 등을 돌리지 않습니다. 가족은 서로 부족해도 가족입니다. 세련되지 않아도 우리 엄마이고 돈을 좀 못 벌어도 우리 아빠입니다. 일을 잘 못해도 우리 언니이고 말을 좀 안 들어도 내 동생입니다. 실수를 해도 우리 가족입니다. 우리는 그렇게 서로 기다려주고 다시 사랑을 선택하며 살아갑니다.

　가끔 교회 안에서 맡은 일을 잘하지 못하는 분들이 있습니다. 다른 누군가 그 일을 메꿔야 하기도 하고 흘린 것을 주워야 하기도 합니다. 조금, 아니 때로는 많이 불편할 때도 있습니다. 대신 짊어지는 분께 말씀드립니다-"우리 교회 식구잖아요, 그냥 우리가 합시다". 그렇습니다. 우리는 서로가 훌륭해서 사랑하는 사이가 아닙니다. 교회는 일 잘하는 사람을 양산하는 곳도 아닙니다. 부족해도 예수 안에서 한 형제자매이기에 서로를 감당하며 서로를 사랑하는 곳입니다. 언젠가 한 분의 실수로 다른 한 분이 번거롭게 된 일이 있었습니다. 목사인 제가 뒷수습하는 분께 사과를 드렸습니다. 그러자 그분이 말씀하십니다-"괜찮습니다, 목사님. 우리 집사님이시잖아요".

내 안의 예수를, 네 안의 예수를 만나다

나무교회에는 〈떨기나무〉라는 과정이 있습니다. 떨기나무는 출애굽기에서 모세의 시선을 끌었던, 불이 붙었으나 타지 않은 나무입니다(출 3장). 떨기나무는 광야에서 흔히 볼 수 있는 덤불 형태의 나무입니다. 어디서나 볼 수 있는 흔한 나무가 그날 하나님의 임재로 세상 어디에도 없는 나무가 됩니다. 매우 평범하고 그저 그런 사람 같지만 하나님을 만나고 나면 평범함 그 이면에 있는 고유한 존재로서의 나를 만나게 됩니다. 내가 없어지는 것이 아니라 완전히 새로운 나로 거듭납니다. 사람들은 그런 나를 보고 기이해할 것입니다. 〈떨기나무〉과정은 모세가 불이 붙었으니 디지 않는 그 기이힘을 보고자 다가간 깃처럼, 우리를 보고 기이해하며 다가와 하나님을 맛보게 될 것을 소망하며 나 자신을 새롭게 만나는 과정입니다. 나 자신과의 소통에 중점을 둡니다. 하나님은 그렇게도 쉼을 주시길 원하시는데 현대 자본주의 도심 사회를 사는 신자들은 자본주의의 숨을 쉬고 자본주의에 기대어 사느라 쉬지 못합니다. 다른 사람이 규정한 나를 나로 알고 타인의 욕망을 자기 욕망으로 갖고 타인의 꿈을 자기 꿈으로 삼습니다. 떨기나무의 시간을 통해 정직히 자신을 만나도록 돕습니다. 내 어머니를, 내 아버지를, 그리고 내 안의 나를 새롭게 만나갑니다. 나이테인줄 알았는데 옹이였음을, 옹이인 줄만 알았는데 너무도 근사한 나이테였음을 만나갑니다. 하나님이 다른 사람이 아닌 바로 '나'로 존재하게 하신 것에 감사하며 그 '나'라는 존재 안에 있는 하나님의 형상을 만나고 누리도록 교회가 함께 합니다.

그러고 보니 나무교회에는 육체를 따라 볼 때 학벌 좋은 사람도 문벌 좋은 사람도 없고 돈 많은 사람도 없습니다(고전1장). 그래서 하나님이 우리로 모이게 하신 것 같습니다. 하나님 없이는 살 수 없는 우리들이기에 이렇게 모인 것 같습니다. 서로 부족하기에 서로가 더 필요합니다. 나는 당신의 사랑이 필요하고, 당신은 나의 사랑이 필요하다는 것을 우리는 압니다. 그래서 우리는 서로가 부족하다고 해서 사랑하기를 포기하지 않을 것입니다. 예수 때문에 모인 사람들, 예수가 보낸 사람들, 예수를 생각나게 하는 사람들. 서로 안에 있는 예수를 발견하고 기뻐하는 사람들로 살아가고자 합니다.

4. 다른 우리, 그러나 같은 우리

　나무 한그루 안에는 갓 나온 어린 잎과 오랜 시간 나무를 나무되게 한 늙은 잎이 함께 있습니다. 유난히 빛나는 잎도 유난히 쉬 시드는 잎도 있습니다. 교회도 그렇습니다. 한 울타리에서 살고 있지만 서로 다릅니다. 가진 힘이 다르고 색깔이 다릅니다. 서로 다른 시대를 살고 다른 바람을 맞고 다른 비를 맞았지만 한 몸으로 삽니다.

　직업도 출신도 취향도 다른 사람들이 예수 믿는다는 이유 하나로 모였습니다. 교회는 동호회가 아닙니다. 같은 생각을 가진 사람들의 모임도 아닙니다. 예수를 구주로 모신 사람들의 모임입니다. 다르지만 같고, 같지만 다른 사람들이 매주 모여 하나님을 예배합니다.

　지금 세대가 이전 세대를 이해하기는 어렵습니다. 이전 세대 역시 지금 세대를 공감하기 힘듭니다. 이전 세대도 한때 젊은 세대였고, 지금 세대도 시간이 흐르면 이전 세대가 될 것입니다. 앞에 가는 이는 자신이 걸어온 길이 얼마나 달라졌는지 뒤에 오는 이에게 배워야 하고, 뒤에 오는 이는 앞서간 이의 수고로 닦인 길을 자신이 걷고 있음을 알아야 합니다. 앞서가는 이는 나도 그랬음을, 뒤에 오는 이는 나도 그렇게 될 것임을 교회 안에서 배워갑니다. 나이 든 자의 경험과 지혜 앞에서 머리를 숙이고 젊은 자의 패기와 열정을 기뻐하며 서로에게 박수를 보내는 법을 배워가고 있습니다.

앞서 제자훈련 받아서 좋다고 하신 그 어르신 이야기입니다. 8.15 광복과 6.25 전쟁을 겪으신 그 어르신의 이야기를 '우리 시대 어른에게 듣는다-OOO집사님의 하나님'이라는 제목의 특강으로 함께 했습니다. 우리 시대 어른은 대학교나 연구실에만 계신 것이 아닙니다. 거칠고 고단한 삶 속에서도 의연히 자기 삶을 살아내신 분들, 시대의 아픔을 온몸으로 받아내느라 배울 수도 모을 수도 없었던 분들, 바로 그분들이 다름 아닌 우리 시대의 어르신입니다. 결핍 안에서 만난 은혜, 고단함 속에서 만난 복음이 얼마나 아름다운지 우리는 그분을 통해 보았습니다. 그 어르신이 특별찬양을 하실 때면 놀랍고도 깊은 은혜가 예배당을 가득 채웁니다. '나 같은 죄인 살리신', '죄짐 맡은 우리 구주', '지금까지 지내온 것' 등의 찬양을 부르실 때면 우리 모두 눈물을 흘립니다. 세월이 주는 무게감, 하나님을 향한 그 순수한 사랑이 우리 모두의 마음을 적십니다. 신학입네, 교리네, 어쩌고저쩌고 떠들어 대는 우리를 한순간에 잠재우는 귀한 영성이 그분에게 있었습니다. 지금은 자제분들 따라 다른 교회에서 예배드리지만 가끔씩 전화드리면 (먼저 전화 주시기도 하십니다) 보고 싶다고, 교회 식구들에게 안부 전해 달라고 하십니다. 작은 교회 목회자를 걱정해주시며 힘내라 하실 때면 세대를 뛰어넘은 우정을 느끼곤 합니다.

선한 사마리아인은(눅10장) 강도 만난 자가 어떤 사람인지 개의치 않습니다. 그가 지금 아프다는 것, 위태롭다는 것만 봅니다. 그의 정치적 성향이나 성적 취향 같은 것에는 관심을 두지 않습니다. 우리도 그런 마음으로 함께 세상을 보고자 합니다. 그가 어떤 사람이든, 그가 어떤 삶을 살아왔든, 혹여 우리와 생각이 다르다 해도 지금 그가 처한 상황만 보는 힘,

그 힘을 갖고 살고자 합니다. 나무교회는 성향이 다르다고 취향이 다르다고 배척하지 않습니다. 삶의 배경이 달랐음을 수용하고, 서로 사랑하며 살고자 합니다. 포스트모던 사회, 포스트 코로나 사회에서 우리는 뭐든 선택할 수 있겠지만, 교회가 사람을 선택할 수는 없다고 생각합니다. 교회는 하나님이 보내신 사람들, 하나님의 백성들의 모임이기 때문입니다.

세상을 알고 나를 알고

책을 통해 세상을 만나고 시대를 만나는 시간을 갖습니다. 『꽃들에게 희망을』을 시작으로 『어린왕자』, 『아낌없이 주는 나무』, 『마당을 나온 암탉』, 『연어』, 『지금은 없는 이야기』, 『긴긴밤』 등 그림이 많은 쉬운 책을 비롯해 『침묵』, 『회복의 신앙』, 『회개를 사랑할 수 있을까』, 『복음에 안기다』, 『하나님의 임재연습』, 『바늘귀를 통과한 부자』, 『오늘이라는 예배』, 『서로를 이해하기 위하여』 등 어렵지 않은 신앙서적과 『나는 대학을 그만두기로 했다-김예슬 선언』, 『모리와 함께 하는 화요일』, 『만약은 없다』, 『엄마는 오늘도 소금 땅에 물 뿌리러 간다』, 『아몬드』, 『순례주택』 등 다양한 소설과 에세이를 함께 읽었습니다.

영화도 함께 보고 나눕니다. 〈엑소더스: 신들과 왕들〉, 〈노아〉, 〈부활〉, 〈모아나〉, 〈오두막〉, 〈우리들〉, 〈나는 예수님이 싫다〉, 〈가버나움〉, 〈한산-용의 출현〉, 〈영웅〉 등 다양한 영화를 함께 보고 나눴습니다. 성경의 언어를 세상의 언어로 치환하고, 세상의 언어를 성경의 언어로 품고, 그렇게 시야를 넓히고자 하는 작은 노력입니다. 세상의 소금인 우리이건만 교회 안의 설탕으로 살고 있는 것은 아닐까 싶을 때가 있습니다. 교우님들이 힘 있게 세상으로 걸어 들어가 세상을 넉넉히 이기고 세상이 감당 못할 사람이 되길 바라봅니다.

나무교회는 자체 특강을 줄곧 해왔습니다. 성경이 말하는 여성을 고민하며 〈여성, 그대의 사명은〉, 공동체에 대한 고찰로 〈슬기로운 교회생활〉, 내 아이를 어떻게 키울 것인가를 함께 고민하며 〈꽃들에게 희망을〉, 과연 나는 누구인가에 대한 사유로 〈자아, 낯선 타인-낯익은 이방인〉 등이 그것입니다. 목회자가 부지런히 공부하여 주제별 강의를 진행합니다(좋은 강사 분들이야 많지만 교회 살림이 빠듯하다 보니 목회자가 감당하려 하고 있습니다). 결국 말씀이면 되지만 그 말씀이 얼마나 깊고 넓은지, 하나님께서는 이 세상 모든 것을 통해 말씀하시는 분이심을, 그리고 말씀으로 이 세상 모든 것을 새롭게 만나게 된다는 것을 다양한 접촉점을 통해 배워갑니다.

5. 사랑하기 위해 모인 우리들

나무는 곁의 나무가 싫다고 원망하지 않습니다. 자신을 돋보이려고 들레지도 않습니다. 있는 그 자리에서 자기 자리를 사랑하고 자기의 나무 됨을 그대로 수용하며 나무의 삶을 살아갑니다.

믿음이 좋다는 말, 결국은 잘 사랑한다는 말이 아닐까 싶습니다. 하나님 사랑-이웃 사랑. 하나님을 얼마나 사랑하는지는 사람 사랑으로 드러납니다. 교회는 사랑의 공동체입니다. 어떤 과업을 이루는 곳이 아니라 사랑이신 하나님을 만나고 서로 사랑하며 사는 곳입니다. 때로는 양육과 훈련의 이름으로 모이지만 우리는 결국 사랑하기 위해 모이는 겁니다.

우주적 교회: 그래도 우리는 한 가족

나무교회는 떠나는 분들을 잘 보내려고 합니다. 교회를 떠나실 때 조촐한 환송회를 합니다. 꽃다발을 준비하고 성찬식도 합니다. 떠나보내는 마음은 아프지만 우리는 여전히 그리스도 안에서 한 몸임을 그렇게 선포합니다. 좋은 뜻으로 준비하고 진행해 왔지만 떠나시는 분들이 불편했다는 후문입니다. 목회자의 부탁으로 싫으면서도 받아주신 것이 고맙습니다. 물론 인사도 없이 가겠다는 분도 있었고 아예 떠난다는 말도 없이 떠난 분들도 있었습니다. 말없이 떠난 분이라도 전화만 받아주신다면 나름의 갈무리를 합니다. 그간 나무교회에서 (무엇보다도 목회자로 인해) 상처받은 것이 있다면 용서를 구합니다. 많은 신자들이 교회를 옮기면 연락은커녕 아는 체도 안 하는 사이가 되곤 합니다. 너무도 부끄러운 우리들의 자화상입니다. 나무교회는 그러지 않기로 했습니다. 예배를 함께 안 드릴 뿐이지 우리는 여전히 한 하나님의 자녀입니다. 많이 불편해하지 않는 분께는 일 년에 한 번 정도는 안부 전화도 드리고 혹 우리의 도움이 필요한 일이 있다면 언제든 연락 달라고 말씀드립니다.

나무교회의 시작에 함께 하신 부부인데 다소 불편한 마음으로 교회를 옮기셨습니다. 규모가 큰 교회로 옮기셨습니다. 안부 전화를 하는 중에 성경공부를 못하고 계신다길래 따로 성경 공부를 두어 달간 함께 하기도 했습니다. 우리는 이제 내 교회 네 교회하는 식의 유치한 신앙생활에서 벗어나야 합니다. 나무교회가 다른 것은 몰라도 그것 하나는 할 수 있을 것 같다고, 우리가 그것만큼은 해서 하나님을 기쁘게 해드리자고 교우님들께 말씀드립니다. 함께 예배드리던 사람들이 다른 교회로 갔다고 해서, 그 과정이 조금 불편했다고 해서 우리가 적이 되는 것은 아닙니다. 여전히 우리는 주 안에서 한 형제자매입니다.

이런 생각을 합니다. 한때 함께 예배드리던 분이 저기 멀리서 목사인 저를 보고 길을 피해 간다면, 저 역시 그가 불편해서 피한다면, 그렇다면 저의 목회는 모두 거짓이라고 생각합니다. 교회를 떠난 이를 정죄하고, 또 떠나온 교회를 비난하는 일, 너무도 부끄러운 우리들의 모습입니다. 이제는 달라져야 합니다. 물론 나무교회가 처음부터 그 마음을 가진 것은 아닙니다. 너무도 많이 아팠고 너무도 많이 울었습니다. 많이 앓고 많이 울고 나서 알았습니다. 그렇게 아파할 일도 그렇게 울 일도 아니라는 것을. 코로나 이후 성도님들이 더 좋은 (자녀) 교육환경, 자신에게 더 잘 맞는 예배를 찾아 떠나셨습니다. 물론 그 중심에 목사에 대한 불만이 있다는 것에 대해서는 여전히 송구한 맘 있습니다. 지금보다 훨씬 부족하고 미숙했던 저와 함께해 주신 것이 고맙습니다. 어디서든 예수를 더 깊이 만나고 계신다면 더할 수 없이 기쁘고 감사할 따름입니다.

사랑의 빚 외에는

　사람들은 말합니다. 교회는 돈 없이는 안 된다고. 교회도 결국 돈이라고. 그 말, 맞을 겁니다. 하지만 저는 꼭 그렇지만은 않다고, 아니 교회만큼은 돈으로 되는 것이 아니라고 말하고 싶습니다. 물론 여기서 '된다'는 것을 어떻게 정의하느냐에 따라 그 풀이가 다르긴 할 것입니다. 나무교회는 목회자 가정에서 시작했습니다. 3년여의 시간을 목회자 가정에서 예배드리고 지금의 상가 건물로 예배 공간을 옮겼습니다. 처음에는 목회자 가정이 드리는 헌금이 그 한 주일의 헌금의 전부일 때가 허다했던 교회가 지금껏 월세 한 번 밀린 적 없이 7년을 유지하고 있습니다. 나무교회는 빚이 없습니다. 교우 개인의 삶에서도 빚 없이 살자고, 없으면 없는 대로 지금 가진 것에 감사하며 살자고 가르치는 교회가 빚을 질 수는 없었습니다. 나무교회(의 경우)는 빚을 지면서까지 해야 할 일은 없었습니다. 대출을 해서 좀 더 쾌적하고 안락한 예배당, 좀 더 나은 방송시설, 좀 더 넓은 주차시설을 갖춘다면 사람들이 좀 더 올지도 모르겠습니다. 요즘은 건물이 전도한다는 말이 있을 정도니까요. 하지만 넓은 주차장 쾌적한 실내 공간 편안한 의자가 있는 교회를 찾아오신 분이라면 결국은 나무교회를 떠나게 될 것입니다.

　사랑의 빚 외에는 아무 빚도 지지 말라는 말씀(롬13:8)을 생각해봅니다. 사랑의 빚을 갚는 일도 때로 벅찹니다. 그 일만 하기에도 벅찬데 다른 빚을 진다면 우리는 사랑의 빚을 결국 갚지 못할 것입니다. 빚 갚느라고 삶이 팍팍해져서 인색해질 수밖에 없을 것입니다. 어느 누구 하나 돕지 못할 것입니다. 게다가 교회가 빚이 있으면 교우들 한 명 한 명이 빚 갚아줄 사람으로 보일지도 모릅니다. 나무교회가 빚이 없다고 해서 넉넉한 것은 아닙니다. 다만 없으면 없는 대로 부족하면 부족한 대로 살아가려는 겁니다. 하나님이 나무교회의 주인이시니 세상의 방법을 따르지 않기로 한 것입니다. 사실 지금의 공간을 언제까지 유지할 수 있을지 잘 모르겠습니다. 앞으로 어떻게 될지 막막할 때도 많습니다. 하지만 목회자 집에서 시작하게 하신 분도, 지금의 공간으로 인도하신 분도 하나님이시니 계속 하나님이 책임져 주시리라 믿습니다. 우리는 코로나 기간에 그것을 목격했습니다. 교인이 절반 이하로 줄어들었는데 교회가 유지됩니다. 교우님들도 힘써 헌신하시고, 생면부지의 분들이 헌금을 해주셨습니다. 정말로 하나님이 친히 헌금해주시는 것 같았습니다. 사실 앞으로가 더 고비일지도 모릅니다. 그래도 우리는 하나님을 믿기로 했습니다. 나무교회의 주인은 하나님이시며 주께서 어떤 형태로든 인도하실 것을 믿습니다. 나무교회가 어떻게 될지 사실 저도 궁금합니다. 외부에서 누군가 지지해주고 믿어주고 헌금해주는 것을 보면서 나무교회가 우리만의 교회가 아님을 만납니다. 나무교회에 대한 자부심이 아닙니다. 주님의 교회에 대한 놀라움입니다. 나무교회는 세상의 유일한 교회인 동시에 많은 주님의 교회 중 하나로 존재할 뿐입니다.

6. 어제보다 오늘 더 자유로운 우리

나무는 자유롭습니다. 한자리에 있지만 말할 수 없는 자유를 누립니다. 봄여름가을겨울 한자리에서 놀랍도록 자유로운 삶을 삽니다. 잎이 떨어진다고 울지 않고 겨울이 온다고 슬퍼하지 않습니다. 의연하게 자기 자리에서 뿌리를 내리며 자기의 자기됨을 기뻐하며 살아갑니다.

예수를 믿는다는 것만큼 신나고 즐거운 일이 있을까요? 진리를 만나고 진리를 사랑하고 진리로 살아가는 것만큼 멋진 일이 또 있을까요? 그리스도인으로 산다는 것은 완전히 새로운 인류, 새로운 피조물(고후5:17), 전혀 새로운 새 한 사람(엡2:15)이 되어가는 놀라움의 연속입니다. 때때로 그 삶이 힘들 때도 있지만 그리스도인은 끝내 그 삶을 살지 않는 것이 도리어 힘든 사람이 됩니다. 예수로 인해 변화된 삶, 예수로 인해 자유로워지는 삶을 꿈꿉니다. 어제보다 오늘, 오늘보다 내일, 더 사랑하고 더 자유한 삶 말입니다.

죽음을 배우고 죽음을 준비하는 사람들: 종말론적 삶

나무교회는 죽음을 이야기하는 것에 스스럼이 없습니다. 성도는 죽음을 살아내는 사람들이기에, 날마다 죽는 사람들이기에(고전15:31) 우리는 죽음을 이야기합니다. 결국 죽음 앞에서 우리의 신앙이 폭로될 겁니다. 우리가 진정한 그리스도인인지 아닌지는 죽음 앞에서 여실이 드러나게 될 것입니다. 일상 속 작은 죽음을 통해 물리적 죽음의 시간을 준비하고자 합니다. 자기를 부인하고 날마다 자기 십자가를 지고 나를 따르라 하신 예수 그리스도, 나는 날마다 죽노라고 한 사도바울. 우리도 날마다 살기 위해 날마다 죽음을 선택하는 그리스도인으로 살다 보면 물리적 죽음 앞에서 조금 더 의연해질 것을 믿습니다. 나무교회는 각 존재가 죽어가는 여정을, 또 살아나는 여정을 함께 하며 서로서로 이 땅의 삶을 격려하고 응원할 것입니다. 각 사람이 한 삶을 다 살고 주께 가는 날, 헤어짐은 아프지만 그 한 삶에 박수를 보내며 떠나보낼 것입니다. 죽음을 삶의 한 부분으로 보며, 죽음 너머 우리를 기다리고 있는 새로운 삶을 말씀을 통해 계속 배워나갈 것입니다. 그렇게 나무교회는 지금 여기(Here and Now)의 삶을 귀히 여김으로 그날 그곳(There and Then)에서의 삶을 준비합니다.

교회, 여전히 나의 고민 나의 사랑

코로나 시기에 교우가 절반 이하로 줄었습니다. 몇 가정이 특정한 한 교회로 가셨습니다. 신앙을 저버린 것이 아니니 괜찮은 건데 참 힘겨운 시간을 보냈습니다. 힘겨운 마음을 달랠 길 없어 삼복더위에 새벽 첫차를 타고 근처의 용마산을 일주일에 두세 번씩 오르곤 했습니다. 우리아의 아내를 범한 다윗 왕에게 나단 선지자가 들려준-부자가 가난한 집의 양을 손님 접대용으로 빼앗아 간-이야기(삼하12장), 그 이야기 속 가난한 사람이 바로 저 같다는 생각을 한참 했습니다. 우리아 코스프레라고나 할까요? 홀로 예배당 청소할 때면 청소기 돌리다 말고, 걸레질하다 말고, 어느 날은 소리 내어, 어느 날은 소리 죽여 울곤 했습니다. 가난한 사람이 한 마리 임양 새끼를 필처럼 사랑했듯 저도 그리 사랑했음을 떠나고야 알았습니다. 물론 지금은 괜찮습니다. 그게 울 일이 아니었다는 것을 울고 나서야 알았습니다. 그렇게 아픈 후에 건강한 굳은살과 근육이 붙었습니다.

나무교회의 목사가 되기까지 서울 지역의 중형 교회 세 군데에서 부사역자 생활을 했습니다. 유소년부, 중고등부, 청년부, 장년부까지 모두 담당해 보았습니다. 부사역자로 지내면서 교우님들 한 분 한 분 만나보니 교회에서 보인 저들의 웃음은 대개 텅 빈 웃음, 위장된 평안-유사 평안이라는 것을 알게 되었습니다. 왜 교회 다녀야 하는지, 왜 매주 예배를 드리고 있는 것인지에 대한 답이 없을 뿐 아니라 예수 그리스도에게 관심이 없었습니다. 자신이 믿는 대상이 무엇인지(누구인지) 도무지 관심이 없다는 것에 적잖이 놀랐습니다. 주일에 뵙는 성도들의 겉모습은 모두 밝고 아름다웠지만 어느 순간부터 제 눈에는 여기저기 붕대를 감고 목발을 짚고 피투성이가 되어 걸어 다니는 것처럼 보였습니다. 교회 역시 겉모습은 화려했지만 관심과 애정을 갖고 들여다보니 여기저기 더럽고 냄새나고 흉측한 것들이 한눈에 보였습니다. 모이면 드라마, 쇼핑, 아파트, 부동산 이야기 일색이었습니다. 모든 것을 돈으로 해결하는 천민자본주의 그 자체였고, 말만 하면 다 되는 제왕적 담임목사, 무조건 순종하던가 불평불만하며 버티던가, 극도로 단순화된 구성원들, 꼭 이 교회여야 하고 꼭 그 목사여야 하는 이상한 교회론. 몰랐던 것은 아니었지만 제가 생각했던 것보다 훨씬 심각했습니다. 발을 빼기에는 이미 너무나도 교회를 사랑하고 있고, 가열하게 무엇인가를 하기에는 저는 힘이 너무도 없었습니다.

그날도 부사역자로서 열심히 일하고 퇴근했습니다. 집에서 남편과 이런저런 사역의 어려움을 이야기하다가 제가 물었습니다-'제가 너무 이상적인 교회를 꿈꾸는 것일까요?'. 저의 물음에 남편이 답합니다-'목회자는 이상적인 교회를 꿈꿔야 하는 것 아닌가요?'. 그 답변은 제게는 큰 위로가 되었습니다. 하나님만을 의지하고, 하나님이 일하시는 하나님이 주인인 교회. 그 모습이 어떠하든, 혹 망한 것처럼 보여도 가장 흥한 것임을, 마치 주의 십자가처럼 말입니다. 이 세대를 알되 이 세대를 본받지 않는 사람들, 어떤 상황 속에서도 주의 옳으심과 선하심을 믿으며 끝까지 사랑을 선택하는 교회, 그 사랑으로 세상에 나아가는 사람들, 세상이 도무지 이해할 수 없는 힘을 가진, 세상이 도무지 감당이 안 되는 사랑의 사람들, 우리들이 만들어 갈 교회입니다.

　신학을 하고픈 마음이 하나도 없던 사람이 담임목사님의 애정 어린 권유로 신학을 했고, 목사가 되리라고는 꿈에도 생각해 본 적이 없는 사람이 목사가 되었고, 교회를 시작할 깜냥이 안 되는 사람이 날마다 예배당에 나와 교회를 돌보고 있습니다. 그저 해야 할 것 같아서 그냥 그게 나의 일인 것 같아서 한 걸음 한 걸음 내디딘 것이 지금 이 자리까지 오게 했습니다. 모두 하나님이 하셨다고 밖에는 달리 설명이 안 됩니다. 지금도 여전히 제가 목회자인 것이 신기할 때가 있습니다. 하나님의 일하심은 언제나 경이로웠고, 제가 하는 목회는 언제나 형편없었습니다. 목회는 하나의 무저갱(無低坑)이구나, 한 사람을 사랑한다는 것은 무지갱으로 들어가는 것이구나, 라는 생각도 했습니다. 교우가 잠을 못 자면 잠자는 게 미안하고, 교우가 수술을 받은 날이면 기도하며 뜬눈으로 밤을 지새우고, 교우가 실직하면 마치 내가 실직한 양 마음이 아팠습니다. 이 못 말리는 공감 능력은 사랑도 병인 양 하여 전전반측하는 날을 많이도 낳았습니다. 교우가 기뻐하면 뛸 듯이 기쁘고 교우가 말씀을 깨달으면 기뻐서 눈물이 납니다. 교우들의 부모와 형제자매들 친구들을 위해 기도하면서 어설픈 사랑으로 애달파 하곤 했습니다. 이러든 저러든 목회자의 길이 얼마나 영광스러운 길임을 알아버렸기에 다음 날이 되면 눈물을 거두고 머리맡의 쌓인 눈물 훔친 휴지들을 치우며 다시 일어섭니다. 그렇게 한 주 한 주, 그렇게 한 달 한 달 산 것이 어느새 10년이 되었습니다.

　나무교회는 어느새 열 살이 되기도 했고, 이제 겨우 10년이 되기도 했습니다. 나름의 봄여름가을겨울을 지내며 자랐고 또 자라고 있습니다. 아프게 성장하고 또 즐거이 뿌리를 내립니다. 그러는 중에 우리는 조금씩 조금씩 자유를 배우고 누리고 있습니다. 할 자유뿐 아니라 안 할 자유도 있다는 것을, 이길 자유뿐 아니라 질 자유도 있다는 것을, 가질 자유 너머 안 가질 자유가 있음을, 이해시킬 자유 너머 변명하지 않을 자유가 있다는 것을. 그 모든 것은 나의 선택임을 배워갑니다. 어쩔 수 없어서 가는 길이 아니라 어쩔 수 있음에도 이 길이 좋아서 감당하고자 합니다. 무능을 선택한 우리 주 예수처럼 우리도 그렇게 주체적으로 선택한 삶을 사는 자유자가 되어갑니다.

나(我)-무(無)의 영성을 향해 갑니다

갈2:20 내가 그리스도와 함께 십자가에 못 박혔나니 그런즉 이제는 내가 사는 것이 아니요 오직 내 안에 그리스도께서 사시는 것이라 이제 내가 육체 가운데 사는 것은 나를 사랑하사 나를 위하여 자기 자신을 버리신 하나님의 아들을 믿는 믿음 안에서 사는 것이라

자기 부인은 자기 정죄도, 자기 미움도 아닙니다. 자기 발견이며 새로운 자기 사랑입니다. 하나님이 만드신 '나'라는 존재를 점점 더 사랑하게 됩니다. 아담 안의 나는 없어지고 예수 안에 있는 나를 새롭게 만나는 기쁨, 우리는 그 여정을 함께 합니다. 개인의 여정을 함께 하며 공동체가 자라고, 공동체의 여정을 함께 하며 개인이 싶어집니다. 그 여정 속에서 우리는 서로에게 실망하게 될 것입니다. 아니, 우리는 이미 여러 차례 실망의 시간을 지나왔습니다. 실망을 통해 너도, 나도, 우리 모두 연약한 죄인임을 계속 만납니다. 실망의 시간을 통해 우리는 예수 없이는 안 되는 사람들임을 만납니다. 실망 그 이후, 진짜 사랑이 시작됩니다.

작가 유시민은 그의 책 『어떻게 살 것인가』 그 말미에서 자신의 팬클럽을 향해 고마움을 표합니다. 내용은 이렇습니다. 자신이 강의를 하면 와주고 책을 쓰면 사주고 늘 응원해주는데 자신은 계속 구설수에 오르고 있으니 늘 미안하다고 미안한 마음을 팬클럽에게 표했답니다. 그랬더니 팬클럽이 그러더랍니다-미안해하지 말라고, 당신이 우리를 택한 것이 아니라 우리가 당신을 택한 것이라고. 유시민 작가의 팬클럽이 유시민 작

가에게 했다는 그 말을 읽는 순간 요한복음의 한 말씀이 제 안으로 훅 들어왔습니다. 그저 말씀이 좋아서 예배가 좋아서 받은 은혜가 커서 여기까지 왔지만, 목회도 할 줄 모르고 어리바리 허둥지둥하고 있어 늘 주님께 송구한 마음이 크던 터에 하나님이 제게 말씀하시는 것 같았습니다- 얘야, 네가 나를 택한 것이 아니라 내가 너를 택한 것이란다(요15:16). 저는 책을 읽다 말고 엉엉 울었습니다. 그날 제가 느낀 충만함이란 '신적 위로', 그 자체였습니다.

이진오 목사(세나무교회)는 그의 책 『재편』의 마지막 부분에서 이렇게 질문합니다. '당신이라면 당신이 목회하는 교회의 신자가 되겠는가?'. 누군가 제게 그렇게 물어온다면, 저는 주저 없이 말할 겁니다. 물론입니다. 이 땅의 모든 교회가 귀하고 아름답지만 나무교회는 바로 제가 찾던 교회라고, 제가 몸담고 싶은 교회라고 말하겠습니다. 예수를 사랑하고 그 사랑으로 서로를 섬기는 교회, 사랑에 실패해도 다시 사랑을 선택하는 교회, 너로 인해 내가 성장하는 교회, 부족하고 미숙한 나를 기다려주는 교회, 변화되지 않아도 있는 그대로 사랑하려 하는 교회, 이 땅을 떠날 때 서로의 삶에 박수 쳐주며 보내는 교회, 사랑하는 주님의 교회. 나무교회입니다.

> '나무에게 부탁했네, 하나님에 대해 얘기해달라고.
> 그러자 나무는 꽃을 피웠네' - 타고르

예수 그리스도, 육신이 되신 말씀, 사람이 되신 하나님, 그분을 어떻게 말로 설명할 수 있을까요? 그분을 말로 표현하기에는 우리의 언어가 너무도 가난합니다. 그저 우리의 모습으로 우리 안의 예수를 드러내는 수밖에 없습니다. 사람 꽃으로, 사람 열매로 그렇게 우리의 존재로 그분을 드러내는 것 외에는 달리 방법이 없습니다. 우리가 서로 사랑하며 사는 것을 보면 세상이 알 겁니다. 우리가 바로 그분의 제자라는 것을(요 13:35). 그리고 그분이 어떤 사랑을 하시는 분인지를 말입니다.

지금까지 나무교회 이야기를 짧게나마 나눠보았습니다. 실제 나무교회 모습보다 더 좋게 보일까 봐 조금은 조심스럽습니다. 나무교회는 큰 일을 하려 하지 않습니다. 아니, 실은 할 수도 없고 할 줄도 모릅니다. 그저 하루하루 나의 일상을 사랑하며 친절하게 말하고 다정하게 바라보며 손 잡는 일, 우는 자와 함께 울고, 웃는 자를 축복하며 그렇게 예수를 나누며 하나님을 경배하며 살 뿐입니다. 그러면 하나님께서 우리를 통해 하실 일을 하시리라 믿습니다. 우리는 많이 부족합니다. 우리는 사랑하는 일에 계속 실패할 것입니다. 연약한 믿음으로 또 넘어질 것입니다. 그 모든 것이 과정임을 압니다. 그래서 우리는 사랑하기를 그치지 않을 것입니다. 다시 용서하고 다시 용서를 구하며 그렇게 사랑하며 우리 몫의 삶을 완주하고자 합니다. 다시 으랏차차 힘을 내고 영차영차 소리를 합쳐 가려 합니다. 말씀대로 살아내다 보면, 어느새 말씀대로 살아지게 되는 그런 날이 오리라 믿습니다. 말씀대로 살지 않는 것이 도리어 힘들어지는 그런 날 말입니다.

어제보다 오늘, 오늘보다 내일, 더 주님을 사랑하며 더 자유한 삶을 꿈꿉니다. 알콩달콩 사랑하고 으랏차차 힘을 내고, 알콩달콩 열매 맺고 으랏차차 뿌리내리며 한 주 한 주 하루하루 살아가고 있습니다. 우리는 나무교회입니다.

말씀이면 충분한 교회
말씀의빛교회 이야기

04.
말씀이면 충분한 교회
말씀의빛교회 이야기

목사 윤용

말씀의빛교회를 개척하고 천호동 예배당에 입당하기 전까지의 이야기, 그리고 코로나 이전까지의 이야기는 이전 책인 '무명교회전'에서 나누었습니다. 이 책에서는 그 이후의 이야기를 주로 나누겠습니다.

천호동 예배당 입당

말씀의빛교회는 성도 3명과 함께 용인 수지의 연기무용학원 공간을 주일에만 빌려 예배를 새롭게 시작했습니다. 비록 인원이 적었지만, 말씀에 반응하는 성도들과 함께 예배드릴 수 있다는 사실에 큰 기쁨을 느꼈습니다. 그러던 중, 제 묵상 글을 꾸준히 읽어오던 한 분이 연락을 주셨습니다. 말씀을 열심히 묵상하던 그분은 가족과 함께 말씀의빛교회에 등록하며 교인이 되었습니다.

또 다른 분도 연락을 주셨습니다. SNS에서 제 묵상 글을 읽고 이를 주변 사람들과 나누며 신앙직으로 큰 도움을 받고 있다는 고백이었습니다. 서울에 거주하던 그분은 과거 교회 생활 중 목회자로 인해 받은 깊은 상처로 인해, 가족 및 몇몇 성도들과 함께 목회자 없이 예배를 드려오고 있었습니다. 이후 1년 이상 말씀으로 교제하며 신뢰를 쌓은 끝에, 두 교회를 합치기로 결정하게 되었습니다.

그분들이 예배하던 서울 천호동의 건물에 공간이 생기면서, 교회는 그곳에 세를 얻어 들어가게 되었습니다. 서울 성도들과 용인 수지 성도들이 함께 예배드릴 수 있는 예배당을 준비하며 기대와 설렘이 가득했습니다. 두 모임의 재정을 합쳐 예배당 인테리어를 아름답게 마무리한 후 입당하는 날, 저의 마음은 벅찼습니다. 이렇게 아름다운 공간에서 예배드릴 수 있게 될 줄은 상상조차 하지 못했기 때문입니다.

인테리어가 끝나고 첫 예배를 드리는 날, 저는 예배당에 일찍 도착했습니다. 그런데 이상하리만치 차분한 마음이 들었습니다. '예쁜 예배당'보다 중요한 것은 말씀의 본질을 잃지 않는 교회가 되는 것이라는 사실이 제 마음에 더욱 깊이 새겨졌기 때문입니다. 어떤 모습의 교회가 되든, 말씀의 본질을 잃지 않는 교회가 되게 해달라고 간절히 기도하며 첫 예배를 준비했습니다.

이렇게 아름다운 예배당을 마련했으니 입당 예배나 이전 예배를 드려야겠다고 생각했습니다. 그래서 첫 사무처리회의(전 교인이 참여하는 침례교회의 최종 의결 기관)를 열어 이에 대한 의견을 물었습니다. 저는 당연히 이전 예배를 드리자는 결론이 날 것이라 생각했고, 날짜와 방법만 논의할 계획이었습니다. 그러나 예상과 달리, 교인 대부분이 반대 의견을 내었고, 결국 이전 예배를 드리지 않기로 결정되었습니다.

건강하지 못한 목회자들로 인해 깊은 상처를 받은 경험이 많은 교인들의 마음을 이해할 수 있었습니다. 입당 예배나 이전 예배를 생략하자는 결정이 혼란스럽기도 했지만, 곧 마음을 바꾸게 되었습니다. 목사의 의견이 무조건 관철되는 교회가 아니라, 성도들의 의견이 실제로 반영되는 교회가 건강한 교회라는 믿음 때문이었습니다. 또한, 입당과 이전을 기념하는 예배를 드리는 것보다, 두 모임이 만나 하나의 교회를 이룬다는 사실이 훨씬 더 중요하다고 생각했습니다.

무엇보다 이 결정은 교회의 시작부터 목사의 독단이 아닌, 회의를 통해 교회의 방향을 결정하는 전통을 세우는 계기가 되었습니다. 목사는 말씀을 전하고 가르치며 설교하는 역할을 맡고 있지만, 성도들과 동일하게 한 사람의 성도일 뿐이라는 사실이 분명히 드러났습니다.

입당했지만 입당 예배를 따로 드리지 않았고, 이전했지만 이전 예배도 생략한 채, 말씀의빛교회는 새로운 시즌을 시작했습니다. 성도들의 의견이 반영된 이번 결정을 통해, 성도들은 말씀의빛교회의 성도로서의 정체성과 침례교인으로서의 정체성을 다시금 확인하는 기회를 가지게 되었을 것입니다.

천호동 예배당에서의 행복한 예배와 나눔

예배당은 서울 천호동에 있었고, 제 집은 화성시 병점동에 있었습니다. 자가용으로 1시간 이상 운전해야 할 만큼 먼 거리였으며, 평일에는 도로 정체로 인해 1시간 반에서 2시간이 걸리기도 했습니다. 다행히 주일에는 도로가 한산하여 1시간 조금 넘게 이동할 수 있었습니다. 매주 수원에 사는 성도 한 자매를 태우고 교회로 향했는데, 그 시간은 늘 행복했습니다.

예배드릴 공간이 있고, 그곳에 말씀에 갈급한 성도들이 모여 함께 예배드릴 수 있다는 사실은 저에게 가슴 벅찬 은혜였습니다. 아무것도 가진 것 없이 목회자가 되었고, 오랜 평신도 생활을 마친 뒤 갑작스럽게 신학을 공부하며 목회를 시작했기에 동역할 지인도 없는 상황에서 교회를 개척했었습니다. 그런 제가 이렇게 아름다운 예배당에서 말씀을 사모하는 성도들과 함께 예배드릴 수 있다는 사실은 그 자체로 큰 감격이었습니다. 그래서 매주 먼 거리를 달리는 일이 전혀 힘들게 느껴지지 않았습니다.

예배의 시간은 목사인 제게도 생명의 시간이었습니다. 함께 뜨겁게 찬양하고, 말씀을 나누며, 매주 주의 만찬을 통해 떡과 잔의 의미를 되새기는 시간은 이루 말할 수 없는 감동을 안겨주었습니다. 설교를 준비하며 제가 먼저 은혜를 받고, 찬양하며 감사의 눈물을 흘릴 때도 많았습니다. 매주 예배를 드릴 수 있다는 사실만으로도 충분히 감사했습니다.

예배 후에는 식사를 배달 음식으로 해결했습니다. 음식을 준비하느라 예배를 소홀히 하거나 성도 간의 교제가 약화되는 상황을 방지하기 위해서였습니다. 대신 식사 후 남은 시간은 말씀으로 교제하는 데 사용했습니다. 말씀을 나누는 시간은 예배만큼이나 행복한 순간이었습니다. 한 주간 묵상한 말씀을 통해 받은 은혜, 그 말씀대로 살기 위해 노력하다 실패한 이야기, 그리고 아픔과 슬픔을 말씀에 의지해 견뎌낸 이야기를 나누는 과정에서 저와 성도들은 함께 살아나고 회복되었습니다.

그러던 중 한 성도가 점심 식사를 준비하고 싶다는 뜻을 전해왔습니다. 처음에는 예배와 교제에 더 집중하자며 만류했지만, 그 성도님이 기쁜 마음으로 자발적으로 봉사하고 싶다고 하여 받아들이기로 했습니다. 교회는 강제나 의무가 없는 자발적 봉사를 환영해야 한다는 생각 때문이었습니다. 식사 후에는 몇몇 성도들이 자발적으로 설거지를 맡았고, 이어서 다 함께 묵상을 나누는 시간을 가졌습니다.

묵상을 나누고 설교에서 받은 은혜를 공유하며, 삶의 이야기를 나누는 동안 성도들의 눈가에 눈물이 맺히는 모습을 종종 보았습니다. 나누는 이도 눈물을 흘렸지만, 듣는 이들도 함께 울며 공동체의 하나 됨을 경험했습니다. 시간이 지날수록 성도들의 표정은 점점 밝아졌고, 두 교회가 합쳐지는 과정에서 의구심을 품었던 분들의 마음도 조금씩 풀렸습니다. 이 모든 과정에서 저는 조급해하지 않고, 예배와 나눔을 통해 은혜가 차근차근 흘러가기를 기다렸습니다. 권위를 내세우기보다 저도 한 사람의 성도로서 교제하고 섬기려고 노력했습니다. 그 과정 자체가 저에게도 감사였습니다.

비록 성도 수는 적었지만, 성도들이 느끼는 신앙생활의 행복감이 커지는 것을 보며 목사로서의 기쁨도 함께 커졌습니다. 주일 예배와 나눔을 마치고 집으로 돌아오는 길에는 늘 헤어짐의 아쉬움과 예배의 충만함이 공존했습니다. 아내와 함께 차 안에서 주일에 있었던 이야기를 나누는 시간도 소중했습니다. 그러면서 아내에게 자주 말했습니다.

"여보, 우리 정말 좋은 교회 다니는 것 같아. 그치?"

이 말이 나온 이유는 제가 말씀의빛교회를 세우고 만들어간다고 생각되지 않았기 때문입니다. 말씀을 사모하는 성도들이 모여 좋은 교회를 함께 만들어가고 있다는 생각이 들었기 때문입니다.

주일 하루의 충만함이 일상으로 연결됨을 느꼈습니다. 과외 수업을 하며 생계를 이어가고 있었기에 일상이 쉽지 않았습니다. 주 3일은 연속으로 과외 수업이 있어서 저녁 식사를 할 시간이 없었습니다. 수업을 하고 다른 수업 장소로 이동하는 중 10분 정도의 시간에 편의점 도시락으로 저녁 식사를 해결하곤 했습니다. 힘든 일정 속에서 생계를 위해 수업을 이어가야 했지만, 말씀으로 성도들을 섬길 수 있는 목사로 살아갈 수 있음에 그저 감사할 따름이었습니다.

예배와 성도들과의 교제가 예배당에서 끝나는 것이 아니라 일상으로 연결되었습니다. 일상에서의 힘든 순간조차 기쁨으로 해석되는 기적을 제가 먼저 누렸습니다. 성도들 역시 말씀의 능력으로 성도의 삶을 힘 있게 살아가고 있음을 매주 나눔을 통해 확인할 수 있었습니다.

성도가 예배당을 관리하다

예배당은 성도 한 가정이 운영하는 중소기업의 사옥에 있었습니다. 자연스럽게 예배당 관리는 그 성도 가정이 맡게 되었습니다. 목사인 저는 예배당에서 멀리 떨어져 있어 주중에는 자주 갈 수 없었기 때문입니다. 그 성도 부부는 토요일마다 예배당과 화장실을 깨끗이 청소하고 정리한 사진을 교회 단톡방에 올리며 감사의 마음을 나누셨습니다. 심지어 그분들은 "청소를 하면서 감사해서 눈물이 난다"고 고백하기도 하셨습니다. 목사로서 성도가 예배당 관리를 기쁨으로 감당하는 모습을 보며 저 또한 감사와 기쁨을 느꼈습니다.

하지만 한편으로는 죄송한 마음도 있었습니다. 정작 저는 예배당이 멀어 일주일에 한두 번밖에 가지 못했기 때문에, 성도들에게 관리의 짐을 지운 것 같아 마음이 편치 않았습니다. 더구나 주중에 새로운 방문자가 예배당을 찾아올 때마다 집사님 부부가 상담까지 도맡아야 했습니다. 이는 제가 제 역할을 다하지 못하는 것처럼 느껴져 목사로서 직무를 소홀히 한다는 자책이 들기도 했습니다. 그럼에도 불구하고 사택을 예배당 근처로 옮기는 것은 현실적으로 불가능했습니다. 교회나 저나 서울의 높은 주거비를 감당할 재정 여력이 없었기 때문입니다. 결국 이런 상황을 받아들이기로 하고, 집사님 부부께 깊은 감사를 드리며 그들의 헌신을 위해 늘 기도했습니다.

주중에 예배당이 비어 있는 동안에는 집사님 부부가 운영하는 회사의 직원들이 점심시간이나 쉬는 시간에 예배당에서 기도하거나 묵상하는 공간으로 활용했습니다. 또한, 회사에서 교육이 필요할 때 강의 장소로도 사용되었습니다. 예배당 공간이 다양한 목적으로 효율적으로 활용되는 모습을 보며 큰 감사의 마음이 들었습니다. 더구나 회사 측에서 월세의 일부를 부담해 주었기 때문에 교회의 임대료 부담도 줄일 수 있었습니다.

이렇듯 집사님 부부가 예배당 관리를 맡아주신 덕분에 여러모로 감사한 상황이 되었지만, 그 과정에서 느껴지는 죄송함은 여전히 남아 있었습니다. 그러나 성도님이 자발적으로 관리하며 기쁨을 느끼시는 모습을 보며 위안을 얻었고, 두 분과 그들의 회사를 위해 늘 기도했습니다.

"하나님, 주님의 몸 된 교회를 사랑으로 섬기며 신실하게 살아가려는 이 두 분을 지켜 주옵소서."

목사로서 이런 성도님들과 함께 신앙생활을 할 수 있다는 사실은 더할 나위 없는 감사의 제목이었습니다.

전임 사역을 하게 되다

저는 이중직 사역을 평생 해야 할 줄 알았습니다. 늦은 나이에 목회를 시작했고, 지인이 없는 지역에서 개척했으며, 부사역자로 사역한 경험도 없었기에 이중직은 당연한 운명처럼 느껴졌습니다. 학원을 운영하다가 경영상의 어려움으로 폐업했고, 이후 학원 강사로 취업하며 생계를 이어갔습니다. 그러다 점차 과외 수업으로 전환하여 생계를 꾸려나갔습니다.

처음에는 세 명의 학생을 지도했지만, 시간이 지나면서 한 학생은 사정상 과외를 중단했고, 다른 학생은 외국 유학을 떠나며 수업을 그만두게 되었습니다. 결국 마지막으로 남은 학생 한 명마저 그림을 전공하며 유학을 결정해 과외는 완전히 중단되었습니다. 이제 새로운 과외 학생을 모집해야 할지, 아니면 학원에 다시 이력서를 내야 할지 고민스러웠습니다. 경제적인 불안정이 커지며 생계를 이어가는 일이 점점 막막해지고 있었습니다.

당시 가끔 주일에 다른 교회에서 말씀묵상 세미나 요청이 들어오곤 했습니다. 제가 세미나를 위해 외부로 나가야 할 경우, 교회에서는 성도 중 한 분이 예배 인도와 설교를 맡아주셨습니다. 어느 주일, 외부 교회에서 말씀묵상 세미나를 진행하던 날이었습니다. 낮 예배 설교를 마치고, 점심 식사를 한 뒤 오후 세미나를 한 시간가량 진행한 후 잠시 쉬는 시간에 핸드폰을 확인했습니다. 교회의 집사님께서 전화한 기록이 남아 있었습니다. 곧바로 전화를 걸었더니 집사님이 뜻밖의 소식을 전해주셨습니다.

"목사님, 목사님께서 안 계신 동안 성도들이 모여 회의를 했습니다. 다음 달부터 목사님의 생활비로 매월 일정 금액을 교회에서 드리기로 결정했습니다."

저는 깜짝 놀랐습니다. 매월 그 금액을 교회에서 지출하면 재정이 거의 바닥날 것이 뻔했기 때문입니다. "그 돈은 받을 수 없다"며 다음 주에 교회로 돌아가 금액을 조정하겠다고 말씀드렸습니다. 그러자 집사님께서 웃으며 말씀하셨습니다.

"목사님, 그냥 받으세요. 교회 재정이 어렵다 싶으면 목사님께서 헌금을 더 많이 하시면 되지 않겠습니까?"

순간 당황스럽기도 했지만, 집사님의 말씀이 일리가 있다는 생각이 들었습니다. 결국 감사의 마음으로 그 제안을 받아들이기로 했습니다. 과외 학생을 다시 모집해야 할지, 아니면 학원에 이력서를 넣어야 할지 고민할 필요가 사라졌다는 사실만으로도 감사했습니다. 전임 목회 사역을 할 수 있게 된 현실이 믿기지 않았습니다. 비록 생활비가 전부 충당되는 것은 아니었지만, 부족한 부분은 외부 세미나를 통해 보충하거나 간단한 아르바이트로 해결할 수 있을 것 같았습니다.

사실 저는 평생 이중직을 하면서도 말씀을 전하며 살아갈 수 있다면 충분히 감사하다는 마음으로 목회에 임하고 있었습니다. 단지 말씀을 사랑하고, 말씀에 갈급한 성도들과 함께 교회를 세우는 것만이 저의 목회 목표였기 때문입니다. 그런데 그런 저를 배려하며 목회자의 삶을 온전히 감당할 수 있도록 돕는 성도들을 만났다는 사실은 제게 큰 감동과 은혜로 다가왔습니다.

성도들의 깊은 배려에 눈물이 났습니다. 말씀 하나만으로 더 올바르게 목회해야겠다는 다짐이 절로 들었습니다. 이렇게 전임 사역을 시작하게 된 것은 하나님께서 주신 또 다른 기회라는 생각이 들었고, 더욱 신실한 목회자로 살아가야겠다는 결단을 하게 되었습니다.

코로나가 오다 - 온라인 예배

코로나19가 발생하면서 말씀의빛교회도 다른 교회들과 마찬가지로 온라인 예배를 시작해야 했습니다. 갑작스럽게 온라인 예배라는 새로운 형태의 예배를 준비해야 한다는 사실은 매우 막막하게 다가왔습니다. 코로나 이전에도 매주 PPT를 준비해 예배를 드렸던 터라 이미 만만치 않은 일이었지만, 이번 준비는 더욱 부담스럽게 느껴졌습니다. 힘들었지만, 말씀 하나로 사역할 수 있다는 사실에 감사하며 준비했습니다. 그러나 이제는 새로운 도전이 기다리고 있었습니다. 생소한 환경에서 어떻게 하나님께 온전한 예배를 드릴 수 있을지 고민이 깊어졌습니다.

다행히도 온라인 예배를 혼자서도 인도할 수 있는 방법을 아는 목사님께 배울 기회가 있었습니다. 도움을 받아 급하게 첫 온라인 예배를 준비하고 드릴 수 있었습니다. 비록 서툴렀지만, 차근차근 공부하며 점차 자연스럽고 안정적으로 온라인 예배를 드릴 수 있게 되었습니다.

말씀의빛교회는 다른 이벤트나 행사가 없는, 오직 말씀 하나로만 세워져 가는 교회였습니다. 그런 교회의 특성 덕분에 온라인 예배로 전환하면서 오히려 말씀이 더 빛을 발하는 것 같았습니다. 일부 성도들은 현장에서 드리던 예배보다 온라인 예배에서 더 큰 은혜를 받는다고 고백했습니다. 혼자 노트북을 켜고 예배에 집중하거나, 가족과 함께 TV로 예배드린 후 설교에 대해 나누며 은혜를 나누는 일이 더 깊은 신앙적 유익을 가져다준다는 간증도 많았습니다.

감사하게도 대부분의 성도들은 온라인 예배에 빠르게 적응했습니다. 말씀묵상이 교회의 근간이었기에 예배의 형태가 달라져도 큰 혼란 없이 신앙생활을 이어갈 수 있었습니다. 성도들은 매일 묵상을 통해 하나님과의 관계를 유지하며 성장하고 있었기 때문입니다. 몇몇 성도들은 "현장에서 드리는 예배를 그리워한다"며 온라인 예배에 집중하기 어렵다고 고백하기도 했지만, 대체로 말씀의 은혜를 깊이 경험하는 성도들이 많았습니다.

코로나19라는 사상 초유의 사태 속에서도 말씀 하나를 생명처럼 붙들고 살아가자는 교회의 방향은 흔들림 없이 이어졌습니다. 오히려 온라인 예배를 통해 교회의 본질이 더욱 드러나는 것 같았습니다. 여러 면에서 코로나19로 인한 시간은 생각보다 감사가 넘치는 시간이었습니다.

그러나 문제도 있었습니다. 온라인 예배를 집에서 인도하다 보니 월세를 내며 사용하던 예배당의 용도가 사라진 것입니다. 이 상황에서 예배당 공간을 어떻게 활용해야 할지 고민하던 중, 놀라운 해결책이 마련되었습니다.

예배당이 있던 건물에서 사업을 운영하는 집사님 부부의 회사는 코로나 이전에도 어려움이 많았습니다. 자주 문제가 발생했고, 해결되면 또 다른 문제가 생기곤 했습니다. 그럴 때마다 기도를 부탁하셨습니다. 그런데 코로나19 상황이 오히려 이 회사에 새로운 기회를 가져왔습니다. 꾸준히 준비해왔던 온라인 판매가 급성장하면서 회사의 매출이 크게 늘어난 것입니다. 이로 인해 회사는 더 많은 창고 공간이 필요하게 되었고, 집사님 부부는 예배당을 창고로 사용하되 월세를 받지 않겠다고 제안했습니다. 교회는 흔쾌히 그 제안을 받아들였습니다.

이 상황은 저에게 두 가지 커다란 감사를 안겨주었습니다. 하나는 집사님 부부의 기업이 코로나 시기에 더 어려워지지 않고 오히려 성장했다는 점입니다. 또 하나는 교회가 예배당 공간에 대한 월세 부담을 덜게 되었다는 점입니다. 예상치 못한 방식으로 하나님께서 교회를 지키시고 인도하신 것 같아 감사와 감격이 넘쳤습니다. 그렇게 말씀의빛교회는 온라인 예배에 안정적으로 적응해 갔습니다. 성도들과 직접 만나 교제할 수 없다는 아쉬움이 없진 않았지만, 성도들의 신앙이 퇴보하지 않고 오히려 하나님과의 관계가 더 깊어지는 사례가 많아 감사했습니다. 저 또한 말씀 준비와 묵상에 더 집중할 수 있는 귀한 시간을 가지게 되었습니다.

물론 온라인 예배가 장점만 있는 것은 아니었습니다. 대표기도 문제, 찬양 문제, 그리고 온라인 환경에 익숙하지 않은 분들을 위한 교육 등 여러 난제가 기다리고 있었습니다. 하지만 이 모든 문제를 하나씩 해결하며 교회는 조금씩 성장했습니다. 말씀의빛교회 성도들은 교회의 본질이 예배 공간이 아니라 하나님과 말씀에 있다는 사실을 더욱 깊이 체험하며 온라인 예배에 적응해 갔습니다. 뜻밖의 어려움 속에서도 교회가 하나님이 주신 방향을 따라 흔들림 없이 걸어갈 수 있었던 것은, 모든 상황을 주관하시는 하나님의 섭리 덕분이었음을 다시금 깨닫게 되었습니다.

온라인 세미나와 온라인 성경공부

코로나19는 온 세상을 새로운 국면으로 이끌었습니다. 특히 기독교 신앙에서도 온라인 시대가 본격적으로 시작된 것 같았습니다. 그러나 이 변화는 저에게 큰 타격으로 다가왔습니다. 말씀묵상 세미나 요청이 꾸준히 들어왔고, 여러 교회와 일정을 조율해 둔 상태였지만, 코로나19로 인해 모든 일정이 취소되었습니다. 상황을 이해하지 못한 것은 아니었지만, 경제적으로는 큰 어려움을 피할 수 없었습니다. 가정 경제는 서서히 흔들리기 시작했고, 어떻게든 이 상황을 극복해야 한다는 압박감이 커졌습니다.

예배를 온라인으로 전환했던 경험에서 착안하여 말씀묵상 세미나도 온라인으로 진행해 보자는 생각이 들었습니다. 온라인을 통해 세미나를 광고하고 참석자를 모집했는데, 결과는 놀라웠습니다. 현장에서 진행했을 때는 보통 20~30명이 참석했지만, 온라인으로는 그 두 배가 넘는 인원이 등록했습니다. 예상치 못한 반응에 큰 기쁨과 감사를 느꼈습니다.

이 기회를 활용해, 그동안 미뤄왔던 일대일 제자양육 성경공부 지도자반 세미나도 온라인으로 진행해 보기로 했습니다. 이 세미나 역시 말씀묵상 세미나와 비슷한 규모의 참석자를 모집할 수 있었습니다. 코로나19로 인해 복음에 갈급한 사람들이 많아졌음을 새삼 실감하게 되었습니다. 세미나 참석자들 중에는 예상하지 못한 다양한 분들이 포함되어 있었습니다. 외국에 거주하는 분들, 그리고 장애를 가진 분들도 있었습니다. 그중 한 장애인 참가자의 고백은 제 마음 깊이 새겨졌습니다.

"코로나19가 슬픈 일이지만 저는 오히려 감사하고 있습니다. 코로나 덕분에 온라인 시대가 열렸고, 덕분에 집에서 듣고 싶었던 강의를 들을 기회가 많아졌습니다. 목사님 강의도 이렇게 편하게 들을 수 있어서 정말 행복합니다."

이 말은 저에게 신선한 충격을 안겨주었습니다. 그분은 지역적으로 멀리 떨어져 있었고, 휠체어를 타고 움직여야 했기 때문에 현장에서 묵상 세미나를 듣는 것은 현실적으로 불가능에 가까운 일이었습니다. 하지만 온라인 세미나 덕분에 이러한 한계를 뛰어넘고 참석할 수 있었던 것입니다. 장소나 육체적 한계에 갇혀 있던 시대가 지나가고, 복음이 더욱 널리 전파될 수 있는 새로운 시대가 열리고 있다는 사실을 실감했습니다.

이 경험은 온라인에 대한 저의 부정적인 인식을 완전히 바꿔 놓았습니다. 그전에는 온라인이라는 매체가 예배와 교제의 본질을 약화시킬 수 있다는 우려가 있었습니다. 그러나 장애인 참가자의 감사의 고백을 들으며, 온라인이 오히려 새로운 기회를 제공할 수 있음을 깨달았습니다. "복음은 사람들의 한계를 뛰어넘어 전해질 수 있다"는 믿음이 더욱 강해졌습니다.

온라인 말씀묵상 세미나와 일대일 제자양육 세미나는 새로운 시대를 향한 제 시각을 확장시켰습니다. 그동안 막연히 고민만 했던 온라인의 가능성이 눈앞에서 실현되는 것을 보며, 온라인이 복음 전파를 위한 필수적인 도구가 될 것이라는 확신이 들었습니다. 장소와 시간, 그리고 육체적 제약을 넘어 누구든지 말씀의 은혜를 누릴 수 있는 세상. 이것은 단순히 새로운 기술의 발달이 아니라, 하나님께서 이 시대에 주신 특별한 기회라는 생각이 들었습니다. 저는 이 기회를 통해 복음 전파의 새로운 장을 열어나가야 한다는 책임감을 더욱 깊이 느꼈습니다.

온라인 교회를 할까?

처음 온라인 예배를 시작했을 때는 '임시로' 이렇게 예배를 드리다가 곧 현장 예배로 돌아갈 것이라고 생각했습니다. 그러나 시간이 흐르면서 상황은 예상과 다르게 전개되었습니다. 1년이 지나고, 2년이 지나면서 온라인 예배를 지속하거나, 강력한 변이 바이러스가 등장할 때마다 다시 온라인 예배로 전환해야 할 가능성을 점점 더 실감하게 되었습니다. 또한, 코로나가 종식되더라도 모든 성도가 현장에 모이는 것이 쉽지 않을 수도 있겠다는 생각이 들었습니다. 말씀의빛교회 성도들은 대부분 먼 거리에 흩어져 살고 있었기 때문입니다. 이런 현실적인 상황을 고려하니, '온라인 교회'라는 새로운 형태의 교회를 고려해봐야 하는 것은 아닐까 하는 생각이 들었습니다.

온라인 교회를 검토하면서 여러 가능성을 떠올렸습니다. 어차피 지금도 온라인 예배를 드리고 있고, 현재 예배당이 없는 상황이라 온라인 교회를 시작해도 문제가 없을 것 같았습니다. 일부 성도들은 현장 예배보다 온라인 예배를 통해 더 큰 은혜를 받는다고 고백하기도 했습니다. 현장에서의 만남이 부족한 부분은 심방을 통해 보완하고, 필요하다면 주기적으로 전체 모임을 가지면 될 것 같다는 나름의 계획도 세워봤습니다.

그러나 온라인 교회로 전환하는 것에는 또 다른 고민이 뒤따랐습니다. 온라인 교회는 성도들 간의 교제가 약화될 수밖에 없는 문제를 안고 있었기 때문입니다. 성도들 간의 교제는 신앙생활에서 매우 중요한 요소입니다. 단순히 말씀을 듣고 은혜를 받는 것을 넘어, 성도들끼리의 교제를 통해 서로를 격려하고 위로하며 함께 성장해 나가는 과정이 신앙 공동체의 본질 중 하나라는 점을 간과할 수 없었습니다. 온라인 환경에서는 이러한 교제가 자연스럽게 이루어지기 어렵고, 성도들 간의 유대감이 약해질 가능성이 크다는 점이 마음에 걸렸습니다.

이러한 고민 끝에, 온라인 교회로의 전환에 대한 결정을 미루기로 했습니다. 아직은 시기상조라고 판단했고, 예상치 못한 문제들이 생길 가능성도 많아 보였습니다. 무엇보다 신앙 공동체의 본질인 성도들 간의 교제가 소홀히 여겨질 수 있다는 우려를 무시할 수 없었습니다. 무언가를 새롭게 진행하려 할 때, 하나님의 때를 기다리는 것이 중요하다는 믿음도 결정에 큰 영향을 미쳤습니다. 하나님의 뜻을 구하며 기다릴 때, 그분의 일하심은 가장 적절한 시기에 이루어진다는 것을 여러 경험을 통해 배웠기 때문입니다. 그래서 저는 섣불리 온라인 교회를 추진하지 않고, 앞으로의 상황을 지켜보며 성도들의 상태를 면밀히 살펴보기로 했습니다.

그렇게, 온라인 교회로의 전환 대신 온라인 예배를 계속 유지하며 하나님의 뜻을 구하는 시간을 보내기로 했습니다. 성도들의 영적 상태와 교회의 방향성을 고민하며, 하나님이 주시는 사인을 기다리기로 마음을 정리했습니다. 성급하게 서두르지 않고 인내하며 기다리는 것, 그것이 하나님의 뜻을 따라가는 가장 지혜로운 방법이라는 믿음으로 이 시기를 보내기로 했습니다.

코로나 후의 변화

　코로나19가 예상보다 오래 지속되면서 온라인 예배를 드리는 시간도 길어졌습니다. 2년 이상 온라인으로만 예배를 드렸다는 사실은 대한민국 교회 역사에서 전례 없는 일이었을 것입니다. 이는 모든 교회와 성도들에게 큰 충격과 도전으로 다가왔습니다. 코로나19가 다소 잠잠해지자 많은 교회가 현장 예배를 재개했지만, 말씀의빛교회는 상황을 조금 더 지켜보기로 결정하고 몇 주 동안 온라인 예배를 이어갔습니다. 이러한 결정에는 실질적인 이유도 있었습니다. 당장 예배를 드릴 공간이 없었기 때문입니다.

　예배당으로 사용되던 공간은 한 성도 가정의 회사 창고로 사용되고 있었고, 그 공간을 바로 비울 수 없는 상황이었습니다. 회사를 운영하던 집사님 부부는 이를 미안해하셨지만, 저 또한 예배당 공간을 다른 곳에 새롭게 마련하는 것이 더 나은 선택이라고 판단했습니다.

　문제는 새로운 예배당을 어디에 마련하느냐였습니다. 말씀의빛교회는 성도 수가 많지 않았지만, 성도들이 거주하는 지역은 매우 넓게 분포되어 있었습니다. 경기도 남부, 서울, 경기도 북부에 이르기까지 성도들의 거리가 멀어 모두가 만족할 수 있는 적절한 장소를 찾는 일이 쉽지 않았습니다. 성도들과 함께 예배당 공간에 대한 회의를 여러 차례 진행했지만, 마땅한 해법이 떠오르지 않았습니다.

결국, 임시방편으로 분당에 있는 공유 공간을 주일에만 빌려 예배를 드리기로 했습니다. 음향 시스템이 없어 온라인 예배를 위해 매번 장비를 설치해야 했기 때문에 다소 불편한 점이 있었지만, 성도들이 모이기에 지리적으로 가장 적합한 위치였습니다.

임시 예배당에서의 첫 예배는 다소 불편했지만, 공간이 아담하고 예뻐서 모두가 기쁜 마음으로 한 주 두 주 예배를 드릴 수 있었습니다. 그러나 시간이 지나면서 문제가 생기기 시작했습니다. 여러 이유로 성도 두 가정이 교회를 떠나게 되었고, 이는 성도 수가 많지 않은 교회에 큰 타격을 안겼습니다. 교회를 옮긴 성도들로 인해 남아 있는 성도들의 사기가 떨어지는 것이 느껴졌습니다. 어느 주일, 예배를 마치고 점심 식사 후 나눔 시간을 가지던 중, 한 성도님이 조심스러운 제안을 하셨습니다.

"많이 고민하다가 말씀드려 봅니다. 예배당을 목사님 댁 근처에 마련해서 스튜디오 겸 예배당으로 사용하고, 교회를 온라인 교회로 전환하면 어떨까요?"

이 제안은 현실적인 문제를 해결할 수 있는 대안으로 보였습니다. 다른 성도들도 기도와 고민 끝에 그 의견에 동의하기로 했습니다. 몇 주 동안 함께 기도하며 구체적인 방향을 논의한 결과, 다음과 같은 내용으로 교회를 운영하기로 결정했습니다.

1. 매주일 온라인으로 예배를 드린다.

2. 현장 예배를 원하는 성도는 언제든 참석할 수 있도록 한다.
3. 모든 성도가 현장에 모이는 예배는 월 1회로 진행한다.

이 정도의 원칙을 정한 후, 저는 거주지 주변에서 예배당으로 사용할 공간을 찾기 시작했습니다. 새로운 형태의 예배와 교회를 준비하며, 성도들은 이 변화가 가져올 새로운 가능성과 과제를 함께 기도로 준비하기 시작했습니다. 비록 쉽지 않은 과정이었지만, 하나님이 주실 새로운 길을 기대하며 한 걸음씩 나아가기로 했습니다.

예배당 공간을 얻다

새로운 예배당을 마련하기 위해 목사인 저는 거주지 주변의 여러 장소를 찾아다녔지만, 적당한 곳을 찾는 일이 쉽지 않았습니다. 사용 가능한 건물이 거의 없었고, 있더라도 대부분 낡고 청결하지 못했습니다. 드물게 적합해 보이는 건물이 있더라도 주차 공간이 부족한 경우가 많았습니다. 우리 교회 대부분의 성도들이 멀리서 오다 보니 주차 공간은 반드시 확보되어야 합니다. 이 조건이 충족되지 않으면 장소를 고려할 수 없었습니다.

그러던 중 평소 친하게 지내던 한 목사님에게 연락이 왔습니다. 서로 안부를 주고받던 중, 제가 예배당을 찾고 있다는 이야기를 들으시고, 자신이 섬기는 교회의 상가 건물로 말씀의빛교회가 들어오면 어떻겠냐는 제안을 주셨습니다. 그러나 한 건물에 두 개의 교회가 있는 상황은 마음에 썩 내키지 않았고, 위치도 생각했던 곳보다 조금 멀어지기 때문에 저는 정중히 거절했습니다. 하지만 그 목사님은 진지하게 고려해 보라고 계속 권유하셨습니다.

저의 집 주변에서 예배당 공간이 쉽게 구해시지 않았습니다. 그러자 그 목사님은, '예배당 공간이 이렇게 쉽게 구해지지 않는데, 왜 그곳을 고집하느냐. 우리와 함께 한 건물에서 즐겁게 목회하자'며 다시 한 번 제안을 주셨습니다. 결국 저는 그의 말을 진지하게 검토해 보기로 했습니다.

그 건물에는 몇 가지 장점이 있었습니다. 오산 신도시라 불리는 새로운 지역에 위치해 있었고, 건물이 거의 새것이었습니다. 무엇보다 지하 주차장이 잘 갖춰져 있어 주차 문제를 당분간 고민하지 않아도 된다는 점이 큰 매력으로 다가왔습니다. 그러나 문제도 있었습니다. 두 교회가 같은 건물에 위치하면서 성도들 간의 혼란이나 경쟁 관계가 생길 가능성이 걱정되었습니다. 그래서 저는 목사님께 다음과 같이 질문했습니다.

"목사님, 만약 3층에 있는 목사님 교회로 등록하려던 성도가 4층에 있는 우리 교회를 알게 되어 등록을 변경한다면, 마음이 불편하시지 않겠습니까?"

그러자 그 목사님은 흔쾌히 대답하셨습니다.

"아니요. 말씀의빛교회처럼 좋은 교회로 성도가 간다면 대환영입니다. 말씀을 통해 신앙이 성숙해진다면 그것보다 기쁜 일이 어디 있겠습니까?"

그 말을 들은 저는 웃으며 이렇게 말했습니다.

"저도 마찬가지입니다. 우리 교회로 오려던 성도가 목사님 교회를 알게 되어 그곳에서 예배드린 후 등록을 한다면, 저 역시 기쁠 것입니다. 목사님 교회에 가면 성도가 영적으로 성장할 것이라는 믿음이 있으니까요."

이야기를 나눈 후, 성도들과 논의해 보기로 했습니다. 성도들과 회의를 진행하니 몇 가지 우려가 나왔습니다. 예배당이 기존보다 더 먼 곳으로 옮겨져 교회에 오기 힘들어지는 성도들이 있을 수 있다는 점, 그리고 예상보다 임대료가 비싸다는 점이 문제로 지적되었습니다. 하지만 이와 같은 단점에도 불구하고, 성도들은 대부분 그 건물로 들어가는 것에 동의하며 함께 기도하기로 했습니다. 마침내 말씀의빛교회는 그 건물로 예배당을 옮기기로 결정했습니다.

결정이 내려진 후에도 과정은 순탄하지 않았습니다. 예배당이 없었기 때문에 하루라도 빨리 건물에 들어가야 했으나, 이미 4층에 입주해 있던 학원이 이전 일정을 계속 미루었습니다. 결국 3개월이 지나서야 학원이 건물을 비워주었고, 교회는 임대 계약을 체결한 후 본격적으로 인테리어 공사를 시작할 수 있었습니다.

인테리어를 준비하면서 예상치 못한 문제도 발생했습니다. 자재비와 인건비가 크게 올라 처음 예상했던 비용보다 훨씬 많은 비용이 들 것이라는 사실을 알게 되었습니다. 이때 3층 목사님이 적극적으로 도움을 주셨습니다. 마치 자신의 교회처럼 세세한 부분까지 신경 써 주시며, 인테리어 과정 전반을 도와주셨습니다. 그 목사님의 지원 덕분에 인테리어 비용을 줄일 수 있었고, 가구 구입 역시 저렴하게 해결할 수 있었습니다. 협력하여 사역하자는 그 목사님의 말이 행동으로 증명되었기에, 깊은 감사를 느꼈습니다.

많은 우여곡절 끝에 드디어 예배당 공사가 완료되었습니다. 그리고 2023년 1월 15일 주일, 말씀의빛교회는 새로운 예배당에서 첫 예배를 드릴 수 있었습니다. 유난히도 어려운 과정을 거쳐 이루어진 일이었기에, 첫 예배를 드리던 순간은 말로 표현할 수 없는 감격의 시간이었습니다. 하나님께서 허락하신 새로운 공간에서 성도들과 함께 드린 예배는 그 자체로 감사와 은혜의 시간이었습니다.

새 예배당, 연합의 은혜

새로운 예배당으로의 입주 과정은 기대와 함께 적지 않은 어려움을 동반했습니다. 처음 인테리어 작업을 맡길 업체를 선정하는 과정부터 예상치 못한 난관이 이어졌습니다. 과거 천호동 예배당의 인테리어를 담당했던 업자에게 다시 의뢰를 드리기로 했습니다. 그때 이분은 합리적인 비용으로 깔끔한 결과물을 만들어 주었기에, 이번에도 큰 기대를 갖고 연락을 드렸습니다.

초기 상담부터 구체적인 계획을 논의하며 최종 도면까지 받았습니다. 설계도는 만족스러웠지만, 문제는 비용이었습니다. 예상 견적이 교회의 재정 상황을 훨씬 초과하는 수준이었기에, 이대로 진행하면 큰 재정적 부담을 안게 될 것이 뻔했습니다. 결국, 도면 디자인비를 지불한 후 계약을 해지할 수밖에 없었습니다.

다른 인테리어 업체를 찾아 여러 곳을 알아보았지만, 적절한 대안을 찾는 일은 쉽지 않았습니다. 무엇보다 비용 문제를 해결할 방법이 보이지 않아 막막한 상황이 이어졌습니다. 이런 어려운 시점에 우리 교회가 이 건물에 들어오도록 제안했던 아래층 교회, 오산 포도나무교회의 목사님께서 큰 도움을 주셨습니다.

이 목사님은 믿을 만한 인테리어 업자를 소개해 주셨고, 그 결과 초기 견적의 약 2/3 수준의 비용으로 인테리어를 진행할 수 있었습니다. 비용 절감만이 아니었습니다. 포도나무교회 목사님은 작업 전반을 마치 자신의 교회 일처럼 꼼꼼하게 살펴주셨습니다. 제가 말하기 어려운 부분은 대신 전달해 주셨고, 세부적인 보완 작업까지 신경 써 주셨습니다. 때로는 '혹시 이분이 포도나무교회의 담임목사가 아니라 우리 교회의 부목사가 아닐까?' 하는 생각이 들 정도로 적극적인 도움을 받았습니다.

그 도움은 인테리어를 넘어 실내 가구 구입, 인터넷 설치, 음향 및 영상 시스템 세팅 등 모든 과정에 걸쳐 이어졌습니다. 덕분에 부족할까 걱정했던 재정 문제도 해결되었고, 모든 작업은 만족스러운 수준으로 완성되었습니다.

이번 과정을 통해, 아래층 교회와 위층 교회가 경쟁 관계가 아니라 상호 보완 관계가 될 수 있음을 깊이 체감했습니다. 두 교회가 한 공간에서 사역하며 서로 돕고 협력할 수 있다는 믿음이 생겼습니다. '내 교회, 네 교회'라는 경계를 넘어, 이익과 손해를 따지지 않는 아름다운 연합의 가능성을 발견한 것입니다.

이 모든 과정은 하나님께서 우리 교회를 위해 마련하신 특별한 섭리임을 확신하게 해 주었습니다. 포도나무교회 목사님의 헌신은 한 교회의 울타리를 넘어 하나님의 나라를 함께 세워 갈 수 있음을 보여주는 귀한 사례가 되었습니다. 말씀의빛교회는 이번 경험을 통해 더 큰 꿈을 꾸게 되었고, 하나님께서 주시는 연합의 은혜를 깊이 누릴 수 있었습니다.

두 교회의 아름다운 연합 이야기

새 예배당에서의 생활이 시작되며 말씀의빛교회와 포도나무교회의 연합이 어떻게 구체적으로 이루어질지 기대와 궁금함이 컸습니다. 하나님 안에서 두 교회가 뜻을 따라 협력하게 될 것이라는 믿음에서 나온 기대와 설렘이었습니다. 시간이 지나면서 이 믿음은 다양한 방식으로 현실화되었고, 그 과정을 통해 두 교회는 서로에게 큰 힘이 되는 공동체로 자리 잡았습니다.

두 교회는 함께 말씀묵상 세미나를 진행하며 연합의 첫발을 내디뎠습니다. 저는 4층에서 강의를 맡았고, 말씀의빛교회와 포도나무교회의 성도들이 모두 참석해 말씀을 나누는 시간을 가졌습니다. 특히 조별로 섞여 진행된 나눔 시간은 두 교회 성도들이 서로의 신앙을 공유하고 격려하는 귀한 기회가 되었습니다. 4주간 진행된 세미나는 두 교회의 성도들과 목회자들이 한층 가까워지는 계기가 되었고, 이후에도 지속적인 교제의 기반이 되었습니다.

말씀의빛교회는 주일학생이 두 명뿐이어서 독립적인 주일학교 운영이 어려운 상황이었습니다. 이 문제를 해결하기 위해, 두 명의 학생이 포도나무교회의 주일학교에 합류해 함께 예배드리고 교육을 받게 되었습니다. 자연스럽게 두 교회의 주일학교는 연합 구조로 운영되었고, 이를 통해 말씀의빛교회는 큰 도움을 받았습니다. 앞으로 청소년부나 청년부가 생기게 된다면 두 교회가 더 많은 부서를 연합해 운영할 수 있을 것이라는 기대도 생겼습니다.

　포도나무교회는 주일 오후에 그룹별 성경공부를 진행하며 공간 부족 문제를 겪을 때가 있었습니다. 이때 말씀의빛교회는 본당을 사용하는 동안 포도나무교회의 한 그룹이 제 방을 사용할 수 있도록 공간을 제공했습니다. 이처럼 필요에 따라 공간을 나누어 사용하며, 두 교회는 더욱 자연스럽게 연합의 관계를 확장해 나갔습니다.

　두 교회는 장비를 공유하며 협력을 이어갔습니다. 말씀의빛교회는 주보를 출력하기 위해 프린터를 구입하려 했으나, 소량 출력 외에는 활용도가 낮아 고민하던 중 포도나무교회 목사님의 제안을 받았습니다. 그분은 포도나무교회의 프린터를 자유롭게 사용하도록 권하며 주보 용지까지 제공해 주셨습니다. 말씀의빛교회는 이에 보답해 구입한 업소용 청소기를 포도나무교회에서도 사용할 수 있도록 했습니다. 또한, 포도나무교회가 음악 연주를 위해 키보드가 필요하다고 했을 때, 이를 흔쾌히 빌려주며 기계를 공유하는 협력을 이어갔습니다.

　상가 건물의 많은 창문은 여름철 실내 온도를 높이는 원인이 되었습니다. 이에 두 교회는 에어컨의 효율을 높이기 위해 창문에 열차단 필름지를 붙이기로 했습니다. 작업이 혼자 하기에는 힘든 일이었지만, 포도나무교회 목사님이 과거 필름지 작업 경험이 있다며 도움을 주셨습니다. 결국 두 교회가 힘을 합쳐 창문에 필름지를 붙이며 서로 돕는 협력의 기쁨을 누렸습니다.

포도나무교회 목사님과 저는 서로 다른 은사를 가지고 있지만, 깊은 신뢰 속에서 협력하고 있습니다. 포도나무교회 목사님은 성도들에게 말씀묵상 훈련과 제자양육 지도자반 교육을 요청했고, 저는 이를 기쁘게 맡아 진행했습니다. 반대로 저는 목회 전반에 있어 포도나무교회 목사님의 도움을 받고 있습니다. 두 교회는 상하 관계가 아닌 수평적 동역의 관계 속에서 사역을 나누고 있습니다.

이처럼 두 교회가 같은 건물에서 시작한 연합은 단순히 공존을 넘어 하나님의 나라를 위한 협력으로 발전하고 있습니다. 말씀과 섬김을 중심으로 한 연합은 서로에게 큰 힘이 되었고, 경쟁이 아닌 상호 보완의 관계로 자리 잡았습니다. 두 교회는 하나님께서 주시는 연합의 은혜와 기쁨을 깊이 체감하며, 함께 하나님의 나라를 세워가는 동역자가 되고 있습니다.

말씀 중심의 All-Line 교회

말씀의빛교회는 월 1회 전체 성도가 모이고, 나머지 주일에는 대부분의 성도가 온라인으로 예배를 드리는 독특한 형태의 교회로 자리 잡았습니다. 이러한 변화는 전통적인 예배 방식을 벗어난 도전이었기에, 초창기에는 목사와 성도 모두 적응에 어려움을 겪었습니다. 그러나 시간이 흐르면서 교회의 본질이 건물이나 예배 방식에 있지 않고, 하나님의 말씀을 중심으로 신앙을 세워나가는 데 있다는 사실이 명확해졌습니다.

성도 각자가 말씀을 묵상하며, 그 말씀 속에서 삶의 길을 찾는 것이 가장 중요하다는 믿음은 새로운 예배 방식에 자연스럽게 적응하게 만드는 힘이 되었습니다. 어떤 성도는 매주 현장에 참석하고, 또 어떤 성도는 월 1회 현장 예배에 오고 나머지 시간은 온라인으로 참여했습니다. 서로 다른 방식으로 예배를 드리지만, 각자의 상황을 존중하며 이해하는 분위기는 공동체를 더욱 성숙하게 만들어 갔습니다.

기존의 교회 개념과는 다른 운영 방식은 새로운 명칭에 대한 고민으로 이어졌습니다. 단순히 온라인과 현장 예배를 병행한다고 해서 'On-Line 교회'라고 부르기에는 부족함이 느껴졌습니다. 고민 끝에, 예배 방식의 구분을 넘어 어디서든 영과 진리로 하나님을 예배하는 공동체를 지향한다는 의미에서 'All-Line 교회'라고 칭하기로 했습니다.

월 1회 모든 성도가 모이는 날은 말씀의빛교회에서 특별한 날로 자리 잡았습니다. 서울, 의정부, 원주, 삼척처럼 먼 곳에서 거주하는 성도들도 시간을 내어 함께하고, 거리가 먼 경우에도 3~4개월에 한 번씩 참석하려 노력했습니다. 모이는 주일에는 예배 중에 주의 만찬을 나누며, 예배 후에는 식사를 통해 깊은 교제를 나눕니다. 식사 후에는 한 달 동안 묵상하며 받은 은혜와 그 말씀을 삶에 적용한 경험을 나누는 시간이 이어집니다. 이 시간은 성도들이 서로의 신앙을 격려하고, 하나님께서 각자의 삶에서 어떻게 일하셨는지를 들으며 깊은 은혜를 받는 귀한 자리입니다. 오직 말씀과 은혜만 나누는 이 시간은 말씀의빛교회가 말씀 중심 교회임을 가장 잘 드러내는 순간이 됩니다.

말씀의빛교회는 복잡한 프로그램 없이 말씀 묵상, 설교, 성경 공부, 그리고 묵상의 적용과 나눔이라는 단순한 구조로 운영됩니다. 그러나 성도들은 이 단순함 속에서 오히려 진정한 은혜와 만족을 경험하고 있습니다. 이벤트성 활동 없이 오직 말씀에 집중하는 교회의 방향성 속에서 성도들은 깊은 은혜와 만족을 누려가며 신앙의 본질을 향하고 있습니다.

All-Line 교회라는 독특한 형태는 여전히 성도들에게 새로운 도전일 수 있습니다. 그러나 이 도전 속에서 성도들은 말씀과 교제를 통해 교회의 존재 이유를 발견하고, 서로를 이해하며 하나님의 뜻을 따라가는 공동체로 성장하고 있습니다. 말씀의빛교회는 교회의 형태보다 말씀 중심의 신앙과 공동체의 연합을 통해 교회의 이름처럼 '말씀의 빛'을 누려가는 교회가 되어가고 있습니다.

아픔과 기쁨 속에서 말씀의 빛을 따라 걸어오다

목회를 하며 느끼는 아픔과 기쁨은 마치 늘 맞물려 찾아오는 계절처럼 반복됩니다. 얼마 전, 깊이 교제했던 한 성도 가정이 교회를 떠났습니다. 이들의 결정을 받아들이는 데 시간이 걸렸지만, 나름의 이유가 있을 것이라 믿으며 함께했던 시간에 감사하는 마음으로 그들을 떠나보내 드렸습니다. 성도 수가 많지 않은 교회였기에 그들의 빈자리는 더욱 크게 느껴졌습니다. 그러나 말씀의빛교회를 향한 하나님의 계획과 그 가정을 향한 하나님의 인도하심을 믿으며, 남은 성도들과 저는 마음을 다잡았습니다.

놀랍게도 얼마 지나지 않아 새로운 변화가 찾아왔습니다. 몇 분의 성도가 새롭게 교인으로 등록하게 된 것입니다. 현장 예배에 참석하는 인원이 적었던 상황에서 이분들의 등록은 교회에 큰 활력을 불어넣었습니다. 이들은 매주 현장 예배에 참석하며 예배와 나눔의 시간을 더욱 풍성하게 만들어 주었고, 그로 인해 교회의 주일이 한층 더 기쁨으로 채워졌습니다. 말씀과 삶을 깊이 나누며 은혜를 함께 경험하는 것은 목회자로서 더없이 큰 축복이었습니다.

어느덧 말씀의빛교회가 시작된 지 10년이라는 시간이 흘렀습니다. 이 기간 동안 교회는 수많은 우여곡절을 겪어 왔습니다. 아픔과 기쁨, 어려움과 은혜가 끊임없이 반복되었지만, 그 모든 과정을 통해 분명해진 한 가지 사실이 있습니다. 말씀에 삶을 의탁하며 그 말씀 속에서 변화를 경험하는 성도들이 하나둘씩 생겨나고 있다는 사실입니다. 이 점은 말로 다할 수 없는 기쁨이자 감사의 이유가 되었습니다.

성도들뿐만 아니라 외부에서 교제하는 성도들에게도 말씀의 능력이 나타나는 것을 보며 놀라움을 느낍니다. 그들이 말씀을 묵상하며 쓴 글을 통해 하나님을 향한 신뢰가 깊어지고, 가치관이 새로워지며, 삶의 모습이 변화되는 이야기를 들을 때마다 목회자로서의 사명을 다시 되새기게 됩니다. 말씀은 단순히 읽는 것을 넘어 그 내면을 바꾸고 삶을 새롭게 하는 강력한 능력을 지니고 있음을 체감합니다.

아픔과 기쁨은 언제나 번갈아 찾아옵니다. 때로는 아픔이 먼저 찾아오고, 때로는 기쁨이 먼저 오기도 하지만, 그 뒤에는 늘 새로운 은혜가 따라옵니다. 말씀의빛교회가 10년을 이어올 수 있었던 이유는 바로 이러한 과정을 견디며, '말씀을 스스로 읽고 묵상하며, 그 말씀에서 은혜를 누리는 성도를 세우는' 교회의 가치를 변함없이 지켜왔기 때문이라 믿습니다.

성도 수로만 보면 말씀의빛교회는 작고 보잘것없어 보일지 모릅니다. 그러나 말씀 하나를 붙들고 살아가는 교회라는 내실을 기준으로 보면, 그 존재 이유는 분명하고 값집니다. 앞으로도 이 교회의 정체성과 가치가 훼손되지 않기를 간절히 소망합니다.

"주님의 말씀은 내 발의 등불이요, 내 길의 빛입니다." (시편 119:105)

이 구절이 능력이 되어, 성도 한 분 한 분이 말씀의 빛을 따라 변화되고 성숙하며, 그 말씀 속에서 삶의 길을 발견하기를 기도합니다. 목사로서 제가 할 수 있는 최선의 사역은 성도들이 말씀의 능력을 직접 경험하도록 돕는 것이라고 믿습니다. 이 사역을 통해 하나님께서 이루실 놀라운 일들을 기대하며, 감사의 마음으로 나아갑니다. 말씀의빛교회는 그 이름처럼 말씀의 빛으로 인도하시는 하나님의 섭리를 따라, 앞으로도 변함없이 믿음의 여정을 이어갈 것입니다.

세나무교회 이야기

05.
건강한 작은교회를 꿈꾸며
세나무교회 이야기

목사 이진오

섬과 같은 동네, 인천 논현동에 오다

 교회를 다시 개척하는 일은 싫었습니다. 아니, 두려웠습니다. 2011년 신학대학원을 졸업하고 처음으로 교회를 개척했을 때의 기억이 떠올랐기 때문입니다. 첫 번째 교회 개척은 정말로 아무 기반도 없이 시작한 일이었습니다. 장소도 없었고, 재정적인 여유도 전혀 없었습니다. 당시 시작은 우리 가족과 젊은 부부 한 가정, 그리고 청년 한 명이 후배의 카페 작은 방에서 기도 모임을 가진 것이 전부였습니다. 그렇게 소박하게 출발한 교회에서 처음으로 구매한 물품은 '보면대'였습니다. 강대상을 대신해 사용하려고 5만 원을 주고 샀는데, 평소에는 흔하게 보이던 보면대가 그때는 어찌나 소중하고 귀하게 느껴지던지요. 시간이 지나면서 예배당 공간이 마련되었고, 예배에 함께하는 사람들이 점차 늘어났으며, 교회에 필요한 물품도 하나둘씩 추가되었습니다. 그렇게 교회가 점점 세워져 갔습니다. 돌이켜보면 모든 과정이 참으로 감격스러웠습니다. 찬양 가사처럼, 모든 것이 하나님의 은혜였고 누군가의 수고와 눈물이 밑바탕에 있었기에 가능한 일이었습니다.

하지만 맨땅에서 시작한 개척의 여정은 쉽지 않았습니다. 그 과정에서 몇 번이고 다시는 교회를 개척하지 않겠다고 다짐했습니다. 첫 교회는 5년 임기와 재신임제가 있었는데, 2011년에 설립 예배를 드렸으니 2016년 말까지가 첫 임기였습니다. 임기가 끝나갈 즈음, 저는 재신임을 받지 않기로 결심하고 사임했습니다. 여러 이유와 과정이 있었지만, 제 마음 속에서 가장 중요한 이유는 이 교회가 제 교회가 아니라 주님의 교회가 돼야 한다는 신념이었습니다. 교회가 성장하면서 담임목사인 제 이름이 부각되고 영향력이 커지다 보니, 주님이 주인이 되시고 신자가 주체가 되는 교회라는 이상에서 점차 멀어지는 것처럼 느껴졌습니다. 그 상황에서 제가 내려놓아야 한다고 판단했습니다. 사임을 결심하면서 가능하면 멀리 떠나서, 교회와 후임 목회자의 목회에 영향을 주지 않는 것이 좋겠다고 생각했습니다.

그렇게 저는 인천 논현동으로 오게 되었습니다. 논현동은 인천에서도 가장 외곽에 위치한 지역으로, 남동공단을 지나 소래포구가 자리 잡은 곳입니다. 원래는 작은 어촌 마을에 불과했지만, 남동공단이 조성되면서 공단 노동자들이 살게 된 지역으로 변모했습니다. 이후 대기업의 투자와 개발로 인해 대규모 아파트 단지가 들어서면서 지금은 약 12만 명 정도가 거주하는 신도시로 성장했습니다. 이곳은 지역 특성상 공단에서 일하는 이주민이 많고, 북향민(탈북민)과 사할린 동포들도 많이 거주하고 있습니다. 저는 이 지역에서 오래전부터 이주민과 북향민을 섬기며 사역하셨던 한 어른 목사님을 돕기로 했습니다. 목사님은 인천논현역 근처에서 북향민 일자리를 지원하기 위해 카페를 운영하고 계셨습니다. 저는 그 카페에서 함께 일하며 목사님의 사역을 돕는 한편, 이 지역에서 제가 할 수 있는 일을 찾아보려 했습니다.

담임목사의 자리에서 물러나니 시간이 훨씬 많아졌습니다. 어른 목사님의 사역에 간간이 참여하는 것 외에는 대부분의 시간을 카페에서 보냈습니다. 카페에서 사람들을 만나 대화를 나누기도 하고, 틈날 때마다 책을 읽으며 시간을 보냈습니다. 그렇게 약 6개월이 흐른 뒤, 아내도 직장을 이 지역으로 옮겼고, 저희 가족은 논현동으로 이사를 했습니다. 이제 논현동은 우리 가족의 새로운 삶의 터전이 되었습니다. 지역사회 속에서 제가 더 깊이 뿌리내리고 함께할 곳을 찾아야겠다고 생각하게 되었습니다.

그때부터 저는 논현동의 이곳저곳을 구석구석 걸어 다니며 동네를 자세히 살펴보기 시작했습니다. 동네의 이쪽 끝인 소래포구에서부터 저쪽 끝에 있는 호구포역 근처까지, 하루에 2~3시간씩 걸으며 낯선 장소를 발견하면 무작정 가보고, 흥미로운 시설이나 공간이 있으면 들어가 보았습니다. 논현동은 지역 특성상 지자체가 운영하는 이주민센터, 북한이탈주민지원센터, 사할린센터, 다문화센터 같은 기관이 여럿 있었습니다.

또한, 기독교를 비롯한 종교 단체나 민간단체에서 운영하는 다양한 시설도 곳곳에 자리 잡고 있었습니다.

그렇게 동네를 걸으며 관찰한 결과, 저는 논현동이라는 지역에 대한 전체적인 그림을 그릴 수 있게 되었습니다. 흥미롭게도 논현동은 마치 섬과 같다는 인상을 주었습니다. 특히, 청소년들에게는 더욱 그렇습니다. 인구 12만 명의 신도시이지만, 앞쪽은 바다로 막혀 있고 뒤쪽은 공단으로 둘러싸여 있어, 지역적 한계가 분명해 보였습니다. 좁은 지역에 대규모 아파트 단지가 들어서다 보니 체육시설, 놀이공간, 보육시설 등 필수적인 생활 인프라가 턱없이 부족했습니다. 이 지역은 30~40대가 많은 덧에 학령인구가 많아 초등학교만 10곳, 중학교와 고등학교가 각각 5곳씩 있을 정도로 학생들이 많습니다. 하지만 청소년들이 자유롭게 놀거나 쉴 만한 공간은 극히 부족했습니다. 인천에서 청소년들이 주로 찾는 곳은 부평 지하상가나 구월동 로데오 거리처럼 다양한 시설과 상가가 밀집된 지역입니다. 그러나 논현동은 청소년들이 즐길 수 있는 공간이 거의 없고, 대부분의 시간은 학원에서 보내는 것이 현실이었습니다. 학구열이 높은 부모님들이 낮 동안 자녀를 맡기기 위해 학원가에 몰리는 모습은 이제 익숙한 풍경이 되었습니다.

마을 도서관 그리고 문화공간을 만들다

　우리 동네를 탐방한 이후, 동네에 가장 필요한 것은 청소년들을 위한 놀이터와 쉼터라는 생각이 들었습니다. 특히 학원에서 학원으로 이동하며 하루를 보내는 아이들에게 잠시나마 친구들과 쉬며 어울릴 수 있는 공간이 절실해 보였습니다. 이주민과 북향민 사역을 하는 목사님과 함께하다 보니 자연스럽게 북향민 청소년들에게도 마음이 쓰였습니다. 우리 동네는 단일 지역으로는 가장 많은 북향민이 약 2,000명 정도 거주하는 곳으로, 북향민 청소년도 적지 않은 수가 있습니다. 지역에서 알게 되어 친해진 '한결교회'의 최성우 목사님께 교회 교육관을 활용해 남과 북의 청소년들이 함께 어울릴 수 있는 마을 작은 도서관을 만들어 보자고 제안했습니다.

　다행히 송도 포스코 사회사업팀에서 북향민 지원 사업의 일환으로 500만 원을 후원받았고, '유시민과 함께하는 시민광장'에서도 500만 원을 지원받았습니다. 여기에 뜻 있는 여러 분의 도움으로 약 3,000만 원이 모금되었습니다. 이렇게 모인 기금으로 교회 교육관을 리모델링해 별집방 같은 휴식 공간을 만들고, 도서관에 비치할 책 약 2,000권 중 절반가량은 웹툰 도서로 구입했습니다. 그렇게 지역 한결교회에 '담쟁이숲 마을 도서관'이 개관하게 되었습니다. 도서관의 운영은 교장 선생님으로 은퇴하신 우리 교회의 유명선 권사님이 관장을 맡아 주셨고, 최성우 목사님께서 운영위원장을 맡아 교인들과 함께 지역 청소년들을 위한 쉼터이자 배움터, 놀이터가 자리 잡도록 애써 주셨습니다.

그렇게 시간이 1년 정도 흐르는 동안, 저는 이주민과 북향민 사역을 돕는 목사님과 함께 소소한 일들을 나누며 사역에 참여했습니다. 동시에 담쟁이숲 마을 도서관이 점차 자리를 잡아가며 지역 청소년들에게 안정적인 쉼터가 되었습니다. 한편으로는 시간이 많아지면서, 제가 오랫동안 고민해 온 '건강한 작은교회'에 대한 생각과 경험을 글로 정리하기 시작했습니다. 그러던 중 한 출판사의 제안을 받아 책을 내게 되었는데, 책 제목은 〈재편〉이며 부제는 '홀로 빛나는 대형교회에서 더불어 아름다운 건강한 작은교회로'입니다. 하지만 여전히 교회 개척에는 소극적이었습니다. 이미 한 번 경험한 개척 과정의 어려움을 다시 겪고 싶지 않았기 때문입니다. 그러나 우리 가족의 주일예배를 위해서라도 예배는 필요했고, 이런저런 이유로 함께하게 된 세 가정이 더 있었습니다. 우리는 인천 논현역에 있는 한 카페의 세미나실을 빌려 주일예배를 드리기 시작했습니다. 교회 같지 않은 교회로 임시로 모이며 이름은 '우리동네작은교회'라 붙였습니다.

그러던 중 책 〈재편〉이 출간되면서 북 토크가 열리고, 기독교 언론사에서 책 소개와 인터뷰 요청도 있었습니다. 이를 계기로 몇몇 분들이 주일예배에 참여하고 싶다고 찾아왔습니다. 그렇게 한 명, 두 명 사람들이 모이더니 2017년 말에는 예배에 참여하는 인원이 20명가량이 되었습니다. 사람이 모이니 장소가 좁아졌고, 교회로서 예배와 교육, 심방 등 다양한 필요들이 자연스럽게 생겨났습니다. 자의 반, 타의 반으로 정식 교회 설립과 예배당 마련을 위한 논의가 시작되었습니다.

당시 우리 교회에는 아이들까지 포함해 약 30명이 있었지만, 현실적으로 할 수 있는 일이 많지 않았습니다. 그런 와중에 저는 동네를 탐방했던 경험을 떠올리며, 우리 지역이 신도시로서 여러 장점이 있지만 한 가지 아쉬운 점이 있다고 말했습니다. 초중고등학교가 20곳이나 될 정도로 학령인구가 많음에도 청소년들이 놀고 쉴 공간이 부족하다는 점이었습니다. 특히 요즘 청소년들이 학교 축제나 학예회에서 주로 댄스나 힙합을 선보이는데, 우리 동네에는 댄스를 연습할 공간조차 없는 상황이었습니다. 아이들이 연습을 위해 다른 지역으로 이동해야 했고, 왕복 2시간이 걸리는 데다 비용도 만만치 않았습니다. 그래서 저는 예배당을 마련하면서 그 공간을 댄스 연습장과 힙합 및 악기 연습 공간을 겸하는 작은 문화공간으로 만들자고 제안했습니다. 당시 교회에는 음악을 전공한 청년도 있어, 운영을 그 청년에게 맡기자는 아이디어도 덧붙였습니다.

교인들의 첫 반응은 당황스러움 그 자체였습니다. 도서관이나 카페를 겸하는 교회는 들어봤어도 댄스 연습장을 운영하는 교회는 생소했기 때문입니다. 운영을 맡아달라고 부탁받은 청년도 자신 없어 했습니다. 저는 청년과 함께 인천 지역의 시청과 구청에서 지원하는 문화시설이나 사설 댄스 연습장을 직접 탐방하며 사례를 조사했습니다. 실제로 방문해보니, 청소년들이 해당 시설을 많이 이용하고 있었고, 작은 공연장과 겸해서 운영하면 예배당으로 활용하는 데에도 문제가 없다고 판단했습니다. 탐방 결과를 교인들에게 보고한 뒤 함께 대화하며 공감대를 형성했습니다. 이후, 예배당을 댄스 연습장과 겸한 문화공간으로 만들기로 결의했습니다.

문제는 역시 비용이었습니다. 단순히 예배당을 마련하는 것도 벅찬 상황에서, 문화공간은 새로운 공간 디자인과 댄스 연습장 마룻바닥 같은 특별한 시설을 추가로 설치해야 해 일반 인테리어 비용의 두 배가 필요했습니다. 공간을 알아보는 중, 인천논현역 앞의 가장 번화한 건물에 실평수 53평의 공간이 적합하다는 결론이 나왔습니다. 그곳은 바로 옆에 청소년들이 많이 드나드는 250좌석 규모의 PC방이 있어 위치적으로도 이상적이었습니다. 보증금 3,000만 원, 월세 150만 원, 관리비 월 70만 원, 그리고 인테리어와 집기 비용으로 약 1억 원이 필요했지만, 우리 힘으로는 도저히 감당할 수 없는 금액이었습니다. 다행히도 부동산 사장님이 적극적으로 협조해 주셨습니다. 주인이 다른 계약 문의를 받았음에도 저희를 위해 2달을 기다려 주셨고, 보증금을 1,000만 원 낮춰 주었으며, 인테리어 공사 기간 동안 월세를 면제해 주는 등 많은 도움을 주셨습니다.

예배당과 문화공간 설립 소식이 알려지면서 많은 분들의 후원이 이어졌습니다. 어려움은 있었지만, 2018년 1월, 드디어 '담쟁이숲 꿈터'라는 이름으로 문화공간이 문을 열게 되었습니다. 담쟁이숲 꿈터는 약 30평의 공간을 댄스 연습장으로 꾸미고, 절반은 계단식 관람석을 만들어 작은 공연이 가능하도록 설계했습니다. 방음 시설이 갖춰진 5평짜리 악기 연습실도 마련했습니다. 인테리어는 청소년들의 취향을 고려해 깔끔하고 세련된 분위기로 꾸몄으며, 조명도 세심히 신경 써서 설치했습니다. 공간 사용료는 1시간에 1만 원으로 책정했는데, 이는 다른 지역 연습실의 절반 수준이었습니다. 10명이 함께 연습하면 1인당 1,000원 정도의 부담으로 이용할 수 있었습니다. 보통 청소년들은 2~3시간씩 연습했고,

그렇게 꿈터는 운영 첫 2달 만에 월 200만 원 정도의 수익을 내기 시작했습니다.

교회에서는 임대료만 부담하고, 운영을 맡은 청년이 관리비를 내고 남은 수익은 생활비로 가져가는 방식으로 운영되었습니다. 담쟁이숲 꿈터는 몇 달 만에 자체적으로 안정적인 수익 구조를 확보하게 되었습니다. 청년은 음악과 댄스를 하는 청년들과 청소년들을 네트워크로 연결하고, 지역에서 거리 공연 같은 다양한 문화행사도 진행했습니다. 주일예배를 위해서는 전면 거울을 커튼으로 가리고 강대상과 테이블, 의자 등을 매주 세팅해야 하는 번거로움이 있었지만, 지역 주민과 청소년들이 꿈터를 유용하게 사용하는 모습을 보며 교인들과 저는 큰 보람을 느꼈습니다.

세나무교회를 설립하다

예배당으로 '담쟁이숲 꿈터' 공간이 마련되고 목회 사무실까지 생기니, 예배, 교육, 심방 등 교회의 기본적인 기능이 점차 안정되어 갔습니다. 자연스럽게 성도도 조금씩 늘어나기 시작했습니다. 이제 정식으로 교회를 등록하기 위해 두 가지 절차를 진행해야 했습니다. 첫 번째는 교회 이름을 확정하는 것이고, 두 번째는 교회 규약을 제정하는 일이었습니다.

우리는 약 6개월 동안 '우리동네작은교회'라는 이름을 사용하며 익숙해졌고, 이 이름이 건강한 작은교회를 지향하는 우리의 가치와도 잘 맞는다고 생각했습니다. 그런데 검색을 통해 확인해 보니, 이미 인천 지역에 같은 이름의 교회가 있었습니다. 이에 교회 이름을 다시 정하기로 하고 교인들에게 공모를 받았습니다. 10여 개의 이름이 제안되었고, 대화와 투표를 통해 '세나무교회'라는 이름이 최종 선정되었습니다.

'세나무교회'는 〈창세기〉에 등장하는 '선악을 알게 하는 나무', '생명 나무', 그리고 예수님이 지신 '십자가'(십자 모양의 나무로 된 사형틀)를 상징합니다. 선악을 알게 하는 나무 열매를 먹고 죄를 지은 인간이, 예수님의 십자가 은혜로 생명 나무를 회복한다는 의미를 담고 있습니다. 하지만 또 다른 문제가 생겼습니다. 검색 결과, 강원도 춘천시에 이미 '세나무교회'라는 이름의 교회가 있었습니다. 비록 다른 지역이라 굳이 이름 변경 없이 사용해도 되었지만, 예의를 갖춰 춘천의 세나무교회에 전화를 걸어 양해를 구했습니다. 다행히 그 교회 목사님께서는 "우리 교회의 '세나무'는 우화 '세 나무 이야기'에서 따온 것으로 의미가 다르다. 이름이 같더라도 문제 될 것이 없다"며 흔쾌히 허락해 주셨습니다.

이후 교회가 지향할 사명과 핵심 가치를 정하는 과정을 진행했습니다. 이 역시 전체 교인들의 대화를 통해 확정되었습니다. 세나무교회의 사명은 세 가지입니다. 첫째, 신앙과 삶의 공동체를 이루는 것입니다. 둘째, 지역과 시대를 향해 복음을 전하며 사회적 책임을 다하는 것입니다. 셋째, 한국교회가 더불어 아름다운 건강한 작은교회로 재편되도록 지원하고 협력하는 것입니다. 이어서 교회의 운영 방침과 세나무교회 성도가 추구해야 할 핵심 가치를 정했습니다. 결정된 핵심 가치는 '쉼, 환대, 스스로, 함께'라는 네 가지였습니다. 이는 교회가 쉼과 안식을 제공하고, 나와 다른 사람을 따뜻하게 환대하며, 하나님과 사람 앞에서 스스로 신앙과 삶의 책임을 다하고, 성도와 이웃이 함께하는 교회가 되자는 의미를 담고 있습니다.

교회 이름과 사명, 핵심 가치가 확정되자 이를 바탕으로 교회 규약을 제정하는 일은 비교적 수월하게 이루어졌습니다. 규약이 완성된 후, 저는 안수를 받은 '한국독립교회선교단체연합회'(KAICAM)에 교회 회원 등록을 했습니다. 이후 지역 세무서에서 고유번호증을 발급받고, 교회 명의로 은행 계좌를 개설하며 행정적인 절차를 마무리했습니다. 모든 준비가 끝난 뒤에는 세나무교회의 설립 예배를 준비하기 시작했습니다.

사실 세나무교회의 첫 예배는 2017년 6월부터 이미 시작되었고, 교단 가입과 세무서 등록을 위해 교회 이름도 그 이전에 정해졌습니다. 하지만 설립 예배는 따로 진행하지 않았습니다. 저는 교회의 설립은 목사가 주도하는 것이 아니라 교인들에 의해 이루어져야 한다고 생각합니다. 목사는 교인들이 설립한 교회에 초빙되어 임직되는 것이 옳다는 신념 때문이었습니다. 실제로 장로회나 감리회 등 대부분의 기독교 교단에서는 지역 교회의 요청에 따라 공교회의 노회나 지방회에서 목사를 파송하여 임직합니다. 목사는 개별 교회가 아니라 공교회의 구성원으로서 임직되고 파송되는 존재라는 뜻입니다. 저는 교인이 최소 10가정 이상 모이고, 운영위원회가 구성되어 교회를 스스로 운영할 준비가 되었을 때 교인들의 결정으로 설립 예배를 드려야 한다고 생각했고, 그 시기를 기다렸습니다.

그리고 드디어, 예배가 시작된 지 약 1년 4개월이 지난 2018년 10월 18일 주일에 세나무교회 설립 예배를 드리게 되었습니다. 설립 예배를 앞두고, 운영위원회는 '목사초빙위원회'의 역할을 맡아 저에 대한 전 교인 공청회를 열었습니다. 공청회에서는 제 신학적 견해와 신앙생활, 목회 방향 등에 대한 질의응답이 이루어졌고, 이후 무기명 투표를 통해 저를 세나무교회의 담임목사로 초빙해 주었습니다.

설립 예배는 '건강한작은교회동역센터'(이하 건작동)와 지역 목회자 모임인 '논현지역목회자모임'의 협조로 진행되었습니다. 건작동과 지역 목회자들이 설교, 축사, 권면 등 예배 순서를 맡아 주어 더욱 풍성한 시간이 되었습니다. 설립 예배에는 특별한 순서가 하나 더 추가되었는데,

바로 '담임목사 업무 협약식'이었습니다. 협약식에서는 교인들에 의해 초빙된 목사의 책임과 권한, 근무 조건 등을 기록한 '목사 업무 협약서'에 운영위원장과 제가 서명했습니다. 이 협약식을 통해 목사와 교인 간의 상호 신뢰와 책임을 공식화했습니다.

그렇게 세나무교회는 정식으로 설립되었고, 저의 담임목사 6년 임기가 시작되었습니다. 이는 단순한 행정 절차를 넘어 교인들과 목회자가 함께 세운 교회라는 점에서 특별한 의미를 지니는 순간이었습니다.

성경적 공동체, 일상의 제자도, 민주적 운영, 공의의 공공성, 거룩한 공교회성, 건강한 작은교회를 향한 체계를 갖추어 가다.

규약과 민주적 운영

나는 2002년 〈교회개혁실천연대〉가 창립될 당시 집행위원으로 참여했습니다. 교회의 갱신과 개혁을 목표로 활동하던 교회개혁실천연대가 그때 집중하던 주요 과제 중 하나는 지역교회별로 '정관' 또는 '규약'을 제정하자는 '정관 갖기 운동'이었습니다. 정관이나 규약은 교회를 민주적으로 운영하기 위한 출발점이자 중심입니다. 당시 나는 이 운동에서 간사 역할을 맡아 함께 활동했습니다. 현재 목회자의 소득세 신고는 종교인 과세법이 제정되어 법적 의무로 자리 잡았고, 지역 〈세무서〉에 소득세를 신고하려면 당연히 교회마다 정관이 있어야 합니다. 하지만 불과 10여 년 전만 해도 교회에서 정관이나 규약을 제정한다는 것은 생소하고, 때로는 불온하다는 시선까지 받는 일이었습니다.

세나무교회 역시 설립과 동시에 '규약'을 제정했습니다. 나는 '정관'이라는 용어보다는 교회 안에서 상호 약속의 의미가 담긴 '규약'이라는 표현이 더 적합하다고 생각합니다. 규약에는 교회의 사명, 비전, 목적, 가치 등 교회의 정체성을 정의하는 항목들이 포함됩니다. 또한 교인과 직분에 관한 규정, 각종 모임과 회의 운영, 치리에 관한 규정들도 담겨 있습니다. 규약은 단순히 세나무교회가 KAICAM에 가입하고 세무서에 등록하며 은행 계좌를 개설하기 위한 행정적 요건을 충족시키는 데 그치지 않고, 교회의 운영 원칙과 방향성을 명확히 하는 데 큰 의미가 있습니다. 하지만 개척 초기의 교회가 규약에 명시된 모든 내용을 즉각 실행할 수 없는 현실도 분명히 존재했습니다. 그래서 규약의 부칙에 '교회 상황에 따라 순차적으로 적용한다'는 조항을 명시했습니다.

규약 제정 후 가장 먼저 구성해야 한다고 생각한 것은 '운영위원회'였습니다. 세나무교회는 아직 장로와 같은 교회의 어른이 없고, 정식으로 직분자가 세워지지 않은 상태였기에 목사인 나 혼자서 모든 결정을 내릴 위험이 있었습니다. 교회의 사안을 함께 의논하고, 공동으로 책임을 나눌 운영위원회의 구성이 반드시 필요하다고 생각했습니다. 초대 운영위원회는 목사인 나를 포함해 총 5명을 투표로 선출했습니다. 여성과 청년의 참여를 보장하기 위해, 여성은 최소 1명을 우선 선출하도록 하고, 청년은 청년부가 구성된 이후 청년들의 요청에 따라 당연직으로 포함하기로 했습니다. 선거 결과, 여성 2명이 다득표로 선출되었고, 청년 참여는 청년부의 요청 시기로 보류되었습니다. 운영위원 중 목사인 나를 제외한 일반 신자들 사이에서 운영위원장을 호선으로 선출했으며, 이후 모든 운영은 운영위원장이 주관하고 운영위원회에서 논의해 결정했습니다. 나는 당연직 운영위원으로 참여해 의견을 제시하고 의결 과정에 함께했습니다.

운영위원회는 매월 한 차례 정기 모임을 열어 전월 사업과 예산 결산을 검토하고, 다음 달 사업 계획과 예산을 논의 및 결정했습니다. 또한 3개월마다 한 번씩 운영위원회를 확대해 직분자들이 참여하는 '직원회'나 전 교인이 참여하는 '전 교인 대화'를 열어 분기별 사업과 결산을 보고하고, 다음 분기 계획과 예산을 논의했습니다. 교인 총회는 운영위원과 직분자를 선출하는 '인사 총회'와, 운영위원회에서 준비한 사역과 재정을 논의하는 '사무 총회'로 나누어 진행했습니다. 이러한 운영 체계에서 운영위원회는 운영위원장이 중심이 되어 이끌었고, 총회에서는 목사인 내가 의장으로서 진행을 맡아 교회 운영이 상호 보완과 견제를 이루며 균형을 유지하도록 했습니다.

성경, 스스로 읽고 이해하고 실천하기

교회에서 가장 중요한 것은 하나님의 말씀인 '성경'을 배우고, 이해하고, 실천하는 것이라 생각합니다. "교회를 왜 다니는가?"라는 질문에 다양한 이유가 있을 수 있겠지만, 저는 무엇보다 성경을 배우고 알아가는 것이 가장 중요한 이유라고 생각합니다. 신자는 스스로 성경을 읽고 이해하며, 알고 깨달은 말씀에 순종하여 살아가는 사람입니다. 목사는 그 과정에서 신자들을 돕는 일종의 코치 역할을 합니다.

세나무교회의 성경 교육은 '성서유니온'에서 발행하는 〈매일성경〉을 중심으로 이루어집니다. 〈매일성경〉은 6년 동안 성경 전체를 묵상할 수 있도록 구성되어 있으며, 연령별로 발행되어 온 가족이 같은 본문을 묵상할 수 있습니다. 전 교인이 〈매일성경〉으로 묵상하도록 권장하고, 저는 주일예배 설교를 〈매일성경〉의 주간 묵상 본문을 따라 준비합니다. 또한, 주중 기도회와 심방 설교에서도 같은 본문을 활용해 말씀의 흐름이 일관되도록 합니다. 주일예배 후에는 소그룹 모임인 사랑방 모임을 통해 묵상한 말씀과 설교를 중심으로 나눔과 대화를 나눕니다.

신앙의 성장 단계에 따라 초신자, 새가족, 세례자, 직분자에게 맞춤형 교육을 제공합니다. 초신자에게는 하나님, 예수님, 성령님, 삼위일체, 인간과 죄, 구원, 교회에 대해 배우게 하고, 새가족은 복음, 성경, 성경적 세계관, 하나님 나라, 비전, 사회적 책임, 건강한 작은교회에 대해 공부합니다. 세례자에게는 사도신경, 주기도문, 십계명, 세례의 의미를 교육하며, 직분자는 예배, 운영, 재정, 사역, 직분, 교육, 규약 등 교회 전반에 대해 이해하도록 돕습니다.

기본 교육 외에도 성경 자체를 중심으로 공부하는 프로그램이 다양하게 진행됩니다. 창세기에서 요한계시록까지 성경을 책별 또는 주제별로 해설하며, 평일 오전이나 저녁에 공부반을 운영하거나 토요일 하루 종일 진행하기도 합니다. 코로나19 기간에는 2년 6개월 동안 총 77회에 걸쳐 성경 전체와 신구약 중간사를 강의하고 공부했습니다. 또한, 성경을 1년에 1독할 수 있도록 100일, 6개월, 1년 단위의 읽기표를 제공해 각자의 속도에 맞게 진행하도록 했습니다. 참여자는 카카오톡 방에 가입해 읽은 내용을 나누며 독려했습니다.

작은교회에서 가장 어려운 사역 중 하나는 주일학교 운영입니다. 교사도 부족하고, 체계적인 교육을 세우는 것도 쉽지 않습니다. 2018년 3월경에는 아이들이 5명 정도였는데, 제 아내인 이영진 집사가 교육을 담당했습니다. 아이들이 점점 많아지면서 정식으로 주일학교를 시작했으며, 교인 중 두 분이 교사로 자원해 주셨습니다. 주일학교 이름은 교인들과 아이들의 제안을 받아 투표로 결정했습니다. 제가 제안한 '세나무 친구들'을 포함해 다양한 이름이 나왔고, 최종적으로 초등학생 친구가 제안한 '꿈별'(꿈꾸는 별들)이 선정되었습니다. 중고등학생은 1~2명이 있을 때도 있고 없을 때도 있었지만, 2023년 중학교 1학년 3명이 등반하며 청소년부가 시작되었습니다. 청소년부는 자체적으로 이름을 정해 '샛별'(세나무의 샛별)이라는 이름을 선택했습니다.

주일예배는 어른들과 함께 시작해 예배 초반부를 같이 드린 후, 아이들이 별도의 공간으로 이동해 예배와 분반 공부를 진행합니다. 입례송, 참회의 기도, 신앙고백, 경배와 찬양까지 모든 연령이 함께 드리며, 이후 꿈별/셋별 친구들이 성경 본문을 읽습니다. 그 다음 어른들의 축복을 받으며 아이들은 별도의 공간으로 이동합니다. 어른 예배가 설교와 나머지 순서로 이어지는 동안, 꿈별 친구들은 선생님과 함께 준비된 설교와 예배 순서를 마친 뒤 분반 공부를 진행합니다. 이렇게 진행하는 이유는 온 교회가 하나 되어 예배를 드리는 연속성을 유지하면서도, 각 연령에 맞는 말씀 공부와 교제를 통해 눈높이에 맞는 신앙 교육을 제공하기 위함입니다.

〈매일성경〉은 꿈별과 셋별 친구들에게 무료로 배포됩니다. 이는 교회에서 제공하는 공식 교육 교재로, 아이들이 가정에서도 말씀 묵상을 이어갈 수 있도록 돕습니다. 주일 설교와 소그룹 나눔 역시 〈매일성경〉 본문에 맞춰 진행되어 말씀 교육이 일관성을 유지합니다. 유치생용 '큐티아이', 초등 저학년용 '저매', 초등 고학년용 '고매'는 내용과 편집이 매우 우수해 많은 도움이 됩니다. 2개월에 한 권씩 발행되는데, 한 번은 주문이 늦어져 2일 동안 책을 배포하지 못한 적이 있었습니다. 그때 꿈별 친구들이 "Q.T를 못 했다"며 속상해하는 모습을 보고 미안한 마음에 사과했던 기억이 있습니다. 2024년 현재 세나무교회에는 꿈별 유치부 5명, 초등부 13명, 청소년부 5명이 있습니다. 청장년 성도는 55명으로, 아이들까지 포함하면 교인의 23%에 해당하는 비중을 차지합니다. 이 모든 사역이 교사들의 헌신과 수고 덕분에 가능하다는 점에서 깊이 감사하고 있습니다.

이웃과 시대와 함께합니다

　세나무교회의 중심 슬로건은 '더불어 아름다운 건강한 작은교회의 꿈!'입니다. 이 슬로건은 단순히 우리 교회만의 발전을 목표로 하지 않고, 더불어 아름다운 세상을 지향하며 교회의 가치를 실현하겠다는 방향성을 담고 있습니다. 이는 교회의 핵심 가치와도 일맥상통합니다. 핵심 가치의 마지막인 '함께'는 세나무교회의 신앙적 실천의 핵심입니다. '쉼'과 '환대'를 경험하고, '스스로' 성숙한 신자와 교회는 반드시 '함께'해야 한다고 믿습니다. 좋은 신자는 더 많은 이웃과 함께하는 사람이고, 좋은 교회는 지역과 시대와 더불어 존재하는 교회입니다.

　2024년 교회 슬로건은 '그리스도인, 작은 이들의 벗'으로 정했습니다. 이는 예수님이 가장 낮은 곳에서 작은 이들과 함께하셨던 모습을 본받아, 교회와 교인들이 그 사명을 실천하겠다는 다짐을 담고 있습니다. 작년 말, 교회의 공간적 확장이 필요해 예배당을 이전하게 되었습니다. 교인의 수가 늘어난 데다, 특히 아이들이 많아져 교육 공간 확장이 절실했기 때문입니다. 기존의 53평 공간에서 91평으로 확장되면서, 넓어진 공간을 어떻게 이웃과 시대를 위해 활용할지 깊이 고민했습니다.

　이 과정에서 우리는 기독교 단체인 '(사)러빙핸즈'와 협력하게 되었습니다. 러빙핸즈는 도움이 필요한 청소년과 어른 멘토를 1:1로 연결하여 멘토링 사역을 펼치는 단체로, 17년간 활동하며 대통령 표창을 받을 만큼 공신력을 갖춘 단체입니다. 우리는 확장된 예배당 공간을 '러빙핸즈

인천지부'로 활용하기로 하고, 그와 함께 '초록리본도서관'을 개관했습니다. 이 도서관은 청소년을 위한 열린 공간으로, 지역 사회의 필요를 채우는 데 큰 역할을 하고 있습니다. 현재 8명의 교인이 멘토 교육을 이수하고 활동에 참여 중입니다.

도서관을 준비하면서 뜻밖에 또 다른 단체를 알게 되었습니다. '청소년부모지원 킹메이커'라는 단체입니다. 청소년 시절에 임신과 출산을 경험한 이들을 지원하는 단체로, 이들의 자녀 양육, 검정고시와 대학 입시, 직업 교육 등을 돕고 있었습니다. 책을 기증받으러 간 자리에서 킹메이커를 알게 되었고, 대표 집사님께 교회가 어떤 방식으로 함께할 수 있을지 여쭤보았습니다. 뜻밖에도 경제적 지원이나 봉사보다 '예배를 함께 드려달라'는 요청을 받았습니다. 이는 감당하기 쉽지 않은 일이었지만, 교인들이 기꺼이 동참하여 매월 한 차례 청소년 부모와 함께 예배를 드리고, 예배 중에는 자녀 돌봄 봉사를 하고 있습니다.

세나무교회는 또한, 인천에서 진행되는 '고난함께 인천 연합예배'에 참여하고 있습니다. 이 예배는 부활절마다 고난 받는 이웃이 있는 현장을 찾아 함께 예배하고, 헌금과 후원금을 지원하는 사역입니다. 2014년 세월호 참사 당시 부활절에 시작된 이 예배는 가난한 지역 주민, 폐지를 줍는 어르신, 이주노동자, 탈북민, 사할린 동포, 미얀마 난민, 한부모 가정 청소년 등 다양한 이웃과 함께하며 연대의 의미를 되새깁니다. 세나무교회는 매년 부활절 헌금 전액을 이 사역에 보냅니다. 또한, 부활절과 성탄절 절기 헌금은 모두 외부 후원에 사용하며 지역 교회로서의 책임을 실천하고 있습니다.

지역에서의 협력도 빼놓을 수 없습니다. 교회를 개척하면서 지역 목회자 모임이나 교회 연합 모임이 있는지 찾아보았지만 존재하지 않았습니다. 이에 논현동의 오래된 교회 중 하나인 논현감리교회를 찾아가 담임목사님께 목회자 모임을 시작하시면 힘껏 돕겠다고 말씀드렸습니다. 권영규 목사님은 70년 이상의 역사를 지닌 대형 교회의 담임목사로서 개척교회의 후배 목사와 함께하는 결정을 기꺼이 수락하셨고, 이를 통해 '논현지역목회자모임'이 시작되었습니다. 월 1회 조찬기도회를 열며 지역을 위해 기도하고 사역을 협력하고 있습니다.

논현지역목회지모임의 협력을 통해, 우리는 시역에 어린이 물놀이 공원을 설치하는 데 성공했습니다. 신도시임에도 물놀이 공원이 없어 어린 자녀를 둔 부모들이 불편을 겪고 있다는 점에 주목한 결과였습니다. 어린이와 청소년 축제를 개최하며 물놀이 공원 설치에 대한 설문조사를 진행했고, 지역 정치인들과 주민들의 지원을 이끌어냈습니다. 남동구청과 맹성규 국회의원의 협력을 통해 공원이 완성되었고, 공청회에서는 지역 목회자들이 주민 설득에 힘을 보탰습니다.

세나무교회가 입주한 건물은 12층짜리 대형 빌딩으로, 수십 개의 점포가 있는 상업용 건물입니다. 옆에도 동일한 건물이 있어 두 건물 사이에는 작은 쉼터 공원이 조성되어 있습니다. 코로나19 이후 상점 활성화를 돕고, 간접적으로 복음을 전하기 위해 2023년부터 성탄 트리와 빛의 거리를 설치하고 버스킹 등 문화행사를 시작했습니다. 이를 위해 건물 내 입주 교회 6곳이 연합했고, 소풍교회 김창현 목사가 재정을 지원하며 큰 역할을 했습니다. 첫 성탄 트리 점등 예배와 문화행사는 성황리에 마무리되었고, 2024년에도 더 알차고 의미 있는 행사를 준비하고 있습니다. 이 행사는 양쪽 건물 상가번영회가 주최하고, 교회들이 후원하는 형식으로 진행해 상인들과 관공서로부터도 좋은 반응을 얻고 있습니다.

더불어 아름다운 건강한 작은교회의 꿈!

세나무교회의 비전과 꿈은 단순합니다. '쉼과 환대가 있는 공동체를 이루고, 스스로 성경을 읽고 따르는 신자가 되며, 이웃과 시대와 함께하는 하나님 나라를 이루는 것'입니다. 이 비전은 우리의 모든 사역과 계획의 중심에 자리 잡고 있습니다.

우리 교회 규약에는 독특한 조항이 있습니다. 바로 "청장년이 120명이 넘으면 분립준비위원회를 구성해 분립 계획을 수립하고, 200명이 되기 전에 총회 의결로 담임목사가 분립한다"는 내용입니다. 이는 교회가 지속적으로 성장하더라도 그 규모에 제한을 두고, 성장의 열매를 교회의 분립이나 분가를 통해 하나님 나라를 확장하는 데 사용하겠다는 원칙을 담고 있습니다. 분립이나 분가는 지역교회가 독자적으로 결정하더라도, 공교회적 체계인 노회나 지방회와 같은 구조에서 시행하는 것이 바람직합니다. 그러나 세나무교회는 독립교회로 노회나 지방회와 같은 공교회 조직에 속해 있지 않아, 자체적인 분립 기준과 방식을 설정한 것입니다.

요즘처럼 교회 성장이 어려운 시대에 이러한 조항은 비현실적인 이상으로 보일 수도 있습니다. 하지만 주님의 은혜로 교회가 성장한다면, 그 성장의 한계를 미리 정하고 분립과 분가의 방향성을 명확히 해두는 것이 필요하다고 생각합니다. 보통의 교회는 분립이나 개척을 부교역자를 지원하는 형식으로 진행합니다. 이는 부교역자가 목회적 역량을 훈련받고, 적절한 재정 지원과 일부 교인들의 동참으로 새로운 교회를 시작하는 방식입니다. 이 방식은 이상적이지만, 여러 부작용이 발생할 수 있습니다.

대표적인 문제는 지교회의 종속성입니다. 공교회적으로 진행하지 않을 경우, 새롭게 개척된 교회가 본 교회에 종속되는 사례가 종종 발생합니다. 또한, 개척 목사가 목회적 역량이 부족할 경우, 새로 세워진 교회에 적응하지 못한 교인들이 다시 본 교회로 돌아가는 일이 벌어지기도 합니다. 이런 상황에서 부교역자 지원 방식의 분립은 기대만큼 성공적인 결과를 내기 어렵습니다.

세나무교회는 이를 보완하기 위해, 청장년이 120명이 넘을 때 분립을 준비하고 200명이 되기 전에 담임목사가 나가 분립한다는 방식을 택했습니다. 담임목사는 부교역자보다 목회적 경험과 역량이 크기 때문에, 담임목사가 새 교회를 개척하는 것이 더 안정적이고 지속 가능한 방식이라고 판단했습니다. 담임목사가 나가면 적게는 1/4, 많게는 1/3의 교인이 동참할 수 있습니다. 이는 새로 세워지는 교회가 초기부터 자립할 수 있는 기반을 제공하며, 본 교회도 여전히 성숙한 직분자와 100명 이상의 교인이 남아 안정적으로 유지될 수 있는 조건을 갖추게 됩니다. 이러한 방식은 실질적으로 개척과 분립을 성공적으로 이루는 데 더 효과적이라고 생각합니다.

우리 교회는 홀로 빛나는 대형교회를 꿈꾸지 않습니다. 대신 '더불어 아름다운 건강한 작은교회'를 지향합니다. 성경적 공동체를 이루고, 일상의 제자도를 실천하며, 민주적 운영과 공의의 공공성을 중시합니다.

또한, 거룩한 공교회성을 지향함으로써, 한국교회 전체에 건강한 교회 생태계가 조성되기를 소망합니다. 이 꿈이 단지 우리의 세대에서 끝나지 않고, 우리 자녀 세대, 그리고 100년 후, 200년 후에도 이어지길 바랍니다. 건강한 작은교회의 비전이 많은 교회에 확산되고 실제로 시도되기를 간절히 기대하며 기도합니다.

목사도 신자이고, 신자도 성직자입니다. 모두가 하나님의 자녀이며, 주님의 제자이고, 성령님의 인도하심을 받는 신자로서 동등한 은혜 아래 살아가고 있습니다. 소망의 바다 민호기 목사의 찬양 가사처럼, "하나님의 꿈이 우리 비전이 되고, 예수님의 성품이 우리의 인격이 되고, 성령님의 권능이 우리의 능력이 되기를" 간절히 원합니다. 아멘!

노인대학이던 교회
청운교회 이야기

06.
노인대학이던 교회 이야기
청운교회 이야기

목사 임병열

노인대학 첫날 –비가 오다

청운교회는 상가 2층에 있었습니다. 성도들이 모이면서 3층을 추가로 임대해서 쓰다가 건물을 사서 이사를 하자는 의견이 있었습니다. 준비해 오던 건축헌금과 헌금하기로 작정한 몇 사람이 동력이 되었습니다. 지하철 입구에서 가까운 평지에 원래 교회였던 자리가 나왔습니다. 부산에서 평지는 좋은 장소가 갖추어야 할 첫 번째 조건입니다. 평지이고 지하철 출입구가 가까이 있었으니 자연스레 마음이 모였습니다. 매입이 결정되었고, 매매하는 교회의 선의까지 겹쳐서 좋은 조건으로 일이 진행되었습니다.

다 잘 되는 것으로 보였지만 함정이 있었습니다. 헌금을 하겠다. 했던 분들에게 문제가 생긴 겁니다. 작정 되었던 헌금이 취소되었고, 벌써 진행 중이던 일을 멈출 수도 없었습니다. 계획에 없던 큰 대출을 얻었고, 이사를 하는 중에 성도들의 숫자가 반쯤으로 줄었습니다. 오래된 건물을 리모델링하는데 큰 비용이 들었고, 채 마무리하지 못하고 예배를 드리기 시작했습니다. 공사는 그 후에도 계속되어야 했고, 교회 소유의 건물을 얻은 어수선함은 마냥 좋은 일은 아니었습니다. 백여 명 모이다가 반으로 줄어버린 교회는 공사가 얼추 마무리되고 2년 정도 지나면서 다시 반으로 줄어 20명 남짓까지 줄었습니다.

상황을 타개할 방법이 필요했고 당시 교회들 사이에서 관심을 크게 받던 노인대학을 순비하게 되었습니다. 노인대학을 진행하는 여러 교회들을 탐방하고, 적용이 가능한 프로그램을 배워 왔습니다. 작아진 교회가 상황을 타개하기 위해 선택한 노인대학을 위해서 필요한 손이 생각보다 많이 필요했습니다. 어른들은 맞이하고 출석을 관리할 사람이 필요하고, 자리를 안내하고 도와줄 사람이 필요하고, 레크리에이션을 진행할 사람이 필요하고, 예배를 위해 반주할 사람이 필요하고, 한글반을 수준에 맞춰 진행할 사람이 필요하고, 동시에 진행해야 될 다른 학습반을 진행할 사람도 필요했습니다.

새로 얻은 공간도 그리 크지 않아서 예배와 식사, 학습을 모두 같은 공간에서 진행해야 했습니다. 레크리에이션하고, 체조하고, 트로트를 부르던 자리에서 예배도 해야 하는 것에 대한 부담이 있었습니다. 노인대학을 위해서 성도들 전부가 봉사자가 되어야 했습니다. 전부가 동원되고도 모자라 두 가지, 혹은 몇 가지라도 일을 담당해야 했습니다. 그렇게 개학날짜가 3월 첫 주 목요일입니다. 근처의 노인정을 전부 찾아 방문해서 인사를 드렸습니다. 인원이 예상 안 되는 상황에서 점심 식사를 준비했습니다.

노인대학의 준비는 화요일에 시작됩니다. 점심 메뉴를 정하고, 양을 정해하고, 역할을 분담하고, 동선을 미리 예상합니다. 몇 분이나 올지 알지 못하는 상황에서 불안함은 당연했고, 당연함은 기도가 될 수밖에 없었습니다. 따로 기도하라고 할 필요가 없었고, 맡은 이들은 당연히 간절해 졌습니다. 수요일에 장을 보고 수요예배가 시작되기 전에 부지런히 준비를 마칩니다. 목요일 새벽예배를 마칠 때쯤 하늘은 잔뜩 흐려있었습니다. 날은 흐렸어도 비가 오는 건 아니었기에 작은 마당을 꼼꼼히 비질을 합니다. 어제 이미 닦아둔 의자지만 또 닦습니다. 혹시 의자의 줄이 반듯한지 또 살핍니다. 마당은 쓸었지만 골목이 마음에 걸려 비를 들고 골목으로 나섭니다. 매일 걷던 골목이 새삼스럽습니다. 어스름 밝아 새벽에서 아침으로 갑니다.

어제 늦게까지 이런 저런 일로 분주하던 봉사자가 된 성도들이 하나, 둘 도착합니다. 그런데 점점 밝아져야 할 날이 어느 정도에서 멈췄습니다. 더 밝아지지 않습니다. 오히려 조금 어두워진 것도 같습니다. 기어코 빗방울이 떨어지기 시작합니다. 깨끗하게 쓸어둔 마당에 점점이 빗방울이 닿습니다. 망연자실이 무슨 말인지 압니다. 그러나 안다생각했던 것은 어설펐습니다. 망연자실은 마냥 읊을만한 느낌이 아니었습니다. 지하철 입구에서 교회까지 도착하는 50m남짓의 길에 빗방울이 떨어집니다. 점점이 떨어지던 빗방울은 기어코 골목과 좁은 마당을 흘렀습니다. 일찍 도착했던 성도들, 함께 비질을 하고 벌써 닦은 의자를 다시 닦고 줄을 맞추던 목사님과 전도사이던 나는 멍하니 쏟아지는 비를 보며 말이 없습니다. 그렇게 서러울 수가 없었습니다. 교회를 이사하고 어떻게든 수습해 보려던 교회의 서글픔이 비가 되어 흘렀습니다. 망해가는 교회를 지켜보면서 마음에 스며들었던 위태로움이 비가 되어 흘렀습니다.

백여 명이 되던 성도들이 스무 명 남짓이 되면서 뒷자리에 서서 예배드리던 어린 전도사는 맨 앞자리로 자리를 옮겼었습니다. 목사님이 설교하실 때 한 사람이라도 열심히 듣고 반응하는 사람이 있으면 좋겠다 생각했습니다. 사실 뒤에 서있을 이유가 없기도 했습니다. 혹시라도 늦게 도착한 사람을 안내하기 위해, 혹은 갑자기 발생하는 일에 반응하기 위한 뒷자리였으니 필요가 없기도 했습니다. 늦게라도 오는 분은 없었고, 갑자기 생기는 일도 없었습니다. 그냥 조용했고, 가라앉아 있었습니다. 앉아있는 남겨진 사람의 어깨를 눌렀습니다. 경상도 성도들 아멘 잘 안 한합니다. 정말 그렇습니다. 그런 중에 "아멘"하는 사람이 되겠다. 생각했습니다. 그래서 예배자리를 앞자리로 옮겼습니다. 별 말이 아니어도 '아멘' 했습니다. 반듯하게 앉아 있으려 했습니다. 그렇게 버티면서 노인대학을 준비하고 시작한 겁니다. 그리고 시작한 첫날 아침에 비가 왔습니다.

'황당한 일을 당하거나 어찌할 줄을 몰라 정신이 나간 듯이 멍함' 망연자실을 사전에 찾으면 나오는 뜻입니다. 딱 그랬습니다. 너무 황당해서 멍해졌습니다. 백인분이나 준비한 음식들은 어찌하면 좋을까요? 안 되는 교회는 안 되는 겁니다. 괜히 애쓰고 몸부림친 것이 헛된 일이었습니다. 신학교에서 목회 윤리 수업 시간에 만난 교수님이던 목사님의 얼굴을 볼 수가 없었습니다. 잘난 성도들이 떠난 자리를 여전히 지키고 있는 성도들과 눈을 맞출 수 없어 눈길을 내려 흐르는 빗물만 쳐다 봅니다. 좁은 마당을 흘러가는 빗물이 그렇게 서러웠습니다. 기껏 쓸어둔 골목을 흘러가는 빗물이 야속했습니다. 아무것도 할 수가 없는 시간이 지나갔습니다. 약속한 시간이 점점 다가오지만 뭘 해야 할지 아는 사람은 아무도 없었습니다. 그렇게 노인대학 첫날 아침이 되었습니다.

멍하니 내리는 비를 바라보는 중에도 야속한 시간은 흐르고 비는 멈추지 않았습니다. 드물게 비가 많이 오는 3월의 첫 목요일이었습니다. 무력한 우린가 망연자실한 중에도 하나님은 여전히 살아계셨고, 여전히 일하고 계셨습니다. 우산을 받쳐 들고 걸어오는 분이 나타났습니다. 정말 주님 본 듯 반가웠습니다. 한 명을 시작으로 그 다음은 줄줄이 이어졌습니다. 시간이 많이 흘러 20년 전 이야기이기는 하지만 지금도 "64명"은 잊히지 않는 숫자입니다. 20명을 겨우 채우던 교회에 64명이 앉으면 더 앉을 자리가 없는 것처럼 보입니다.

노인대학 첫날이 어떻게 지났는지는 기억도 나지 않습니다. 내리는 비를 보던 멍함이 낯선 어른들과 함께한 어색한 시간으로 채워졌습니다.

레크리에이션도, 트로트를 부르는 노래도, 예배를 어색해하는 어른들의 예배도, 같은 자리에서 하는 식사도 기억이 뚜렷하지 않습니다. 비질한 마당을 흘러가는 빗물처럼 뻑뻑하고, 그리고 특별하게 지나갔습니다. 첫날 64명이 오셨고, 가을학기를 마치고 방학할 때는 200명을 넘겼는데 숫자는 의미가 없었습니다. 더 앉을 자리가 없었습니다. 교회를 수소문해서 쓰지 않는 장의자를 얻어 와야 했습니다. 그래도 모자라 간이 의자를 들여야 했고, 나중에는 어른들이 알아서 더 오지 못하도록 소문을 만들기도 하셨습니다. 누가와도, 뭘 해도 안 되는 청운교회에서 노인대학은 시작이 되었습니다. 우리가 주저앉아 있을 때 하나님은 일하고 계셨고, 망연자실 할 때 하나님은 목적을 가지고 일하셨습니다.

김치가 금치(?)가 된 여름

　작은 교회가 시작한 노인대학은 염려했던 것과 달리 잘 진행 되었습니다. 매주 참석하시는 어른들은 급하게 늘었고, 없는 자리를 만들기 위해 의자를 더 들여야 했습니다. 순서를 맡았던 성도들도 각자의 역할에 조금씩 익숙해졌습니다. 트로트를 맛깔나게 부를 수 있게 되었고, 자릴 꽉 채운 어른들의 시선에도 여유를 찾게 되었습니다. 한글반에서는 자음, 모음을 넘어 글자를 만들어 배우기 시작했고, 중급반에서는 동시를 쓰고 배웠습니다. 어른들도 예배에 익숙해지셨습니다. 다만 문제는 식사였습니다.

　교회에 본당 말고는 딱히 다른 공간이 없어서 앉은 자리에서 식사해야 합니다. 작은 공간에 많이 앉으셨으니 앉은 사람이 움직여서는 혼란을 가릴 수가 없습니다. 그래서 배식한 식판을 앉은 자리까지 전달해야 합니다. 복도에 길게 줄을 만들고 안쪽에서 바깥쪽에 앉은 분들까지, 앞쪽에서 뒤쪽까지 전달합니다. 노인대학에서 봉사하는 사람들을 떠올리면서 천사처럼 착할 거라 여기기 쉽지만, 현장은 착함과는 조금 거리가 있습니다. 나이가 들면 아이가 된다는 말을 식판을 나르다 보면 실감하게 됩니다. 식사를 먼저 할 수 있는 자리를 두고 눈치싸움이 어지간합니다. 매번 먼저 식사하는 분들이 생기고, 그들을 향한 감정이 진하게 섞인 질타가 쏟아집니다. 거기다가 몰래 음식을 싸가려는 분들까지 섞이면 그야말로 난장판입니다.

먼저 음식을 받은 분들이 음식을 봉지에 싸고는 다시 받으려고 배식하는 봉사자들에게 찾아 나옵니다. 여름에는 음식이 상할 염려도 있고, 또 노인대학을 마치고도 집으로 바로 가지 않는 분들이 많아서 말려야 합니다. 그렇지만 음식을 싸야 하는 뻔 한 형편을 아니, 말리는 일도 쉽지 않습니다. 어른들과 실랑이 하는 일이 일상이 되어 갑니다. 게다가 귀가 어두운 분들이 많아 큰 소리로 말해야 하니 착함이 아니라 과격함이 봉사하는 사람들의 먼저 보이는 모습이 됩니다. 이런 혼란한 시간이 지나면서 나름의 규칙들이 만들어지고, 서로에게 익숙해져 갑니다. 같은 어른들을 같은 시간에 만나다 보니 얼굴이 익숙해집니다. 봉사자들과도, 그리고 학생들 사이에도, 작은 교회에서 하는 노인대학에도 익숙해졌습니다. 정해진 앉는 자리가 생기고, 노인대학에 친해진 친구도 생겼습니다. 누가 노래를 잘하는지, 또 누가 고집을 피우는지, 또 누가 어떤 사정을 가졌는지 조금씩 익숙해져 갔습니다.

노인대학을 향한 선한 손길들이 이어졌습니다. 노인대학을 시작하던 해 여름에 유독 배추가격이 올랐습니다. 뉴스에서 김치가 아니라 금치가 더 어울린다. 는 소식이 전해졌습니다. 당연히 작은 교회의 노인대학에도 시름이 깊어가던 중에 김치를 수출하던 업체에서 푸드뱅크를 통해 연락이 왔습니다. 통관문제로 김치가 유통기한을 넘겨버렸답니다. 항구에 인접한 냉동 창고로 담임목사님과 달려갔습니다. 김치를 나눠주는 분들에게 노인들을 섬기는 곳이니, 더 넉넉히 달라고 해서 승합차에 더 실을 수 없을 만큼 실었습니다. 햇살이 참 뜨겁고 더운 날이었는데 냉장보관되던 김치를 가득 실고 돌아오는 길은 지금 생각해도 가슴이 먹먹해 집니다.

　김치를 담그지도, 그렇다고 살수도 없던 형편에 금치를 잔뜩 싣고 돌아오면서 "참 감사하다." 이야기를 나누던 중에 목사님도 아들뻘 되는 젊은 전도사도 한참을 울었습니다. 버림받은 교회가 아니라는 확신이 생겨서 더 먹먹했습니다. 하나님의 함께 하심을 알겠기에 더 그랬습니다. 그렇게 음료수도 오고, 돼지고기도 왔습니다. 그러던 어느 저녁 예배 시간에 목사님이 지나가는 말로 노인대학에 생선을 좀 대접해 봤으면 하셨습니다. 그런 다음 월요일에 자갈치 시장 상인에게 연락이 와서 생선을 가지고간 들통에 가득 담아 오기도 했습니다. 하나님은 여전히 살아계셨고, 작은 보잘 것 없는 교회를 향해 주목하고 계셨습니다.

세례 받는 날

노인대학을 시작하면서 교회에도 작은 변화가 나타나기 시작했습니다. 패배감을 덮어 쓰고 있던 남은 성도들은 노인대학의 봉사자가 되었고, 노인대학에서 하나님의 함께 하심을 누리기 시작했습니다. 여전히 작은 교회이고, 여전히 어려운 교회였지만 노인대학 어른들 중 몇 명이 주일 예배에 참석하셨습니다. 노인대학에 결석하신 분들이 출석을 메꾸기 위해 주일 예배에 참석하고 출석으로 인정을 받은 겁니다. 개근상 이라고 해봐야 별 것도 없었는데 어른들의 관심은 대단했고, 성실함은 주인의 입장이었던 우리가 더 놀랄 만큼이었습니다. 어른들이 주일 예배에 오시면서 채워지는 빈자리에는 특별한 감동이 있습니다. 다른 의도가 있다는 것을 알아도 감동은 전혀 줄어들지 않습니다. 빈자리를 채워주는 사람은 돈보다 반갑고, 긴 겨울을 지나면서 기다린 봄 만큼 반갑습니다. 그런 중에 교회를 처음 오시는 분들도 계셨으니 감격은 오죽이나 했을까요?

시간이 흘러 뜨거운 여름을 지나면서 예배에 참석하시는 어른들의 발걸음은 계속 되었습니다. 이제는 노인대학 개근상이 아니라도 의례히 예배를 찾아 나오시게 된 겁니다. 이런 분들을 대상으로 세례에 대한 감동이 있었습니다. 추수감사절을 세례 날짜로 잡고 준비를 시작했습니다. 몇 차례 광고를 하고 설득의 과정을 거쳐 신청을 받았고 아홉 분이 세례 교육을 시작했습니다. 4주간의 교육을 마치고 세례 당일이 되었습니다. 년 간 계획을 세우면서 매번 성례를 계획하고 세례를 계획하기는 하지만 작은 교회에서 세례는 매년 하는 성례가 되지는 못합니다. 세례를 그것도 아홉 명이나 되는 세례자를 맞이하는 일은 성도들 사이에서도 큰일입니다. 감사함이 있고, 잠잠할 수 없는 감격이 있습니다.

앞자리에 앉아 예배드리던 전도사에게도 할 일이 생겼습니다. 예배 중에 앉아서 '아멘'만 하면 되던 전도사는 이리저리 분주하게 되었습니다. 세례 날 아침도 그랬습니다. 세례교육을 마친 어른들이 제시간에 도착하시는지 확인하고, 진행되는 순서를 알려드리고, 가운을 입혀, 순서대로 앉혀 드렸습니다. 어떻게 시간이 흐르는지도 모르게 지나가고 세례문답 순서가 다가오고 있었습니다. 왼쪽 끝자리에 앉아 계시던 할아버지 한 분이 갑자기 일어나서 뒤로 걸어 나오셨습니다. 세례를 위해 제일 앞쪽에 앉아 계셨으니 모두의 시선은 당연히 집중입니다. 예배를 인도하고 계신 목사님은 다른 말을 할 수 있는 상황이 아니었고, 뒤에서 지켜보고 있는 전도사가 어떻게든 해야 했습니다. 머뭇거림 없이 꼿꼿한 걸음을 걸어 나온 할아버지에게 작은 목소리로 물었습니다. "내가 세례 받는 걸 아들하고 이야기를 하지 않았어. 세례를 받으면 앞으로 제사는 못 지내는 거잖아? 지금은 말고 다음에 하는 게 좋겠어" 틀린 말이 하나도 없었습니다. 당황한 중에도 그러시라 했고, 할아버지는 예배 중에 집으로 가셨습니다.

해프닝은 있었지만 여덟 분은 세례를 받으셨고, 예배는 마쳤습니다. 은혜로 풍성했고, 하나님의 주신 위로와 격려가 가득한 날이 지나갔습니다. 예배 중에 집으로 가셨던 꼬장꼬장한 할아버지의 말이 계속 가슴에 남았습니다. 체면이 중하고, 남들에게 보이는 모습이 중한 세상을 살지 않나? 엄숙하게 진행되는 예배 중에 일어서서 나오는 일이 어찌 쉽기 만 할까? 그런데도 걸어 나오신 겁니다. 세례가 아니라 장로로 안수를 받고, 권사로 세워지고 나서도 헛짓을 멈추지 못하는 이들을 얼마나 많은가? 지금은 아니라도 나중에 하면 되지 하는 사람들 얼마나 많은가? 할아버지는 그렇게 적당히 타협하지 못하셨던 겁니다. 세례를 받고 나면 되돌릴 수 없다. 생각하셨던 겁니다. 묵직한 돌 하나가 가슴에 올려 졌습니다.

　노인대학 학생에 비하면 저는 먼저 믿은 사람입니다. 전도사의 신분이었고, 목회자가 되기 위한 수련의 과정을 거치는 중이었습니다. 돌이키지 않을(?), 없을 길이라 여기고 있었습니다. 노인대학에 오셨다가 예배를 드리게 되고, 세례까지 받으시는 할아버지의 모습을 지켜보면서 목회자로 살려는 자신의 모습을 저울에 올려보게 되었습니다. 어르신의 순수하고, 올곧은 마음이 부럽기도 하고, 그래서 부끄럽기도 했습니다. 꼬장꼬장하던 할아버지는 다음 해에 세례를 받으셨고, 집사님이 되셨습니다. 담임목사가 된 뒤 어느날 교회의 남자 성도들만 모시고 좋은 식당을 찾아 함께 식사하는 자리가 있었습니다. 음식이 나오고 음료수가 돌려진 다음에 할아버지 집사님이 한 마디만 하겠다. 하십니다. "어렵고 작은 교회에 나와 주셔서 고맙습니다. 언제라도 기회가 있으면 고맙다고 말하고 싶었다." 하셨습니다. 노인대학생이 되면서 세례를 진지하게 고민하던 새 가족은 10여 년 지난 후에 교회를 든든하게 지키는 어른이 되어 계셨습니다.

작은 교회에 와준 젊은 목사를 반겨주는 집사님이 되셨고, 작은 교회에서 함께 신앙하는 젊은이들에게 고맙다 말해 주는 어른이 되셨습니다. 꼬장꼬장한 할아버지 고 권오성 집사님은 처음 뵐 때부터 당뇨병을 알고 계셨고, 매일 인슐린 주사를 맞으셔야 할 만큼 쉽지 않은 상황이었습니다. 그런데도 예배에 빠지는 법이 없으셨고, 심방을 가면 빈손으로 보내는 법이 없으셨습니다. 구십을 눈앞에 둔 2022년 봄에 먼저 천국으로 가셨지만 여전히 꼬장꼬장한 모습은 여전하셨습니다. 때때로 설교 중에라도 손을 들고 질문을 하시던 모습이 눈에 선합니다. 권오성 집사님, 보고 싶습니다. 그리고 어렵고 힘든 교회를 여전히 지켜 주셔서 감사합니다.

노인대학 학장이 되다

　전도사로 청운교회에 있을 때 담임목사님은 사례를 받지 않고 계셨습니다. 노인대학으로 교회에 활기가 생기기는 했으나 여전히 작은 교회였고, 어른들이 예배에 나오면서 출석 성도의 숫자는 많아졌으나 재정으로 연결되지는 않았습니다. 전도사는 교회에 부담이 되는 것을 부담스러워 하던 중에 사역지를 옮길 기회가 생겼습니다. 어린 시절에 다니던 울산의 교회에서 전도사를 구한다는 소식을 들었고, 신대원의 졸업과 강도사 인허를 앞두고 옮겼습니다. 여름을 지나면서 새로운 교회에서 사역을 시작했습니다. 다음해 가을쯤부터 옮겨간 교회는 횡령과 세습 문제로 교회가 흔들렸습니다. 교회가 흔들리는 중에 성도들과 유독 가까운 상노사는 교회의 부담이 되었고 사임을 강요당하게 되었습니다.

　사역을 그만두었다는 소식을 들었던 청운교회 목사님이 설교준비를 해서 내려오라 하셨습니다. 강도사가 되고도 한 번도 강단에서 설교할 기회를 얻지 못했던 나는 첫 설교를 청운교회에서 하게 됩니다. 사역하던 교회의 사정을 들은 목사님은 "그럴걸 왜 옮겨갔느냐"고 나무라시면서 사역할 만한 교회를 수소문 해주셨습니다. 우여곡절 끝에 연고가 전혀 없는 대전으로 사역지를 찾아 옮기고 7년 동안 대전에서 머물렀다. 의도하지는 않았지만 대전에서 사역했던 교회도 노인사역을 열심히 하는 교회였습니다. 대형교회에서 보낸 8년의 시간은 사역자로서 배우고 훈련하는 기회가 되었다. 이런저런 상황을 다양하게 경험할 수 있었고, 대형교회가 가지는 어려움과 한계를 가까이에서 지켜볼 수 있는 기회도 되었습니다.

노인대학을 더 크게 하는 교회였기에 노인사역은 계속 이어졌다. 사회복지학과에 편입해서 공부한 것도 노인사역이 계속 연결되고 있었기 때문이었습니다. 의도하고 계획한 것은 아니었으나 복지사역을 계속 이어가고 있었습니다. 계속해야 할 일이면 제대로 배우는 것도 좋겠다 생각했습니다. 정신없이 시간이 흘러갔습니다. 교육부 사역을 하고, 문화사역을 하고, 성시화 운동에도 담임목사를 따라다니면서 경험할 수 있었습니다. 방송실에서 일하기도 하고, 여느 부목사들이 하는 일들을 배우고 익히면서 7년의 세월을 지냈습니다. 그러다가 청운교회 목사님의 투병 소식이 들려왔다.

청운교회를 떠나 울산을 거쳐 대전에서 사역하는 동안 청운교회 목사님은 위암을 앓고 계셨습니다. 첫 수술 이후에 항암을 잘 마치고 회복되는 듯했으나 이 년 만에 재발했습니다. 재발한 뒤에는 더 이상 사역은 힘들었고, 제게 내려오겠나? 제안해 주셨습니다. 교회를 떠나있는 십 년 동안, 목사님은 노인대학과 복지사역으로 사역하고 계셨지만 교회의 형편은 그리 나아지지 않았습니다. 그러다가 투병하시면서는 교회는 더 어려워졌습니다. 노인대학을 통해서 등록하셨던 어른들과 노인대학에서 봉사하던 분들은 여전히 교회를 지키고 있었습니다. 교회에서 하는 노인대학이 그즈음에는 노인대학이 교회를 유지하는 지경에 이르렀습니다.

건물을 얻으면서 생긴 빚은 여전히 그대로 남아있었고, 제자를 담임목사로 청빙을 하면서도 못내 미안해하셨습니다. 전도사 시절에 교육부에서 교사로 함께 섬기던 성도들도 작은 교회에 오면 고생할 것이 뻔해 청빙을 주저하셨다고 합니다. 교회와 목사님의 생각과는 달리 제게는 더없이 감사하고 반가운 소식이었습니다. 큰 교회에서 사역한 8년 동안 열심히 한다고는 했으나 한계에 닿아있었습니다. 무엇보다 새벽예배 차량 운행부터 시작해서 밤늦게 까지 계속되는 사역에 세 아이에게 미안한 마음이 컸습니다. 대전으로 가던 해에 막내가 태어났고 한 참 손이 많이 가는 때를 지나는 아이들과 더 늦기 전에 함께 시간을 보내고 싶은 마음이 있었습니다. 부산으로 가게 되었다는 이야기를 듣고 아이들이 "이제 아빠가 덜 바쁘게 된 거야?" 했을 정도니 말입니다. 막내가 초등학교에 입학하고, 둘째가 3학년, 큰 아이가 6학년이 되는 해에 부산 청운교회에 담임목사가 되었습니다. 40이 되면서 노인대학의 학장이 되었습니다.

교회가 위치한 부산광역시 북구는 노인대학을 운영하는 교회들이 청운교회 말고도 더 있습니다. 청운교회를 제외하고는 대형교회들입니다. 사실 노인대학을 운영하기에 청운교회는 지나칠 만큼 작다. 담임목사가 되고, 동시 노인대학의 학장이 되면서, 교회로서의 정체성을 잃지 않기 위한 몸부림이 시작되었습니다.

20명도 안 되는 성도가 예배드리는 주일보다는 200명쯤 예배하는 목요일이 더 즐거웠습니다. 어르신들이 젊은 목사를 기꺼이 학장으로 대접해 주셨습니다. 함께 일하는 성도들은 전도사 때부터 교사와 사역자로 함께 했던 분들이라 호흡을 따로 맞출 필요도 없을 만큼 가까웠습니다.

손님을 맞이하는 주인의 입장이었으나 주는 것보다 언제나 받는 것이 더 많았습니다. 젊은 노인대학 학장을 어른들이 안쓰럽게 봐주셨습니다. 때때로 사탕을 쥐어주시기도 하고, 골목 어귀까지 가서 마중하면 오히려 더 반가워하시고 별것도 아닌 가벼운 인사에 과분하게 기꺼워해 주셨습니다. 아무래도 젊은 목사가 일만 많은 작은 교회의 노인대학의 학장이 된 것에 더 안쓰럽게 여기셨던 것 같습니다. 게다가 적당히 있다가 도망갈까봐 걱정을 하신 것도 있었던 것 같습니다.

점심 식사가 끝나면 어떤 분들은 침술과 뜸을 떠주시는 봉사자들과 함께 계시는 분들도 있고, 작은 마당에 앉아 장기를 두시는 분들도 계십니다. 그 곁에서 얼쩡거리고 있으면 말을 걸어 주십니다. 한번은 할아버지 한분이 장기판에 훈수를 두시다가 "목사님 힘들지요?" 하고 이야기를 꺼내십니다. 조심스러워하는 모습이 표정에 담겼습니다. "목사님 노인대학을 잘하려면 기억하셔야 할 게 있습니다. 노인들을 볼 때 드라마 보듯이, 영화를 보듯이 하세요. 버릇을 고치고, 가르치려고 하면 서로가 피곤하고 얼마 못가서 지치게 됩니다. 그냥 영화 보듯이 지켜보세요." 하신다. 오랜 세월을 산 경험에서 오는 지혜가 잔뜩 묻어 있었습니다. 젊은 학장을 향한 애틋한 사랑이 한껏 담겨있었습니다.

섬기는 자리에 있으면서 매번 느끼는 거지만 섬기는 자리에서 얻게 되는 섬김은 가슴을 먹먹하게 합니다. 섬기는 자리에 있으면서 닳고, 깎여 나가는 부분이 있지만 또 한편으로 채워지고, 또 한편으로 풍성하게 되는 것도 분명하게 있습니다. 드라마 보듯이, 영화 보듯이, 가르치는 사람이 아니라 섬기는 사람으로 존중하고, 존경하는 사람이어야 합니다. 수여자가 아니라 수혜자인 것을 잊지 말아야 합니다. 억지로 생각하고 있어야 하는 게 아닙니다. 마땅히 그런 것을 잊지 않으려는 노력이 필요합니다. 식사시간에 먼저 먹겠다고 싸우고, 반찬을 더 얻겠다고 큰소리를 내는 일이 매주 일어납니다. 먼저 음식을 받아 봉지에 담아두고 금방 다시 받는 분들이 꽤 여러 명입니다. 순서가 늦어진다고 짜증을 내는 분들이 계십니다. 그 사이에 있으면 한심해 보이기도 하고, "왜 이러시냐" 타박해야 할 경우도 많습니다. 그런 중에도 수여자가 아니라 수혜자의 태도를 유지하려면 요령이 필요합니다. 드라마 보듯이, 영화 보듯이~

어느 날 오후에는 점잖은 할아버지 한 분이 잠깐 보자고 하십니다. 교회 앞에 차 한대를 겨우 세우는 좁은 마당에 오후가 되면 해가 잘 듭니다. 따뜻한 해가 든 오후에 몇 번을 접은 광고지 한 장을 내밀어 손에 쥐어 주십니다. 어느 마트의 할인 행사 광고지였는데 뒤편에 깨알 같은 글씨가 가득합니다. 같은 지역의 교회에서 하는 노인대학들은 요일을 달리해 운영됩니다. 처음 노인대학들이 설립될 때 어른들이 점심 한 끼라도 드셨으면 하는 바람에 그렇게 된 겁니다. 청운교회가 목요일을 맡았고, 다른 교회에서도 각자 다른 요일에 노인대학이 진행이 됩니다. 어른들이 요일을 바꿔 가면서 모든 노인대학을 다니십니다. 노인들이 여러 목사의 설교를 모두 듣고 계시는 겁니다.

광고지 뒷면에는 각 교회의 목사들의 설교가 요약되어 있었습니다. 어떤 목사는 자기 자랑을 많이 한다. 어떤 목사는 설교가 너무 길다. 어떤 목사는 한 이야기를 또 하고, 또 하고 한다. 광고지를 보고 있는 데 옆에 있던 다른 어른도 그렇다 맞장구를 치십니다. 기겁을 할 일이었습니다. 늙었다고, 가난해서 밥 얻어먹으러 다닌다고 사리 분별이 없는 것은 아닙니다. 대충 하는 설교에 대해 알고 계셨습니다. 대충하는 예배를 알고 계셨습니다. 젊은 목사가 설교를 참 잘한다고 하시는데 칭찬으로만 들리지는 않았습니다. "지금처럼 해라. 시간이 지나면서 방심하지 말고 지금처럼 해라" 하십니다. 다 안다고, 준비는 하는지, 진심을 담았는지 안다고 그러니 지금처럼 열심히 하라 십니다.

노인이라서, 한 끼 식사를 얻어먹으려고 모였고, 음식을 베풀어 주는 입장이라고 함부로 대해도 되는 분들은 아니었던 겁니다. 밥을 얻어먹으려고 오기는 했으나 생각은 있고, 나름대로 평가를 하고 계셨던 겁니다. 그런 중에 작은 교회의 노인대학은 칭찬받는 노인대학이었고, 어른들 섬기는 일을 잘하는 노인대학이었습니다. 노인대학 학장 중에 제일 젊었고, 멀리 얼굴만 보이면 빨리 걸어 마중 오는 살 가운 학장이고, 비 오는 날이면 일부로 준비한 큰 우산으로 함께 비를 피하는 로맨틱한(?) 학장입니다. 작아서 식사하는 일도 불편하고, 화장실도 불편합니다. 그러나 칭찬받는 봉사자가 있었고, 어른들을 향한 진심을 인정받는 젊은 학장이었습니다.

소풍 가는 날

　노인대학에서 일 년에 두 번 소풍을 갑니다. 봄과 가을에 매년 두 번씩 이십 년을 소풍을 다녔습니다. 여러가지 사정으로 학생들 전체가 참여하지는 못합니다. 신청을 받아 45인승 버스 두 대를 동원해서 하루에 다녀올 수 있는 장소를 선택합니다. 매번 장소를 선택하는 일은 항상 고민이 많습니다. 어른들의 소풍이라 동선을 생각해야 하고, 단체로 움직이는 거니 식사를 고민해야 합니다. 거리가 너무 멀어도 힘들고, 너무 가까워도 흥미를 얻지 못해 인원을 채우기가 어렵습니다. 오르막이 많아도 안 되고, 볼거리가 너무 적어도, 많아도 불편함이 있습니다. 상가가 너무 많아도 안 되고, 너무 없이도 곤란합니다. 상가가 너무 많으면 곳곳으로 스며들어 찾기가 어렵고 어른들의 지나친 소비를 막아야 하기도 합니다. 적당한 거리마다 화장실이 꼭 있어야 합니다. 생각보다 자주 실수를 하시는 분들이 계셔서 화장실은 양보할 수 없는 조건이 됩니다. 대형버스를 세울 만한 주차장과의 거리가 적당한지 까지 챙겨보아야 합니다.

　사진을 대하는 태도는 분명하게 두 부류로 나뉩니다. 주름이 많아진 얼굴을 사진으로 남기기를 주저하시는 분들과 어떻게든 한 장이라도 더 찍어 두어야 한다 생각하시는 분들입니다. 노인대학 입장에서는 기록을 위해서라도 단체사진 한 장은 남겨야겠기에 주차장에서 멀지 않은 곳에 아직 어른들이 흩어지기 전에 찍어 둡니다. 단체사진 촬영 후 이동 행렬이 너무 길어지지 않도록 봉사자들을 배치해야 합니다.

다른 노인대학들과 소풍이 겹치는 일이 많기 때문에 소속을 확인할 이름표를 걸어 드려야 합니다. 이름표에는 학생의 이름과 학장의 전화번호, 담당 봉사자의 전화번호를 크게 인쇄합니다. 혹시라도 일행에게서 떨어지게 되면 누구에게라도 부탁해서 이름표에 있는 전화번호로 전화를 하도록 몇 번이고 당부합니다. 어떤 장소를 선택했느냐에 따라 소풍 참가 신청의 호응이 갈리기는 하지만 대부분 두 대를 가득채운 90명이 일행이 됩니다. 소풍 날짜가 잡히고 장소가 결정이 되면 답사를 다녀오면서 찍은 사진을 보여드리면서 신청자를 모집합니다. 보통은 광고하는 당일과 그 다음 주가 되면 마감이 되는데 그러고 나면 본격적인 소풍준비가 시작됩니다.

소풍날에는 참석하는 분들의 삼시세끼를 다 준비합니다. 소풍날에 잠을 설치던 초등학생들의 모습을 노인대학에서 확인할 수 있습니다. 작은 교회 새벽예배라고 해봐야 할머니들 두엇과 권사님 한두 분 정도가 전부인데 소풍날이 되면 새벽예배에 참석하시는 분들도 계십니다. 그러니 소풍은 새벽예배가 시작인 겁니다. 아니 봉사자들에게는 전날부터 이미 시작이 됩니다. 소풍 날 아침 식사로 호박죽을 대접하는데 호박죽을 쑤는 일이 당일 새벽에 할 수 있는 일은 아니라 그렇습니다. 수요예배가 시작될 즈음이면 종일 준비한 호박죽이 완성되고 개인 용기에 담아 예배가 진행되는 중에 식혀둡니다. 예배를 마치면 넉넉하게 쑨 호박죽은 먼저 교회에 속한 어른들과 성도들 가정에 나눠지고 밤을 지냅니다.

새벽예배를 마치면 도시락을 준비합니다. 마땅한 식당을 찾으면 봉사자들의 일손을 좀 덜어 줄 텐데 90명이 한꺼번에 식사할 수 있는 식당이 그리 쉽게 찾아지지는 않습니다. 밥을 앉혀두고, 국을 끓이고 서너 가지 반찬을 준비합니다. 밥에 뜸을 들일 즈음이 되면 미리 주문해둔 수육이 도착 합니다. 국이 끓고 나면 보온병에 담을 물을 끓이고, 커피를 탈 뜨거운 물을 따로 준비합니다. 어른들의 믹스커피 사랑이 지극해서 이를 뺄 수가 없습니다. 밖이 어스름 밝아지고 봉사자들과 학생들이 차차 도착이 됩니다.

소풍을 함께 할 식구들이 어느 정도 도착이 되면 출석을 확인 할 겸 준비한 간식과 이름표를 나눕니다. 차량별로 봉사자들이 정해졌고, 봉사자들은 같은 차로 움직일 학생들의 이름과 전화번호를 가지고 있습니다. 함께 할 식구들이 도착하시는 대로 탑승할 차량과 인솔할 봉사자를 확인합니다. 이름표를 목에 걸어 드리고, 1인분씩 묶어둔 간식 주머니, 그리고 아침으로 드실 호박죽을 나눠 드립니다. 그 사이에 버스기사님들과 연락해서 도착을 확인하고 차에 도시락을 실어 둡니다. 도착이 늦어지는 분들을 확인하고 기다려야 할지, 출발해야 할지 결정 합니다. 그야말로 정신없는 두 시간 정도를 보냅니다.

한 번은 모든 일을 무사히 마치고 두 대의 차에 각각 타서 기도하고 출발을 했습니다. 그리고 5분도 지나지 않아서 함께 계시던 어머니가 사색이 되셨습니다. 부모님은 울산에 계시는데 소풍 때가 되면 일손을 거들기도 하고, 소풍을 함께 하기도 하려고 내려오시고는 했습니다. 바쁜 며느리 대신 아이들 챙겨서 학교에 보낸 뒤에 교회로 오셨다가 버스에 함께 타신 겁니다. 일행을 태운 버스가 고속도로에 올라서는 순간에 주전자를 가스렌지에 올려둔 게 생각이 나시 겁니다. 그러는 사이에 버스는 고속도로를 올라가 속도를 높이고 있었습니다. 차를 돌리기에는 이미 늦었습니다. 집 근처 초등학교에 다니던 아들을 동원하기로 했습니다. 학교 행정실로 전화를 해서 아들의 담임선생님을 찾고, 아들을 집으로 보내달라고 부탁을 드렸습니다. 정신없는 어머니를 타박하는 아버지의 잔소리를 들으면서 시간이 지나갑니다. 하루보다 긴 삼십 분쯤 지나고 아들에게 연락이 왔습니다. 물이 다 졸아 버렸으나 무사히 불을 껐다고, 아이고~ 아버지의 타박하는 목소리는 오히려 커졌으나 듣는 마음이 안심이 되니 타박하는 소리도 반갑습니다.

한 시간에 한 번씩은 반드시 휴게소에 들려 화장실에 가시게 해야 합니다. 버스가 주차하는 자리에서 화장실을 가려면 휴게소에 드나드는 차들과 얽히기 마련입니다. 아무래도 걸음을 어눌한 어른들의 안전을 위해 봉사자들이 분주해 집니다. 앞만 보고 걷는 아이처럼 주차장을 횡단하는 경우가 많아 차를 막아 세워야 하고, 때로 어른들을 막아 세워야 합니다. 고속도로 휴게소에 들리는 일이 한 편 분주하고 번거롭지만, 화장실을 다녀오시면서 챙겨 오시는 간식은 소풍에서 봉사자들이 누리는 특별한 즐거움이 됩니다.

소풍장소에 도착하는 시간을 의도적으로 점심식사 시간이 되도록 합니다. 도착하면서 단체사진을 찍고 가까운 곳에 식사를 하기 위해 미리 정해둔 자리로 이동합니다. 도시락을 챙겨 드리고, 애착 하시는 믹스 커피도 한 잔씩 타서 드리면 주변을 돌아볼 시간이 시작됩니다. 이때부터 젊은 학장의 역할이 돋보이게 됩니다. 학생들 한 분, 한 분 쫓아다니면서 사진을 찍어드립니다. 사진 찍기를 거절하는 분들도 계시기에 억지로라도 찍어야 합니다. 그렇지 않으면 나중에 투덜거릴 일만 남으니 바쁘게 뛰어다녀야 합니다. 어른들의 걸음이 제각각이라 따라 다니려면 어지간한 체력이 아니면 어렵습니다. 남은 평생에 가장 젊은 때를 기억할 사진 한 장을 남겨드리는 일입니다. 당장은 싫다 하셔도 현상해 드리면 다음 소풍을 기다리는 이유가 되기도 합니다. 뛰어다니면서 같이 찍기도 하고, 함께 걷는 분들과 찍어드리기도 하면서 소풍을 누립니다.

아기의 시간이 즐기우려면 엄마들의 손길이 필요한 것처럼 어른들도 꼭 그렇습니다. 이쯤 되면 사실 소풍을 어디로 갔느냐는 그리 중요하지 않게 됩니다. 그냥 볕이 좋은 날이면 좋고, 함께 한 사람들이 좋으면 좋습니다. 함께 소풍간 어른들의 1/3 정도는 식사한 자리 주변에서 그리 멀리 떨어지지 않으시니 더 그렇습니다. 그러다가도 손자같은 학장이 "저기서 사진 찍으면 예뻐요," "조금만 더 가면 좋아요," 손잡아 끌면 못 이기는 척 따라와 주십니다. 나중에는 사진 찍을 만한 곳에 자리를 잡고 쫓아다니느냐고 바쁜 학장이 오기를 기다리기도 하십니다. 소풍을 다녀오고 그 다음 주가 되면 교회 벽에 사진을 붙여놓고 전시회를 합니다. 소풍 다음 주까지 소풍의 흥겨움은 계속 이어집니다. 함께 했던 분들은 자신의 얼굴을 찾느냐 그렇고, 함께 하지 못한 분들은 아쉬움이 가득함으로 사진 앞에 머물러 계십니다. 교회앞 골목을 지나는 행인 까지 함께하면 소풍은 아쉬움이 되고, 추억이 됩니다. 그리고 다음 소풍을 향한 기다림이 됩니다.

　식사 후에 두 시간쯤 소풍을 즐기고 나면 돌아갈 시간이 다가옵니다. 돌아오는 버스에 한 분씩 찾아서 태우고 인원을 확인하고 출발하면서 교회에 남아 있던 봉사자들에게 연락합니다. 교회에 도착하면 저녁때가 되니 그냥 집으로 가시면 저녁을 챙기기가 번거롭게 됩니다. 그래서 노인대학을 처음 시작할 때부터 소풍날은 아침 호박죽, 점심 도시락, 저녁 소고기 국밥으로 세끼를 모두 챙겨드립니다. 돌아오는 길 마지막 휴게소를 지나면 목에 걸었던 이름표를 회수하고, 저녁 식사를 하고 가시라 당부하면서 기사님과 인사를 나눕니다. 매번 같은 버스를 이용하는 경우가 많아서 기사님과도 익숙합니다. 차에서 내려 교회에 도착하면 바로 식사를 시작합니다. 귀가를 서두르는 어른들과 인사를 나누고 봉사자들도 식사를 합니다. 소풍에 함께 했던 봉사자들의 식구들도 이때쯤이면 모두 교회로 와서 함께 식사하는 경우가 많습니다. 하루 종일 수고한 엄마에게 저녁을 또 맡겨둘 수 없으니 말입니다. 퇴근해 교회로 온 청년이 약국에 들려 사온 피로회복제를 받으면 소풍이 마무리 됩니다.

성경학교를 시작하다

　노인대학에서 예배하고 말씀을 전하는 일에 주일 예배와 비교해서 눈에 띄는 양보는 없습니다. 주일 설교만큼, 아니 오히려 더 열심히 준비하고, 때때로 과격한 본문을 건너뛰지도 않았습니다. 그럼에도 아쉬움은 언제나 있었습니다. 2016년 여름방학을 앞두고 성경학교를 하면 좋겠다. 생각했습니다. 교회에 몇 안 되는 아이들을 위해 여름 성경학교를 준비하면서였습니다. 노인대학에서도 성경학교를 할 수 있지 않을까? 말씀을 가르쳐야 할 필요는 오히려 노인대학이 더 절실하지 않나? 교회학교 아이들은 모두 아버지가 목사님이거나, 엄마가 권사님이고, 노인대학의 봉사자입니다. 그러다 보니 아이들은 교회에서 살다시피 합니다. 내 주일에 예배드리고, 오후에도 예배드리고, 수요일에도, 계절마다 함께 여행도가고, 캠핑도 가는 아이들에게 필요한 성경학교라면 노인들을 향한 오히려 더 크다. 여겨졌습니다.

　봉사자들과 의논하기 시작했습니다. '의논'이 꼭 필요했던 것이 '하자'는 목사가 하는 일보다 '봉사자'들의 몫이 더 크기 때문입니다. 노인대학을 하는 작은 교회의 성도들은 당연히 노인대학의 봉사자들이고, 봉사자들에게 노인대학 방학은 휴가처럼 여겨집니다. 화요일에 전도모임을 하고, 수요일에 성경공부를 마치고 시장을 봐서 손질 해놓고 저녁에 예배합니다. 목요일을 정신없이 노인대학에서 보내고 나면, 금요일에는 무료급식으로 하고, 토요일에 주일 예배를 준비합니다. 거기에 일이 하나 더 생기는 겁니다.

월요일부터 수요일까지 삼 일간 성경학교를 하고, 목요일 노인대학의 종강으로 이어지는 일정입니다. 성경학교는 하루에 두 번의 성경공부와 간식, 점심 식사로 구성됩니다. 첫 성경학교 때는 이웃 교회의 집사님과 교회에 아직 출석하지도 않는 이웃교회 집사님의 동생이 오셔서 종강까지 4일 내내 섬겨 주셨습니다. 첫 날에 감자탕, 둘째 날에 삼계탕, 셋째 날에 소불고기로 점심이 만들어졌습니다. 노인대학에 출석하는 전부를 대상으로 하기는 현실적인 어려움이 있어서 신청을 받았습니다. 계속 성경만 공부하겠다 했더니 감사하게도 감당할 만한 숫자의 어른들이 함께 해주셨고, 코로나로 노인대학이 멈출 때까지 여름과 겨울 일 년에 두 번씩 계속되었습니다. 어른들을 대상으로 마음껏 가르치고, 속이 시원하도록 질문을 받고, 궁금해 하시는 것은 무엇이든 대답해드리려고 했습니다. 첫 해에 50명이 채 안되던 신청자들은 7~80명으로 유지되었고, 청운교회 노인대학 만의 특징으로 자리를 잡아 갔습니다.

조기 방학하는 날

　2015년에 메르스가 찾아 왔습니다. 전염병들이 다 그렇지만 처음에야 우리와 뭔 상관이 있겠나? 했습니다. 위험은 차츰 피부에 와 닿기 시작했고, 노인대학에는 좀 더 피부에 와닿는 위협입니다. 전염병 메르스 관련 뉴스에 더 민감해질 수밖에 없었습니다. 6월에 접어 들어서도 잠잠해 질 기미가 없었습니다. 좁은 공간에 많은 어르신들이 모이는 구조적인 취약함과 앉은 자리에서 식사를 함께 해야 하는 어려움을 피할 방법을 찾을 수 없었습니다. 봉사자들과 여러 가지 의논을 하기는 했지만 선택할 수 있는 여지는 많지 않았습니다. 급한 의논을 거친 후에 준비하고 있던 성경학교를 포기하고, 방학 전에 하려던 일들을 포기했습니다. 미리 광고할 수 없는 조기 방학이 결정되었습니다.

　7월 중순에 성경학교를 거쳐서 시작되던 여름방학이 6월이 아직 깊어지기도 전에 시작되었습니다. 식사준비를 거르고 방학선물을 준비했습니다. 아침에 평소보다 조금 일찍 문을 열고 골목에 서 있었습니다. 뉴스를 더 열심히 보시는 어른들이 상황을 더 잘 이해하고 계셨습니다. 방학을 해야 한다는 필요에 대해서는 따로 더 설명하거나 설득하지 않아도 되었습니다. 필요는 납득하지만 필요가 내가 누리는 일상을 방해하는 것을 받아들이는 것은 또 다른 일입니다. 무료한 일상에 노인대학을 찾는 일은 어른들의 일상에 큰 비중을 차지합니다. 먼 중동지방의 낙타가 소중한 일상을 위협한 겁니다. 한 번 본적도 없는 놈이, 한 달이 더 넘게 남은 소일거리를 빼앗아 가버린 겁니다. 아쉬움을 나누고, 다음을 기약합니다. 충분히 공감하고 이해는 하지만 돌아서서 가시는 분들의 뒷모습을 말할 수 없이 슬픕니다.

지팡이를 짚으신 분들이 많고, 한쪽으로 기울어진 걸음을 걷는 분들이 많습니다. 드물게 부부가 손잡고 오시는 분들이 계십니다. 한 분, 한 분, 한 걸음, 한 걸음이 어렵고 무거운 걸음입니다. 까마득히 높은 지하철 계단을 올라오신 분들에게 예상에 없던 이른 방학 마냥 좋은 소식은 아닌 겁니다. 봉사자들은 노인대학 방학은 기다리던 반가운 휴가지만 이때는 그렇지 못했습니다. 어렵게 오신 걸음을 되짚어가시는 모습은 아쉬움이고, 서러움이고, 죄송함이었습다. 너무 성급하고, 경솔했나?하는 생각을 가리기가 어려웠습니다. 즐거움으로 다가오던 발걸음이 동의는 하되, 납득은 어려운 서글픈 발걸음이 되었습니다. 오전 내내 서운한 말을 전하고, 서글픈 뒷모습을 지켜봐야 했습니다. 개학하는 9월을 약속하면서 긴 방학을 그렇게 시작했습니다.

메르스를 향한 기억이 어스름 해질 때 펜데믹을 맞이했습니다. 2020년 2월 마지막 주에 교회에서 전면 영상예배를 시작했습니다. 2019년 겨울성경학교를 마친 후 종강하고 3월 첫 주 목요일의 개강을 기다리고 있었습니다. 노인대학은 고사하고 교회에 오시지 마시라는 광고를 했으니 노인대학을 향한 아쉬움은 사치였습니다. 노인대학은 방학을 지나면 어르신들의 구성에 조금씩 변화가 생깁니다. 요양병원으로 입원하시는 분들이 계시고, 영별의 소식을 전해 듣기도 합니다. 여름보다 길고 추운 겨울을 지나면 이런 소식이 더 많습니다. 그러다보니 3월 개학은 긴장을 유지하면서 맞이합니다. 그런 개강을 며칠 앞두고 멈출 수밖에 없었습니다. 자의도 아니고, 논의의 결과도 아니었지만 멈춰야 했습니다.

멈추고 나서야 알게 된 것들이 있습니다. 작은 교회에서 운영하는 노인대학은 쓰고 남은 힘으로는 감당이 되지 않습니다. 전력입니다. 남겨둘 힘 따위는 없습니다. 봉사자들 중 누가 아프기라도 하면 비상이 됩니다. 빈자리를 메꿔야 합니다. 갑자기 레크리에이션시간을 채워야 하고, 낯선 트로트를 불러야 합니다. 잊었던 노래를 다시 배워야 했습니다. 그런 시간이 쌓여 되면 '갑자기'도 갑자기는 아니게 됩니다. 봉사자 전부가 자기 몫을 하고, 한두 가지는 더 감당할 준비되어 있습니다. 함께한 봉사자들 모두가 능숙해졌습니다. 비가 오는 아침에 개강한 노인대학을 20년을 넘게 유지했습니다. 그 중에 십년은 젊은 학장이 맡으면서 일은 더 늘었다.

봉사자들은 가난한 형편에도 그 흔한 여행 한 번, 아르바이트 한 번이 어려웠습니다. 자신의 빈자리가 다른 이에게 분주함이 될 거라 그렇습니다. 월요일을 제외하고는 쉬는 날이 없었습니다. 그 사이사이 젊은 목사 따라 심방해야 할 곳이 있었고, 봉사자가 아니라 성도로, 주부와 아내와 엄마로 감당해야 할 일들도 있었습니다. 그렇게 이십년을 넘게 살았고, 나이가 들어 노인대학에 학생이 되어야 할 수준이 되어 있었습니다. 멈춤이 아쉽고 슬프던 시간은 지나갔고, 다시 시작해야 할 시기에 우리가 처한 상황이 눈에 보였습니다.

다시 시작하기위해 더 많이 필요했던 힘이 없었습니다. 멈춘 첫 일 년이 지나면서 노인대학을 다시 시작할 수 있을까?를 지나가는 말로 했습니다. 2년이 지나면서는 이런 생각이 커졌습니다. 3년이 넘어가면서 마음이 기울었습니다. 멈추자! 이번이 아니면 다음에는 멈추는 것도 어렵다. 그런데 '멈추자'하고는 마음이 편치 않았습니다. 성도들 사이에 아쉬움이 흐릅니다. 목회자의 입장에서 잘 하고 있던 일을 멈추면 실패인 겁니다. 실패를 감당하는 일이 생각보다 어렵습니다.

그동안 고민하지도 않았고, 사실 고민할 여력도 없었던 것이 수면으로 떠올랐습니다. 노인대학을 멈춘다면 청운교회는 어떤 교회인가? 노인대학을 잘 하는 교회였는데 멈춤을 염두에 두니 청운교회는 그렇고 그런 별 것 아닌 교회가 된 것 같았습니다. 노인대학을 멈춘 청운교회는 앞으로는 어떤 교회이어야 하나? 목회를 시작할 때 할법한 고민을 너무 늦게 하게 되었습니다. 반쯤 늙다리가 되어서야 다시 하고 있습니다. 노인대학을 멈춘 청운교회는 어떤 교회이어야 합니까?

묵상을 쓰다

　대전에서 섬기던 교회에서 만난 청년들과 아직도 교제가 이어지고 있습니다. 청년들이 결혼해서 부부가 되고, 아이가 태어났습니다. 여전히 믿음으로 사는 지체들과의 교제는 언제나 큰 위로가 되고 격려가 됩니다. 펜데믹이 시작되기 전 그러니까 2018년 여름에 부산으로 휴가 온 식구들이 있었습니다. 부산에 살고는 있어도 교회와 성도들의 집을 제외하고는 그리 다닐 일은 없습니다. 가끔 손님들이 오시면 낯선 길을 네비게이션에 의지해서 다닙니다. 아직 어린 아이들이 딸린 식구들과 부산을 관광 삼아 돌아 다녔습니다. TV를 통해서나 보던 곳에 가고, 맛 집을 검색하고 찾아가서 새삼스러운 음식을 먹어봅니다.

　부산에 살지만 해운대나 광안리를 갈 일은 별로 없습니다. 언젠가 청년들의 수련회에 강사로 신대원 교수님을 모셨습니다. 오랜 만에 대전에 오셨던 교수님이 대전에 유성온천이 있지? 어떠냐? 하셨는데 대전에 수년을 살고도 가본 적이 없었습니다. 청년들에게 물었더니 녀석들도 딱히 온천에는 가 보지 않았다 그래서 한참 웃었던 기억이 있습니다. 어쩌면 휴가철에 해운대를 가득 채우는 인파 중에 부산사람들의 비중은 얼마 되지 않을 것 같습니다. 그나마 대전이나 혹은 선교지에서 방문해주시는 선교사님들이 오시면 핑계 삼아 유명한 이곳, 저곳을 물어서 다닙니다. 그러다가 어느 봄에는 사모와 일부러 유명 관광지를 다녀보기도 했다. 어떠냐? 하고 물어 보시는데 가본 데가 없으니 한 번은 가봐야 했던 겁니다.

부산으로 여행 온 제자들과 아이들을 재우고 둘러앉았습니다. 오랜만에 만난 회포를 푸는데 대화의 주제가 자연스레 믿음을 지키는 삶으로 옮겨갑니다. 아이들을 믿음으로 키우는 일, 일상에서 경건을 유지하는 일이 나누어집니다. 언제나 그렇지만 하나님의 사람이 하나님의 사람으로 살아가는 방법은 성경입니다. 성경을 읽어가는 것, 성경이 가리키는 곳을 바라보고, 따라가려 몸부림치는 것입니다. 밤이 깊어가고 시간이 새벽으로 치달을 때까지 이어지다가 새벽 예배 시간에 닿았다. 긴 이야기의 결론은 말씀을 묵상하는 것이 되었습니다. 새벽 예배에 매일 성경을 가지고 말씀을 나누고 있었으니 같은 본문으로 읽으면 도움이 될 수도 있겠다 싶었습니다. 제자들이 돌아가고 나서 그들과 나눌 말씀을 글로 쓰기 시작했습니다.

저녁 기도 시간에 기도하면서 성경을 읽고, 새벽 예배 한 시간 전에 일어나 교회에 도착해서 공부하고 준비해서 말씀을 나누고 기도한다. 새벽 예배 후에 글로 옮기는데 말을 글로 옮기는 일이 그렇게 어려운 줄 처음 알았습니다. 같은 본문을 두고 기도한 시간이 있고, 공부한 시간이 있고, 같은 본문을 가지고 설교도 했습니다. 그러고도 글로 쓰는 일은 또 다른 어려움이었습니다. 말과 글 사이에 건너지 못할 정도의 간극이 있었습니다. 주일 예배 설교를 쓰고 있었지만 매일 쓰는 글과는 다르게 느껴졌습니다. 일상적으로 글을 읽고, 공부하는 일에 익숙하다 여겼는데 아니었습니다.

쓰지 않았던 말이 얼마나 함부로 였는지를 절감했습니다. 글이 되지 않고 나오는 말이 얼마나 얄팍한지 알게 되는 시간이었습니다. '말을 하고 사는 사람이고, 말을 통해 복음을 전하는 사람이었습니다. 쏟아 놓는 말에 책임지지 않고 있었음이 확연해졌습니다. 머리에서 마음으로 마음에서 다시 입으로 나온 말이 그 모양이었습니다. 말을 글로 옮기는 일은 말하는 데 준비한 시간을 다시 들여야 될 만큼 무거웠습니다. 설교 원고를 쓰는 것과 묵상을 글로 옮기는 일에도 차이가 있었습니다. 매일 쓰는 글, 매일 읽혀져야 하는 글이 너무 길어지는 것도 조심해야 했습니다. 매일 성경의 특성상 어제와 오늘 그리고 내일의 본문이 이어지니 연속성이 있어야 했고, 그날, 그날의 독특함도 있어야 했습니다. 이런 저런 생각은 많았고, 그 만큼 묵상이 글이 되는 일의 난이도는 급격하게 높아 졌습니다. 완전히 새로운 도전이었는데 기다리는 이들이 있어 포기하지도 못했다. 그렇게 해가 두 번 바뀌는 시간을 버티다가 펜데믹을 맞이했습니다.

　신대원을 함께 다녔던 동기의 늦은 결혼식을 준비하고 있었습니다. 코로나는 이미 창궐이었고 그런 중에 결혼식에 참석할 수 있을지 고민하고 있었습니다. 동기 목사의 결혼식장에서 멀지 않은 곳에서 제자의 결혼식도 있어 꼭 다녀오고 싶었는데 상황이 여의치 않았습니다. 고민 끝에 불참을 결정하고 한 주 뒤 2월 마지막 주에 전면 영상예배로 전환했습니다. 당시 언론의 주목을 끌어 모으던 신천지와 구분되고 싶었습니다. 상식이 통하지 않는 교회로 보이고 싶지 않았습니다. 직장에서 영상 관련 일을 하던 청년의 도움으로 휴대폰을 사용한 영상예배를 대면예배를 멈춘 첫 주부터 시작했습니다. 항상 큰 변화는 준비할 시간이 없이 시작됩니다. 그렇기도 할 것이 선택할 기회와 여유가 생기면 우리는 변화를 택하지 않습니다. 갑자기 일어나 일에 당황하는 게 아니라 당연히 준비하고 있었어야 할 일을 하지 않는 게으름일지도 모르겠습니다.

비대면 영상예배는 작은 교회의 예배를 알릴 더 좋은 방법이었습니다. 개인방송이 문화를 주도하고 있었어도 다른 세상의 이야기처럼 듣고 있었던 겁니다. 더 이상 외면할 방도가 없어 준비 없이 시작한 방송은 순탄하지 않았습니다. 토요일에 리허설을 했으나 시행착오가 없을 수는 없었습니다. 소리가 들리지 않았고, 화면은 끊어졌습니다. 그런 중에 감사한 것은 어쨌든 시작할 수 있었고, 가족들이 함께 해서 예배의 모양을 유지 할 수 있었다는 겁니다. 군 입대를 앞둔 아들이 예배 전 찬양을 인도했고, 사모가 ppt를, 딸이 건반, 막내가 드럼과 헌금을, 그리고 방송관련 일을 하던 청년이 방송을 담당했습니다. 한 번도 경험하지 못하던 예배를 드렸습니다. 권사님 한 분의 말이 당시를 가장 잘 표현했습니다. 70평생에 이런 적은 한 번도 없다. 그야말로 6.25때 난리는 난리도 아닌 거였습니다.

교회에 오지 마시라 광고하는 목사라니 생각도 못 할 일입니다. 새벽예배에 나오지 마시라 했고, 저녁 기도시간에 교회에 오지 마시라 했습니다. 주일 오전예배와 수요예배를 영상으로 진행했습니다. 이런 상황에 2년 전부터 나누기 시작했던 매일 묵상이 빛을 발하기 시작했습니다. 교회가 흩어질 수 있었습니다. 교회의 울타리가 더 이상 기능하지 못하고 있었습니다. 그때 매일 새벽에 나눈 말씀을 써서 단톡방에 올리던 묵상이 모이지 못하는 교회의 울타리가 되었습니다. 모이지는 못하나 여전히 우리가 '우리'라는 것을 묵상을 나누는 단체 카톡방에서 확인할 수 있었습니다. 어설펐으나 쓰는 일은 가치가 있었고, 수고한 것에 비해 더 큰 유익을 누릴 수 있었습니다. 할 수만 있으면 벗어버리고 싶던 일이 반드시 해야 할 일이 되었, 작은 교회를 감당할 수 없는 풍랑에서 지켜주는 방파제가 되었습니다.

연습되지 않았던 어설픈 목사는 일상적으로 기다리는 시간에 글을 완성하는 일이 여전히 어려웠습니다. 썼다 지우고 썼다 지우고를 반복하다가 덮어버리기도 했습니다. 이런 걸 쓸 만큼 대단한 사람이 아니라는 목소리가 끊임없이 내 안에서 들려왔습니다. 오전 8시 전에는 묵상을 올리는데 어느 날에는 오전을 지나 점심이 되도록 본문과 제목만 겨우 써 놓기도 했습니다. 그러다가 "죄송합니다. 오늘 묵상은 없습니다."하고 단톡방에 올려 보기도 했습니다. 그렇게 시간이 쌓였습니다. 펜데믹이 시작되었고, 어설픈 글이 교회의 교회됨을 지켰습니다.

전면 금지에서 상황이 조금 나아지면서 현장에 모일 수 있는 숫자를 제한하는 것으로 변화가 있었습니다. 성도들 중에 스마트 폰 사용의 어눌한 어른들을 중심으로 교회로 오시도록 했습니다. 스마트 폰으로 비대면 예배를 드릴 수 있는 분들은 비대면 영상예배를 유지하도록 했습니다. 스마트 폰으로 예배도 드리고, 묵상도 나누면서 생존을 확인할 수 있는 분들과 그렇지 않은 분들을 구분했습니다. 그러다 보니 자연스레 어르신만 교회로 오시게 되었습니다. 펜데믹이 시작되고 나서 교회 재정은 오히려 더 여유있어 졌습니다.

노인대학을 진행하고 있을 때는 몰랐습니다. 노인대학을 통해 지출되던 재정이 생각보다 많았던 것을 확연하게 알 수 있었습니다. 첫해에 재정의 수입이 늘거나 줄지 않았는데 흑자 폭이 커졌고, 둘째 해와 셋째 해에는 재정의 수입이 오히려 더 늘기도 했습니다. 여유를 가지고 둘째 해에는 방송에 필요한 장비를 확충했습니다. 재정 외에도 변화는 있었습니다. 거리와 시간의 제한으로 수요예배에 참석하는 숫자는 10명이 넘지 않았습니다. 비대면 영상예배로 전환하면서 주일예배에 참석하는 가정이 수요예배에도 그대로 참석했습니다. 물론 참석 확인은 단톡방에 올리는 인증샷이 대신합니다. 예배 인증샷 콘테스트도 하고, 설교 중에 나온 이야기를 문제로 만들어 예배 후에 답을 올리는 이에게 기프티콘으로 선물을 보내기도 했습니다. 어려운 시기였으나 말씀을 묵상하고, 묵상한 글을 나누면서 여전히 교회는 "우리"였었습니다.

건작동(건강한 작은 교회 동역 센터) 캠프

　묵상을 글로 쓰는 일을 이야기하면서 건작동 캠프 이야기를 뺄 수는 없습니다. 사실 묵상을 쓰는 일에 대한 최초의 도전은 건작동 캠프가 시작이었으니 말입니다. 작은 교회의 담임목사가 되고, 노인대학 학장으로 살면서 지울 수 없는 질문이 있었습니다. 잊은 것 같다가도 문득 반복되는 질문입니다. 담임 목사로 임직하면서 이전 목사님은 교회에 한 번도 나와 보지 못하셨습니다. 이취임이 예정되었던 날에 위암으로 투병하시던 목사님의 하관 예배를 드렸습니다. 준비되었던 기념품에 이미 인쇄가 된 상황이었습니다. 서울에 있던 후배가 부산까지 내려왔다가 교회의 닫힌 문 앞에서 와서야 연락을 했습니다. "미리연락 했어야시... 장례중이다. 하관 예배를 방금 마쳤다." 통화했던 기억이 있습니다.

　오랜 시간을 함께 했던 선생님이었고, 아버지였던 목사님과의 이별은 생각보다 더 차가운 현실이었습니다. 노회 관련 서류만 겨우 정리가 되었고, 교회의 부채가 남아있던 은행과의 서류를 정리해야 했고, 세무서와 등기사무소와 구청을 오가면서 낯설고, 어설픈 일을 처리해야 했습니다. 당연히 해보지 못한 일이고, 당황해야 할 상황들이 이어졌다. 2월에 담임이 되고 3월에 노인대학을 개학하고, 4월에 장례를 치렀습니다. 노인대학은 개학을 했고, 쉴 틈 없이 사역은 반복되면서 상실감에 빠지거나, 주변을 돌아볼 여유는 없었습니다.

　6~7년이 지나면서 생겨난 질문은 "난 제대로 하고 있는 건가?" 누구보

다 바쁘게 일하고 있으나 잘 하고 있는 지 확인할 방법이 없었습니다. 그러던 중에 페이스 북에서 "건작동 캠프" 광고를 발견했습니다. 건강한 작은 교회라는 말이 눈에 박혀 들어왔습니다. 나도 작은 교회 목사인데 건강한지를 확신하지 못하던 때에 만난 말이라 스쳐지날 수가 없었습니다. 포스터를 확대해서 관계자들 자세히 살폈습니다. 왜 내 페이스 북에 광고가 떴을까? 살폈습니다. 지금도 운영위원으로 계시는 이상대 목사를 발견했습니다. 잘 아는 분은 아닙니다. 대전에서 사역하면서 이웃교회와 진행했던 청년 체육행사 때 한번 봤을 뿐입니다. 페이스북으로 연락하면서도 나를 기억한다는 확신은 없었습니다. 연락해서 캠프의 일정을 물었고, 등록하고 참석을 결정했습니다.

건작동의 캠프는 경기도 구리의 낮은 마음 교회에서 있었습니다. 낯선 장소에 낯선 사람들이 모여 있었습니다. 순서가 하나씩 진행되면서 낯선 사람들은 '낯선'이라는 단어는 어울리지 않는 다는 것을 알 수 있었습니다. 겉모습은 각양이었으나 같은 고민을 가진 익숙한 사람들이었습니다. '작은 우물에 갇힌 것 같습니다.' 하면 추상적이기만 한 말에 쉽게 공감해 주셨습니다. 고민이 같은 사람들은 함께 있은 것 만으로 서로에게 위로가 됩니다. 특별한 대책이 필요했다면 굳이 그 먼 구리까지 가지 않았어야 옳습니다. 설교 시간에 말하던 것처럼 기도했어야 하고, 말씀으로 돌아갔어야 하고, 엎드렸어야지 구리로 가면 안 되는 거였습니다. 이전에는 몰랐던 대책이 필요했던 게 아니었습니다. 비슷한 형편, 비슷한 고민, 비슷한 어려움을 가진 사람들이 나누는 위로가 필요한 거였습니다. 건작동 캠프에는 그런 사람들만 가득 모여 있었습니다. 오~ 할렐루야!!

이렇게 못난 사람들만 모인 모임이라니... 내 모자람이 지적받지 않아도 되는 편안함이라니...

그런 중에서 먼저 고민을 시작했던 분들이 있었습니다. 먼저 고민하고 나름의 길을 찾아 앞서 간 사람들이 있었습니다. 책 "재편"을 통해 길을 제시하고 제시한 길을 먼저 가면서 함께 갈 사람들을 찾는 이진오 목사, 정말 감사했던 것은 이진오 목사도 개척했던 교회를 한 번 접고 다시 시작한 교회에서 고군분투하고 있었다는 겁니다. 앞서 갔다고 해서 더 잘 날 사람이 아니라 함께 고민하는 사람이었습니다. 젊은 집사님일때부터 말씀을 묵상하고, 묵상을 글로 쓰기를 삼십년 넘도록 유지하고 있던 윤용목사도 있있습니다. 밀씀이면 충분합니다. 하면서 여러 약짐이 보였으나 할 수 있는 것을 사력을 다해 감당하는 모습은 감동이 되고, 도전이 되고, 위로가 되었습니다. 아무것도 없는 상황에서 개척해서 작은 교회 목회자를 섬기는 구리 낮은 마음교회 오준규 목사의 경험과 겸손함은 그야말로 위로이고 격려였습니다. 재편을 통해 작은 교회의 정체성과 방향을 확고히 하고, 묵상을 글로 쓰는 일에 모범을 얻고, 작은 교회이지만 섬김에 둘째가 되지 않는 일에 힘을 얻을 수 있었습니다.

어떤 교회이어야 하는지 아직 잘 모릅니다. 다만 건작동을 통해 방향을 가늠하고 있고, 한 걸음을 조심스럽게 걷고 있습니다. 어스름한 길을 가면서 쉽게 공감해 주는 이들과 함께 고민하고 있습니다. 자존감이 떨어져있는 제게 괜찮다 말해주고, 잘 하고 있다 격려해주는 이들과 함께 걷고 있습니다. 노인대학을 멈추기로 결정하면서 헛헛한 마음을 추스릴

방편에 대해 고민하고 있습니다. 교회 주변의 지역아동센터와 대화를 시작했고, 여전히 노인대학에서 봉사하던 이들과 소통하고 있습니다. 교회를 찾아오는 노숙자들을 여전히 환대하고 있고, 노인대학은 어려워도 무료급식은 계속할 수 있지 않을까? 조심스레 논의하고 있습니다. 어떤 교회이어야 할까? 고민하면서 여전히 우리는 교회이고, 더 좋은 교회이기를 포기하지 않았습니다.

함께하는교회 이야기

07.
함께하는교회 이야기

목사 박창열

　나중에 이 글을 읽는 사람들이 우리 교회를 과거의 사건으로 받아들일 수도 있다는 생각합니다. 그만큼 우리 교회는 매년 생존을 걱정하며 살아갑니다. 흔히 말하는 성공의 모델로 제시될 만한 교회는 아닙니다. 그런데도 글을 쓰는 이유는 무엇일까요? 유니온 신학교 교수인 현경은 『결국 아름다움이 우리를 구원할 거야』에서, 자신의 책에 대해 우려하며 수정을 권했던 이들에게 "있는 그대로의 영적 순례기를 보여주고 싶었다"라고 설득했다고 합니다. 포장하지 않고, 날것 그대로의 모습을 보이고 싶다는 말입니다. 그 '순례'라는 말이 지금 제가 쓰고자 하는 글을 잘 설명해주는 단어인 것 같습니다. 비록 평범하고 내세울 것 없는 교회일지 모르지만, 지금까지 우리 교회가 지나온 순례의 시간을 그대로 정리해보려는 것, 그것이 이 글의 목적입니다. 그러다 혹여나 이 글이 누군가에게 교사든, 반면교사든 도움이 된다면 좋겠습니다.

시작

"어느 교회 목사가 대형교회 청빙 받아 서울로 갔다네."
"원래 그 교회 부목사 출신이라고 하더라고."

노회의 부서 모임에 갔다가, 지역의 한 교회에서 위임을 받아 시무하던 담임 목사가 과거에 부목사로 있던 대형교회로 청빙을 받아 갔다는 이야기를 들었습니다. 은퇴를 몇 년 앞둔 대형교회의 담임목사와 몇 년간 '동사'로 사역한 뒤 위임받을 예정이라는 말도 있었습니다. 모임에 있던 한 장로님은 위임을 해도 떠나버리면 잡을 수 없으니 아무 소용없다고 이야기했습니다. 다른 목사님은 요즘에는 예전에 부목사로 있던 이들을 담임목사로 세우는 것이 트렌드라며, 그렇게 해야 교회가 시끄럽지 않고 안정적으로 이양된다고 했습니다.

대형교회의 담임목사와 부목사의 관계는 상상 이상으로 수직적이라는 이야기를 자주 들었습니다. 담임목사가 부목사를 신임하는 기준은 다른 어떤 것이 아니라 얼마나 개인적으로 충성을 다하느냐이다는 말도 많이 들었습니다. 그래서인지 '안정적인 이양'이라는 것이 곧 은퇴하는 담임목사가 현직에 있을 때처럼 계속 영향력을 행사 하겠다는 말로 들렸습니다. 결국, 은퇴하지 않은 담임목사의 영향력 아래에서 후임을 청빙하는 과정은 세습과 다를 바 없다는 생각이 들었습니다. 저는 목회자 세습은 교회가 하나님의 교회가 아니라 사람의 교회라는 것을 보여주는 행동이라고 생각합니다. 제가 함께하는교회를 시작하기로 결심한 계기 중 하나는, 제가 속한 교단의 대형교회에서 벌어진 세습 사건이었습니다.

목사가 된 이후로는 언젠가 개척을 해야겠다는 생각을 하고 있었습니다. 교회 사역을 하면서 그런 생각은 더욱 강해졌습니다. 목회 현장에는 제 기준으로 이해되지 않는 모습들이 많았고, 그러한 교회 체계 안에서 평생을 목회하며 사는 제 모습을 상상했을 때 행복할 것 같지 않았습니다.

목사가 된 지 6년이 되었을 때의 일입니다. 당시 제가 사역하던 교회는 좋은 교회였고, 담임목사님도 함께 사역하게 된 것이 큰 복이라고 생각할 만큼 훌륭한 분이셨습니다. 그 교회에서 5년을 보내며 사람들과 사역에 익숙해지고 있있지만, 그렇게 안주하면 큰 변화 없이 시간이 계속 흐를 것 같았습니다. 나이가 더 들어 개척이 부담스러워지기 전에 교회를 시작해야 할지 고민이 깊어졌습니다. 그러던 중, 좋은 소문을 많이 들었던 교단 내 영향력 있고 존경받던 목사의 교회에서 세습 사건이 발생했습니다. 그 일을 경험하며 심한 피로감을 느꼈고, 하나님께서 기뻐하시는 교회란 무엇인지 스스로 질문하게 되었습니다.

제가 부목사로 사역하던 곳은 울산이었습니다. 울산은 커다란 조선소가 여러 개 있어 큰 배를 가까이서 볼 기회가 많았습니다. 휴일이면 자전거를 자주 탔는데 자전거 도로 바로 옆이 자동차 운반선이 정박하는 항구였습니다. 자전거를 세우고 항구 앞을 지나가던 큰 자동차 운반선을 한참 바라보다 몰랐던 사실을 발견했습니다. 거대한 배가 스스로 항구에 정박하는 줄 알았는데 아니었습니다. 옆에서 작은 배들이 밀어줘야 가능한 일이었습니다. 나중에 조선소에서 일하시는 분에게 들은 이야기로는, 대형 선박은 좁은 공간에서 방향을 돌리기가 매우 어렵다고 했습니다. 그래서 반드시 시간과 공간을 넉넉히 확보한 뒤 크게 회전하거나, 옆에서 작은 배들이 밀어줘야 방향을 조정할 수 있다고 했습니다.

이미 역사가 오래되고 자리 잡은 교회는 커다란 배와 비슷하다는 생각이 들었습니다. 새로운 방향을 설정하고 바꾸는 일이 쉽지 않습니다. 긴 시간과 인내심을 가지고 천천히 변화시키거나, 엄청나게 큰 외부 충격이 있어야만 가능합니다.

부목사로 사역하며 건강한 교회를 꿈꾸고 교회의 방향을 바로잡기 위해 노력하시는 담임목사님의 인내 과정을 가까이에서 지켜보았습니다. 제게는 그 과정이 너무 힘들어 보였습니다. 인내심과 능력, 리더십이 있는 목사라면 모르겠지만, 저에게는 너무 버거운 일이었습니다. 거대한 배를 돌리기보다는, 작은 배를 새롭게 띄우는 것이 저에게 더 맞겠다는 결론에 이르렀습니다. 그래서 교회를 개척하게 되었습니다.

작은 교회

교회를 시작하며 지향한 것은 작은 공동체였습니다. 왜 작은 공동체일까요?

작은 교회에 대한 지향은 성경의 가르침을 따르는 교회란 어떤 모습일지에 대한 고민의 결과입니다. 저는 교회의 외형 자체가 신앙 고백이기를 바랐습니다. 제가 아는 예수님과 제가 아는 성경은 우리에게 번영, 성공, 크기, 부를 약속하지 않습니다. 예수님은 낮은 곳에 시선을 두셨고, 하나님은 약자와 억울한 자들의 하나님이셨습니다. 교회를 하나님의 집이라고 고백하고, 교회의 머리가 예수님이라고 고백한다면, 교회는 어떤 모습이어야 할까요? 저는 교회도 낮음을 지향해야 한다고 생각합니다. 그렇다면 '크기만 작으면 낮아지는 것인가?'라는 질문이 나올 수 있습니다. 물론 그렇지는 않습니다. 하지만 교회가 작아야만 낮은 곳에 가까이 있을 가능성이 높다고 생각합니다. 화려하고 큰 교회, 수많은 사람들이 모이는 교회가 높은 자리에서 선포하는 '낮음'이 과연 낮은 곳에 있는 사람들에게 진정성 있게 들릴까요?

그렇다면 작은 교회의 가치에 동의하는 사람들이 모여들어 교회가 커지면 어떻게 해야 할까요? 크기를 지향하지 않았는데도 커지게 된다면요? 생각만 해도 기분이 좋습니다. 이게 아마도 제 본성일 것입니다. 그래서 저는 사람의 선한 의지를 무조건 신뢰하지 않습니다. 사람은 환경의 영향을 받기 마련입니다. 큰 교회는 자연스럽게 부와 힘을 얻을 수밖에 없고, 결국 부와 힘에 익숙해지게 됩니다. 그러면 낮음의 가치는 잊기 쉽습니다. 만약 우리 교회가 어느 날 낮음의 가치를 점점 잊게 될 정도로 커지고, 가난한 이들, 신음하는 이들, 차별받는 이들의 목소리를 듣지 못하게 된다면 어떻게 해야 할까요? 저는 그렇게 되기 전에 교회를 나누고 갈라야 한다고 생각합니다. 교회가 낮은 자의 아버지 되신 하나님과 멀어지기 전에 말입니다.

작은 교회를 지향하는 데는 실제적인 목적도 있습니다. 제가 부목사로 사역할 당시, 교인들에게 들은 불만 중 가장 많은 부분을 차지한 것은 '소통' 문제였습니다. 평신도와 담임목사 사이의 원활한 소통을 요구하는 목소리가 끊이지 않았습니다. 그런데 왜 소통이 잘 안 되는 것일까요? 제 생각에 교인들과 담임목사와 거리가 있는 것이 가장 큰 이유인 것 같습니다. 가깝다 느끼는 부교역자에게는 쉽게 하는 말을 담임목사에게는 하지 못하는 것입니다.

자주 만나 이야기할 기회가 있다면 어려움을 넘어 소통이 이뤄질 수 있겠지만, 현실적으로 쉽지 않습니다. 중형 교회 이상의 교회에서는 대심방 기간 외에 담임 목회자와 대화할 기회가 거의 없습니다. 상담을 요청할 수도 있겠지만, 담임목사를 어렵게 느끼는 교인 입장에서는 그렇게 하기도 쉽지 않습니다.

사실 교인들의 '소통 불만'은 단순히 담임 목회자와 대화할 수 있는 시간의 부족에서만 오는 것은 아닌 것 같습니다. 더 깊이 들어가 보면, 교회 결정 과정에서 자신의 목소리가 반영되지 않는다는 소외감 때문인 것 같습니다. 제가 경험한 장로교회를 예로 들어보자면, 교회의 대부분의 결정은 목사와 장로들이 참여하는 당회에서 이뤄집니다. 당회가 교인들의 의사를 제대로 반영하지 못할 때 소통의 문제가 발생하는 것입니다.

이 소통 문제를 가장 쉽게 해결할 수 있는 방법은 무엇일까요? 바로 교인의 숫자를 제한해 모두의 의사가 반영될 수 있는 규모를 유지하는 것입니다. 저희 교회는 대부분의 중요한 결정을 교인들과 함께 논의하고 결정합니다. 교인이 적다 보니 이 과정이 어렵지 않습니다. 누구도 소외되지 않고, 목회자와 교인 사이의 물리적 거리도 멀지 않습니다. 공간 역시 작기 때문에 교인들과의 거리는 더욱 가깝습니다. 이런 물리적 거리는 마음에도 영향을 미칩니다.

큰 교회를 지향하지 않으니 마음이 편합니다. 교회가 작아서 목회에 실패했다는 자책감에 시달릴 일도 없습니다. 그러고 보니, 제 마음 편하자고 작은 교회를 지향한다 떠드는 건 아닌지 모르겠습니다.

주일에만 예배당

대구의 강남이라고 불리는 곳이 있습니다. 명문 고등학교들이 밀집해 있고, 학원으로 가득 찬 빌딩들이 긴 대로를 따라 줄지어 서 있습니다. 이 대로는 출퇴근 시간뿐만 아니라 학원이 마치는 시간에도 차로 가득합니다. 운전하며 이 거리를 지나다 '퇴근 시간도 아닌데 왜 이렇게 차가 밀리지?'라는 의문이 든다면 학원이 끝나는 시간입니다.

이곳이 바로 우리 교회가 위치한 동네입니다. 우리 교회는 대구에서 가장 부유한 동네로 알려진 범어동, 그중에서도 범어네거리에 자리하고 있습니다. 다만, "교회가 이곳에 있다"라는 말이 엄밀히 말해 정확하지는 않습니다. 우리 교회에는 간판도 없고, 고정된 공간도 없습니다. 단지 이 지역의 한 학원이 비는 시간인 일요일에만 예배 장소로 사용하고 있을 뿐입니다.

교회를 개척하기로 결심했을 때, 구체적인 계획이 없었습니다. 그러던 중 제가 개척 준비 중이라는 이야기를 들은 친구가 직장을 그만두고 학원을 시작할 예정이라고 했습니다. 그 학원에서 예배를 드리면 좋겠다는 생각이 들었습니다. 친구에게 부탁했더니 흔쾌히 허락해 주었습니다. 그렇게 우리 교회의 예배 공간이 정해졌습니다.

개척을 준비하며 여러 선배 목사님들로부터 많은 조언을 들었는데, 그중에서 고정 비용을 줄여야 한다는 중요한 조언이 있었습니다. 한 목사님의 지인은 경기도 신도시의 아파트 단지에서 교회를 개척했는데, 예배에 많은 교인이 모임에도 불구하고 월세 부담 때문에 어려움을 겪고 있다는 이야기도 들었습니다. 돌아보면 이 조언이 재정적 압박 없이, 교회와 제가 건강한 교회라는 목적을 잃지 않고 버틸 수 있게 해주었던 중요한 조언이었습니다.

예배 공간 마련을 할 만한 돈이 부족하기도 했지만, 그것만이 공간을 얻지 않은 이유의 다는 아니었습니다. 모아둔 돈, 퇴직금, 개척 준비를 돕기 위해 교회에서 지원해 준 돈, 그리고 성도들의 헌금이 모여 있었습니다. 이 돈으로 예배 공간을 마련할 수도 있었습니다. 저는 그리고 싶지 않았습니다. 이 결심에는 몇 가지 이유가 있었습니다.

개척을 준비하며 관련 자료와 유튜브 영상들을 찾아봤습니다. 그중 한 영상은 개척교회의 어려운 현실을 보여주는 내용이었습니다. 상가 교회의 한쪽에 마련된 살림 공간에 목사님 가족이 살고 있었습니다. 사모님은 아이들이 학원을 가고 싶어 하지만 학원비가 없어 보내지 못한다며 울먹이고 있었습니다. 마음이 무거웠습니다.

이 영상을 보며, 제가 아는 다른 교회의 사모님 이야기가 떠올랐습니다. 그 교회는 개척 후 성도들이 어느 정도 모이면서 더 넓은 장소가 필요했지만, 교회 재정으로는 감당할 수 없었습니다. 고민 끝에 목사님 부부가 살던 집의 전세금을 빼 교회 이전 비용으로 사용했습니다. 그럼에도 재정이 넉넉하지 못했던지 새롭게 마련한 예배 처소는 지하였습니다.

전세금을 모두 교회에 투입한 탓에 지하 한편을 가정집처럼 꾸며 살 수 밖에 없었습니다. 열악한 환경이 영향을 미쳤는지 원래 몸이 약했던 사모님은 암에 걸렸고, 결국 일찍 돌아가셨습니다.

목회는 대단한 헌신의 각오가 있어야 하고, 목사는 교회를 위해 희생하는 것이 당연하다 말씀하실 지도 모르겠습니다. 많은 목사님들이 자신을 희생하며 교회를 위해 헌신하는 모습을 보면 진심으로 존경스럽습니다. 하지만 저는 불행해지면서까지 목회를 하고 싶지 않았습니다. 그것은 하나님의 뜻이 아니라고 생각했기 때문입니다. 저는 목회자가 행복해야 교회도 행복하고, 성도들도 행복할 수 있다고 생각합니다. 목회자의 삶이 불행하고 고통스럽다면, 교회와 성도들에게도 부정적인 영향을 미칠 수밖에 없을 것입니다.

저는 교회를 위한 공간을 마련하기에 앞서, 제가 살 깨끗한 집을 먼저 구했습니다. 예배를 드릴 수 있는 공간이 꼭 화려하거나 특별해야 한다고 생각하지 않았습니다. 교회는 어디서든 하나님께 예배만 드릴 수 있다면 충분하다고 믿었기 때문입니다. 성경 속 초기 교회들도 거창한 건물이 아닌 가정에서 시작했듯이, 필요하다면 집에서 예배를 드릴 수도 있다고 생각했습니다. 교회의 외형보다 더 중요한 것이 많다는 생각이 있었습니다. 저는 그런 가치관 속에서 교회를 세우고 싶었습니다.

모든 돈을 들여 예배 전용 공간을 마련하지 않기로 한 이유가 하나 더 있었습니다. 저 자신이 타락하지 않기 위해서였습니다. 저는 목사로서 마지막 제 모습이 초라하지 않기를 바랐습니다. 큰 교회의 세습을 보며, 어느 면에서는 이해가 되었습니다. 그 교회 원로 목사의 전설적인 개척 과정과 교회의 성장 이야기를 들어 알고 있었기 때문입니다. 평생을 바쳐 희생하고 헌신하며 세운 교회를 그냥 내려놓는 것이 인간적으로 얼마나 아쉬울지 상상할 수 있었습니다. 그 교회에 대한 소유욕과 애정이 얼마나 클지, 은퇴 후 교회가 잘못되거나 쇠락할까 봐 얼마나 걱정이 클지 충분히 짐작이 갔습니다.

그러나 그 큰 교회보다 더 이해가 되는 것은 작은 교회에서 열심히 사역하며 은퇴하는 목회자들의 아쉬운 마지막 모습이었습니다. 제가 아는 한 교회가 있습니다. 그 교회는 작지만 건물을 가지고 있었습니다. 개척을 한 목사님이 은퇴를 앞두고 있었는데, 성도는 거의 남아 있지 않았습니다. 교회가 목사님께 퇴직금이나 전별금을 줄 형편도 되지 않았습니다. 결국 목사님은 교회를 다른 교회와 합병하면서, 합병하는 교회로부터 은퇴금으로 수억 원을 받았습니다. 그 과정은 사실상 교회를 매매하는 것과 다를 바 없었습니다. 나중에 들은 이야기로는, 금액을 요구하고 흥정하는 과정을 거쳐 여러 교회 중에서 더 좋은 조건을 제시한 합병 교회를 찾았고, 그렇게 합병이 이루어진 것이었습니다.

금액의 차이일 뿐, 이런 이야기를 주변에서 종종 듣습니다. 무작정 욕할 수도 없습니다. 이해되는 부분이 있기 때문입니다. 작은 교회들은 대개 목회자가 교회를 개척하면서 자신의 재산뿐 아니라 가족들의 돈까지 들여 공간을 마련하고 시설을 준비합니다. 오랜 기간 동안 충분한 사례비를 받지 못하며 목회를 하는 경우도 많습니다. 그렇게 경제적으로 어려운 삶을 살다가 은퇴를 맞이했을 때, 아무것도 남지 않았다면 교회를 위해 들여온 노력, 애정, 헌신, 포기가 자연스럽게 떠오를 수밖에 없을 것입니다. 그런 상황에서 어떤 방식으로든 교회를 매매하는 것을 당연하다고 생각할 수도 있을 것 같습니다.

인간적으로는 충분히 이해가 되지만, 하나님의 교회가 개인의 재산처럼 매매되는 상황이 옳다고 생각하지는 않습니다. 저는 저의 마지막이, 그리고 우리 교회의 모습이 그렇게 되기를 원하지 않았습니다. 물론 최선을 다해 희생하고 모든 것을 헌신하며 목회를 하다가 아무 미련 없이, 아무것도 남기지 않은 채 교회를 떠나는 목사님들도 계십니다. 그런 훌륭하고 헌신적인 목회자들의 모습을 존경합니다. 그러나 저는 그렇게까지 할 자신이 없었습니다. 그래서 교회를 위해 제 모든 것을 쏟아 붓지 않기로 결심했습니다. 제가 나의 모든 것을 들여 세운 교회가 아니라, 교회에 참여하는 모두가 함께 하나님의 뜻을 따라 세워가는 교회가 되기를 원했습니다.

그러던 중 감사하게도 예배를 드릴 수 있는 공간이 생긴 것입니다. 그 공간은 학원 수업을 위해 사용되지만, 마치 예배를 드리기 위해 꾸며진 것처럼 필요한 것들이 잘 갖춰져 있었습니다. 공간도 널찍해서 예배를 드리는 데 부족함이 없었습니다. 그렇게 자연스럽게 우리 교회의 예배 공간이 마련되었습니다.

함께 책임지는 교회

운전 중에 틀어놓은 라디오에서 설교가 흘러나왔습니다.

"나보다 우리 교회를 사랑하는 사람이 있으면 나와 보세요. 내가 우리 교회에서 건축 헌금도 가장 많이 했어요."

뭐 이런 노골적인 설교를 하는 사람이 다 있나 싶었습니다. 그 목사의 설교는 아마도 진심일 것입니다. 그는 교회를 위해 누구보다도 최선을 다하며 늘 고민하고 걱정하고 노력했을 것입니다. 정말로 자신이 교회를 제일 사랑한다고 믿을 수도 있습니다. 그런데 그 사랑과 헌신이 교회를 자기의 것이라 생각하기 때문일까요, 아니면 하나님의 것이라 생각하기 때문일까요? 그런 의문이 들었습니다.

교회 안에서 일어나는 여러 문제의 주요한 원인은 돈이라고 생각합니다. 불행인지 다행인지 저는 숫자에 약하고, 돈에 밝지도 않습니다. 사실 관심도 별로 없습니다. 그것이 옳다고 생각해서 그렇게 살기로 선택한 것이 아니라, 그냥 귀찮아서입니다.

함께하는교회가 시작되고 가장 먼저 하고 싶었던 것은 재정을 제가 직접 관리하지 않는 것이었습니다. 하지만 시작한 교회에 성도가 많을 리 없었고, 누군가에게 재정을 맡길 확신도 들지 않았습니다. 그래서 첫해는 어쩔 수 없이 제가 재정을 관리했습니다. 그럼에도 어떻게든 투명하게 사용하기 위해 3개월에 한 번씩 교인들에게 보고하려고 애썼습니다. 게으름 때문에 딱 3개월마다 정확히 보고하지는 못했지만 될 수 있는 대로 일정에 맞춰 공개하려 했고, 중요한 재정 사용은 항상 교인들과 의논하여 결정했습니다.

그리고 교회가 시작된 지 2년이 지나 두 명의 재정위원을 세워 재정을 맡겼습니다. 물론 작은 교회이다 보니 제가 재정 관리에서 완전히 분리되지는 않습니다. 통장은 여전히 제가 가지고 있고, 필요한 경비도 주로 제가 먼저 사용합니다. 다만, 경비사용 내역을 기록해 재정위원들에게 확인받고, 수입은 재정위원들이 관리하여 총액만 저에게 알려주는 방식으로 운영하고 있습니다. 번거롭더라도 이렇게 하는 이유는 재정의 투명성을 유지하기 위해서만은 아닙니다. 교회 재정을 전체 교인이 함께 책임지기를 바라는 마음에서입니다.

아버지가 모든 경제 활동을 책임지는 가정이 있습니다. 사업이 잘될 때는 문제가 없지만, 인생이 늘 뜻대로 되는 것은 아니죠. 사업이 어려워지기 시작해도 다른 가족들은 아무것도 알지 못합니다. 자녀들은 하던 대로 여유로운 생활을 합니다. 아내도 어렴풋이 상황이 좋지 않다는 걸 느끼지만, 남편이 알아서 다 해왔기에 별로 걱정하지 않습니다. 그러나 사업이 점점 더 어려워지고 결국 감당할 수 없는 상황에 이르러서야 가족들은 상황을 알게 됩니다.

경제적인 어려움이 심각한 상황임에도 다른 가족에게 알리지 않고 혼자 해결해보려다가 큰일을 겪는 가정을 종종 보게 됩니다. 아버지로서의 책임감 때문일 수 있겠지만, 과연 그것이 건강한 가정의 모습일까요? '가장'이라는 말도 사실 이상합니다. 가정의 주인은 아버지나 어머니 한 사람이 아니라, 가족 모두가 아닐까요? 저는 가족 구성원 모두가 함께 고민하고 문제를 해결하는 것이 건강한 가정의 모습이라고 생각합니다.

교회를 개척한 초기, 교인들에게 종종 우리 교회가 언제 문을 닫을지 모른다고 말했습니다. 지나가는 말이 아니라, 진심으로 한 말이었습니다. 교회는 기대처럼 교인이 늘지도 않았고, 재정도 넉넉하지 않았습니다. 그래서 재정이 바닥나면 어쩔 수 없이 교회를 닫아야 하는 상황이었습니다. 어떤 사람은 믿음 없는 소리라거나 목사가 해시는 안 될 말이라고 생각할 수도 있겠지만, 그때도 지금도 제 마음은 진심입니다.

제가 받는 사례비의 절반 이상은 교회 외부의 후원으로 이루어져 있습니다. 몇 해 전 재정 계획을 세우며 교인들에게 이렇게 말했습니다.

"내년에 제 사례비를 조금 올렸으면 좋겠습니다. 물론 사례비를 올리지 않아도 생활은 가능합니다. 후원해 주시는 분들이 있기 때문입니다. 하지만 우리 교회가 스스로의 재정을 책임지는 교회가 되기 위해 훈련을 시작해야 한다고 생각합니다. 그래서 조금 부담되더라도 한번 해 봤으면 좋겠습니다."

고맙게도 교인들은 제 의도에 긍정적으로 반응해 주었습니다. 그리고 제가 몇 마디를 덧붙였습니다.

"이건 그냥 말로만 결정하거나 허락하는 것이 아닙니다. 여러분이 책임지셔야 합니다. 여러분이 재정을 채워야 합니다."

목사가 자신의 사례비에 대해 이야기하는 것은 결코 쉬운 일이 아닙니다. 서로 간의 신뢰가 있었기에 가능했습니다. 그럼에도 이 말을 꺼내기까지 많은 고민이 있었습니다. 저의 의도는 분명했습니다. 우리 교회가 목사 혼자 모든 어려움을 감당하며 유지되는 교회가 아니라, 서로가 진정으로 책임을 나누는 공동체가 되기를 바랐기 때문입니다.

TV에 저렴하고 푸짐한 음식을 제공하는 식당을 소개하는 콘텐츠가 자주 나옵니다. 유튜브에서도 '가성비 맛집'이라는 제목으로 많은 식당이 소개됩니다. 사람들은 일반적인 시세에 비해 아주 저렴한 가격에 질 좋은 음식을 제공하는 식당을 보고 '양심적인 가게'라고 말합니다. 동네 커뮤니티에도 "양심적인 가게 소개 시켜 주세요" 같은 글도 자주 보입니다. 싸면서도 좋은 서비스를 제공하는 가게를 소개해달라는 말입니다. 그러나 저는 그런 말을 들을 때마다 씁쓸함을 느낍니다. 사람들이 말하는 '양심적인' 가게들은 종종 주인이 말도 안 되는 긴 노동 시간을 견디며 충분한 보상을 받지 못하는 경우가 많습니다. 심하게 말하면, 손님들이 가게 주인을 착취하는 것과 다를 바 없습니다.

'양심적'이라는 말이 잔혹하게 느껴집니다. 그럼 정당한 대가를 받으려는 사람은 비양심적인 사람들인가요? 물론 단정할 수는 없습니다. '양심적인' 가게들이 '양심적인' 가격을 책정한 이유와 상황에 대해 다 알 수 없으니 말입니다. 그럼에도 터무니없이 저렴한 식당들을 '양심적인' 가게라고 말하며 다른 식당들을 욕하는 사람들을 보며 '착취'라는 단어가 떠오르는 것은 어쩔 수 없습니다.

교회도 마찬가지입니다. 목사 한 사람, 혹은 목사 가정의 희생으로만 유지되는 교회가 과연 바른 교회일까요? 그런 교회를 진정한 공동체라고 부를 수 있을까요? 서로를 책임지지 못하고, 희생의 무게를 나누지 못한다면 교회의 문을 닫는 것이 맞다고 생각합니다. 그래서 미안하고 주저되는 마음이 있었지만, 교인들에게 그렇게 요구하고 부탁한 것입니다.

한 사람이 교회의 주인처럼 군림하고, 모든 영광과 열매를 차지하는 교회는 하나님의 교회가 아닙니다. 반대로 한 사람의 희생과 착취로만 유지되는 교회 역시 하나님의 교회가 아닙니다. 저는 그런 교회가 건강한 교회라고 생각하지 않습니다.

교회의 공적 책임

작은 교회이지만 예배 공간을 위한 비용이 들지 않았기에 처음 몇 년간 교회의 재정이 조금씩 쌓였습니다. 언젠가 사람들이 많아지고 필요가 생기면 공간을 마련해야 한다고 생각했었기에 임대 보증금을 모아 놓을 필요가 있었습니다. 매년 남는 돈을 임대 보증금이라 생각하고 그대로 모아두었습니다.

시간은 계속 흘렀지만 성도들은 학원의 예배 공간이 모자랄 만큼 늘지 않았고, 새로운 공간에 대한 필요도 그렇게 강하지 않았습니다. 그러다 보니 쌓여 있는 돈이 부담스러워지기 시작했습니다. 쌓아놓은 돈이 많아서 그런 것이 아니라 이렇게 돈을 모아 두어도 되는가 하는 생각 때문이었습니다.

앞서 교회 공간에 대해 이야기 했었지만 교회의 공간을 마련하지 않기로 한 또 다른 이유는 공간 유지를 위해 사용되는 헌금에 대한 문제의식 때문이었습니다. 예전에 사역하던 교회 중에 새로 건축한 교회가 있었습니다. 교회 건물이 아파트 부지 안에 있었는데 그 아파트가 재개발이 되면서 새롭게 건축하게 된 것이었습니다. 교회가 건축되는 몇 년 동안 예배는 인근의 학교의 강당을 빌려서 드렸습니다. 잘은 모르지만 듣기로 그 기간 동안 많은 재정을 아끼고 모았다고 했습니다.

시간이 지나고 아름답고 편리한 교회가 건축되었지만 교회 재정은 이

전처럼 넉넉할 수 없었습니다. 아파트 재건축과 물려 있었기에 무리해서 교회를 지은 것도 아니었지만 꽤 많은 대출금을 갚아야 했습니다. 그것뿐 아니라 이전보다 더 커진 새 건물에는 훨씬 많은 관리 운영비가 들었습니다. 제가 전도사로 있던 교육부의 예산도 줄어들었습니다.

그 경험은 헌금을 어떻게 사용해야 하는가라는 질문을 갖게 했습니다. 교회의 공간도 필요하고, 그것을 유지하는데 비용이 드는 것은 당연하겠지만 그것 때문에 더 중요한 일을 놓친다면 그것이 옳은가 하는 고민이었습니다. 교회를 위한 공간은 필요하고 중요합니다. 그러나 우리 교회는 당장에는 다른 공간이 필요하지 않았고 이런 기회를 잘 이용해야겠다는 생각이 들었습니다. 어차피 지금 필요하지 않은 돈인데, 그냥 쌓아 놓는 것이 아니라 필요한 곳에 더 적극적으로 사용해 보자는 생각이 늘었습니다.

이런 생각을 성도들과 나누었고 동의를 얻었습니다. 그리고 일 년 동안 도움이 필요한 곳을 찾아 적극적으로 후원을 했습니다. 큰 교회가 하는 후원에 비하면 적은 돈이고, 후원을 받은 기관이나 사람들에게는 큰 도움이 될 만한 돈이 아니었겠지만 우리 교회로서는 꽤 많은 돈이었습니다.

우선은 동사무소를 통해 도움이 필요한 이웃을 도왔습니다. 우리 교회가 그 지역에서 예배드리면서도 지역에 필요한 교회가 되지 못한다는 아쉬움이 늘 있었습니다. 교회 전용 공간이 있는 것도 아니고 제가 사는 동네도, 성도들이 사는 동네도 아니어서 한계가 있었습니다. 고민도 많았습니다. 그냥 내가 사는 곳으로 교회를 옮길까, 아니면 교인들이 사는 곳에서 가까운 지역으로 교회 공간을 얻어 볼까 하는 고민과 시도도 해보았습니다. 그러나 여의치 않았고 그렇게 시간만 흘러가고 있었습니다.

그러던 와중에 코로나19의 대유행이 시작되었고 그나마 있던 지역에 대한 관심도 사라졌습니다. 물론 다른 방식으로 지역을 섬기는 일을 할 수도 있었을 것입니다. 동네를 위한 사업을 시작할 수도 있고, 사람들을 모을 수도 있었을지 모릅니다. 그러나 저는 그럴만한 역량도 용기도 없는 사람이었습니다. 코로나에 조금 적응이 되자 교회의 대면 예배가 다시 시작되고 공무원들이 예배 때마다 방역 점검을 나오기 시작했습니다. 그러면서 이런 생각이 들었습니다.

'교회 간판도 없지만 이제는 지역에 교회가 있다는 것을 사람들이 아는데 지역을 위해 뭔가를 해야겠다.'

예전에는 우리 교회가 있는지 아무도 몰랐겠지만 이제는 공무원들이라도 알지 않겠습니까? 그래서 동사무소에 가서 후원금을 전달했습니다. 부자 동네라 어려운 이웃이 있을까 했는데 담당자에게 물어보니 다른 동보다 적기는 하지만 없지는 않다고 했습니다. 이런 방식으로도 지역과 함께하는 교회가 될 수 있는데 게을렀다는 생각이 들었습니다.

교회가 예배를 드리는 장소는 부자 동네이지만 제가 살고 있는 동네는 변두리 지역입니다. 동네를 산책하다가 좀 먼 곳까지 걷게 되었습니다. 한적한 곳에 들어섰는데 그 동네가 참 마음에 들었습니다. 아담하고 깔끔하게 생긴 저층 아파트를 지나 학교같이 생긴 운동장이 딸린 건물이 눈에 보였습니다. 무슨 건물인가 싶어 주변을 살펴보았으나 아무 표식도 보이지 않았습니다. 나중에 알고 보니 보육원이었습니다.

집 근처에 사는 지인과 대화를 나누다가 그 보육원 이야기가 나왔습니다. 지인의 아이가 초등학교에 다니는데 그 반에 보육원에 사는 아이가 있다는 것이었습니다. 그 아이는 반 친구들이 다 집에 가고 나면 가장 늦게 하교를 한다고 합니다. 자기 집을 다른 친구들이 아는 것을 원하지 않기 때문인 것 같다고 했습니다. 보육원 건물에 아무 표식이 없는 이유를 알 것 같았습니다. 내가 그곳에 사는 아이라도 보육원이라고 적혀 있는 건물 속으로 들어가는 것을 원하지 않을 것 같았습니다.

우리 부부는 아이가 없습니다. 그래서 입양을 생각해 본 적이 있었습니다. 아주 상세히 알아본 것은 아니지만 입양은 쉽지 않았습니다. 소득의 기준이 있는데 작은 교회 목사로서는 충족할 수 없는 금액이었습니다. 입양될 아이의 적절한 양육을 위해서는 필요한 기준이라는 생각이 들었지만 아쉬웠습니다. 그래서였는지 보육원의 아이들에게 마음이 갔습니다.

그러던 중에 우연히 아는 분이 그룹 홈에서 일하신다는 것을 알게 되었습니다. 그룹 홈은 보육원과 같은 규모 있는 시설과 달리 보육사와 소수의 아이들이 집에서 함께 지내며 양육을 하는 곳이었습니다. 그곳에서 일하시는 분이 종종 페이스북에 올려주시는 글을 읽으며 관심을 가지고 지켜보다 이 아이들에게 우리 교회가 선물이 되면 좋겠다는 생각이 들었습니다. 그래서 고기 파티를 후원하고, 성탄 선물을 위해 돈을 보내기도 했습니다. 교인들도 기꺼운 마음으로 동참했습니다. 그러다 더 지속적인 도움이 되고자 지금은 정기 후원을 하고 있습니다.

그 외에도 여러 가지 필요가 있는 곳에 후원하다 보니 모아 놓은 돈이 꽤 사라졌습니다. 이제 공간이 필요하더라도 남아 있는 돈으로는 보증금을 마련할 수 없을 것입니다. 그러나 크게 걱정하지는 않습니다. 아니 솔직히 말하면 줄어들고 있는 통장 잔고와 늘어나지 않는 헌금을 생각하면 조금 걱정이 되기는 합니다. 그러나 뭐 어쩌겠습니까?

특별하지 않아 특별한 교회

카카오톡 알림 소리가 들립니다.

'목사님 이번 주에 저희 가족 부모님 뵈러 가야할 것 같습니다ㅠㅠ'

"여보, 이번 주에 우리 밖에 없겠는데?"

개척하고 처음 1-2년 간 여러 가지 감사한 일이 많았지만 그 중에 하나가 우리 부부만 예배드린 적이 없다는 것이었습니다. 그러나 부부만 예배드리는 날이 오고야 말았습니다. 예배는 사람을 보고 하는 것이 아니라 하나님께 드리는 것이라고 하지만, 아내만 앉아있는 예배당에서 설교하는 것은 힘이 빠지는 일입니다.

교회를 시작할 때는 바른 교회가 되려고 애쓰면 사람들이 올 줄 알았습니다. 민주적이고, 투명한 운영을 하는 교회가 되려고 애쓰면 그런 교회를 찾고 있는 사람들이 알아서 올 줄 알았습니다. 많지는 않더라도 어느 정도는 모일 줄 알았습니다. 건강한 교회에 대한 성도들의 목마름이 있고, 바른 교회가 되려고 애쓰는 교회에 하나님이 부어주시는 은혜가 있을 줄 알았습니다. 그러나 그것은 착각이었습니다. 그런 분들은 우리 교회에 없습니다. 그런 분들이 어디 있는 지 사실 잘 모르겠습니다. 지금도 우리 교회는 자립하지 못하고 여러분들의 도움 속에 근근히 버틸 뿐입니다.

무엇이든 새롭게 만드는 것은 귀찮고 힘듭니다. 그러나 이미 있는 것들 중에서 내게 맞는 것을 선택하는 것은 쉽습니다. 마찬가지로 바닥에서 새로운 교회를 만들어 가는 것은 쉽지 않습니다. 헌신과 수고가 필요합니다. 때때로 자신의 이상과 생각을 양보해야 합니다. 그러나 이미 청사진이 잘 나와 있는 잘 준비된, 혹은 잘 만들어진 새로운 개혁적인 교회를 선택해서 참여하는 것은 그것보다 쉽습니다. 미리 내 생각과 취향에 맞는지 신중하게 고르면 됩니다. 우리 교회가 그렇게 잘 준비된 교회였다면 지금의 모습과는 많이 달랐을 것 같습니다. 제 능력으로 가능한지 의심스럽기는 하지만 그렇게 잘 준비하여 교회를 개척할 수 있었으면 좋았겠다는 생각이 들기도 합니다. 문제는 지금 우리 교회는 그런 교회가 아니라는 것입니다.

기존 교회와 다른 우리 교회의 지향과 모습을 긍정적으로 생각하고 오신 분들이 있었습니다. 그분들은 이상적인 교회에 대한 기대를 가지고 우리 교회를 찾아왔습니다. 그러나 우리 교회는 그분들의 이상을 채워줄 수 있는 교회가 아니었습니다. 카리스마와 능력이 있으면서 민주적이고 리더십 있는, 스마트하면서도 기도 많이 하는 목사도 없고, 사랑과 열정으로 가득한 완벽한 성도들도 없습니다. 그저 건강한 교회가 무엇인가를 고민하고 할 수 있는 대로 애쓰는 교회일 뿐입니다. 이루어놓은 것도, 내세울 만한 것도 없는 작은 교회입니다. 그분들은 이내 실망하고 떠나갔습니다.

지금도 우리 교회는 많이 모자랍니다. 지금도 저희 부부 외에 두어 명만 모여 예배드릴 때도 많습니다. 교인들이 예배 시간에 늦어 저 혼자 시작하는 경우도 있습니다. 대단히 개혁적이거나 새롭거나 특별하지 않습니다. 개혁적이고 새롭고 건강한 교회에 대한 열망을 가진 대단한 교인들도 아마도(제가 사람 속까지 다 알지는 못하니까요) 없습니다. 그래서 우리 교회는 특별합니다.

얼마 전 주변의 작은 교회들이 모여 연합예배를 드렸습니다. 예배를 드리고 난 후 재밌는 사실을 알게 되었습니다. 우리 교회 교인들의 특징이 있었습니다. 연합예배에 참여한 다른 작은 교회, 새로운 지향점을 가진 교회들에는 기존 교회나 교계에 대해 문제의식을 가지고 아파하고 힘들어하는 교인들이 많았습니다. 바른 교회에 대한 고민 끝에 그 교회를 찾아온 것입니다. 그런데 재밌게도 우리 교회 교인들은 그렇지 않습니다. 우리 교회 교인들은 타지에 와 교회 공동체에 뿌리를 내리려고 찾다가 온 사람, 오랫동안 교회를 떠나 있다 우연한 기회에 온 사람, 또는 어쩌다 온 사람들입니다.

저는 우리 교회는 특별한 교회이기보다, 색다른 교회이기보다, 보통의 교회가 되기를 원합니다. 세상의 상식이 아니라 하나님 나라의 법도대로 살기 위해 애쓰는 보통의 교회, 차별과 혐오가 아니라 사랑과 환대의 삶을 살기 위해 애쓰는 보통의 교회, 서로를 특별하게 책임지지는 못하지만 기도하고 아파하고 공감하는 것으로 하나 되는 보통의 교회, 특별하고 대단한 일을 하지는 못하지만 하나님을 사랑하는 마음으로 최선을 다해 예배하는 보통의 교회가 되기를 원합니다.

시간이 지나고 점점 느끼는 것은 이전보다 나은 나, 이전보다 나은 교인, 이전보다 나은 교회의 모습입니다. 우리는 점점 성장하고 성숙하고 있습니다. 우리는 점점 더 예수를 닮으려 애쓰고 있습니다. 우리 교회는 이전보다 더 하나님이 원하시는 교회의 모습에 가까워지고 있는 것 같습니다. 이 여정이 어떻게 이어질지는 모르지만, 지금도 교회의 주인이신 주님이 우리 교회를 이끌어가고 계신다는 생각이 듭니다.

위기 속에 발견하는 소명

눈에 보이는 대단한 성과가 없는 시간이 길어지면 우리 교회가 하나님께 필요한 교회인가 라는 질문이 들 때가 있습니다. 최영기 목사의 『가정 교회로 세워지는 평신도 목회』라는 책에 보면 최 목사님은 나는 교회의 부목사이고, 담임 목사는 예수님이라는 마음으로 목회를 했다고 합니다. 교회를 시작하며 큰 힘이 되었던 말입니다. 교회에 대해 내가 걱정하고 염려할 필요가 없다, 예수님이 알아서 하신다고 믿습니다. 존폐도 예수님이 책임지신다 생각하면 마음이 편합니다. 할 수 있는 만큼만 최선을 다합니다. 그럼에도 힘들도 지칠 때가 있습니다. 우리 교회가 있어야 하는 교회인가 질문하게 됩니다. 코로나 시테 때도 그랬습니다.

며칠 있으면 서울에 있는 병원에 진료를 보러 가는 날이었습니다. 뉴스에서 대구 신천지 발 대규모 코로나 확진에 대한 내용이 흘러나왔습니다. 그 때는 코로나19에 대한 지식이 지금에 비해 아주 적었던 때라 코로나19에 대한 두려움이 컸었습니다. 그래도 이전의 다른 전염병이 그랬던 것처럼 조금 조심하고 있으면 지나가겠지 라고 생각하고 있었는데 집단 감염 사태가 벌어진 것입니다.

며칠 후 서울의 병원에 가니 대구에서 온 사람은 특별 대상이었습니다. 다른 사람들보다 한 번 더 문진 과정을 거쳐 이상 없음을 확인한 다음에 진료를 볼 수 있었습니다. 진료를 볼 때도 의사가 차트에 있는 주소를 보고 '신천지 교회 다니는 건 아니죠?' 라고 물을 정도였습니다.

신천지 집단 감염 사건 직후 대구는 온갖 혐오와 편견과 두려움의 대상이었습니다. 대구는 가면 큰일 나는 위험한 도시가 되었습니다. 교인 중에 한 가족은 서울 호텔에 예약을 했는데 대구에서 왔다는 이유로 투숙을 거부당하기도 했습니다. 서울에 사는 친척은 가족 장례식 때문에 경북 어느 도시에 가야 한다고 회사에 말하니 장례휴가에 더하여 친절하게도 일주일 휴가를 더 주었다고 했습니다. 코로나를 전염시킬까 하는 두려움 때문에 주어진 강제격리휴가였습니다.

개척하고 얼마 되지 않아 닥친 코로나19는 교회의 위기이기도 했지만 개인적으로도 위기였습니다. 뭘 어떻게 해야 할지 모르는 상황 속에 내몰렸으니까 말입니다. 고작 일주일에 한 번 예배드리는 것이 교회의 대부분의 일인 작은 교회에서 대면 예배조차 함께 드릴 수 없는 상황이 되고 나니 할 수 있는 것이 없었습니다. 목사로서의 정체성이 흔들리는 시간이었습니다.

그러나 감사하게도 코로나19는 우리 교회가 필요한 교회구나 라는 것을 생각하게 하는 시간이었습니다. 대구를 향한 혐오와 편견과 두려움도 많았지만, 동시에 도움의 손길도 많았습니다. 우리 교회는 대구를 향한 도움의 통로가 되었습니다.

"목사님, 대구 지역의 어려운 이웃을 돕고 싶다고 하는 분들이 있는데 목사님 교회를 통해 지원이 가능할까요?"

알고 지내던 예하운선교회 김디모데 목사님의 연락이었습니다. 돈을 받아 물품을 구매하고 성도들과 함께 모여 포장을 하고 도움이 필요한 청소년, 어르신들을 수소문하여 전달하였습니다. 코로나 때문에 아무것도 하지 못하고 있었는데 도리어 그 위기가 기회가 되어 교회가 선한 통로로 사용되게 된 것입니다.

이후에도 예하운 선교회 뿐 아니라 여러 단체의 요청을 받아 마스크를 지원 받아 면역력이 취약한 질병이 있는 어린이들에게 전달하기도 하고, 보건소에 간식도 전달하고, 어려운 형편에 있는 교회들을 찾아 성금을 전달하기도 했습니다.

도움의 손길들이 계속해서 이어졌고, 우리 교회는 봉보로 아낌없이 사용되었습니다. 우리 교회를 향한 하나님의 위로가 담긴 선물 같았습니다. 비록 교인들이 얼마 되지 않고, 그 얼마 되지 않는 성도들이 함께 모여 예배드리는 것조차 어려운 상황이라도 우리 교회가 세상에 필요하고, 하나님께 필요하다는 것을 보여주시는 것 같았습니다. 우리 교회에도 도움의 손길도 이어졌습니다. 위기일 수 있는 상황이 도움과 관심의 손길로 오히려 더 풍성한 상황이 되었습니다. 어려운 상황이고, 위기의 시간이었지만, 여러분들의 사랑과 관심으로 인해 도리어 감사한 시간이었습니다.

차별 없는 예수님의 사랑

저는 신장이식을 한 내부 장기 장애인입니다. 그전에는 꽤 오랜 시간 투석을 받는 중증 장애인이기도 했습니다. 병은 저의 인생에 깊은 흔적을 남겼고, 지금도 남기고 있습니다. 이식한 신장도 언제 기능을 다할 지 알 수 없습니다. 그래서 늘 한쪽에 불안을 가지고 살아갑니다.

저의 투병은 이십 대 초반부터 시작되었습니다. 20년 정도 저와 함께한 셈이네요. 질병은 저를 소수자로 만들었습니다. 교회에서 사역할 때도 늘 한계를 경험했습니다. 이식을 하기 전에는 더더욱 배려와 동정의 대상이었습니다. 전도사로 사역할 자리를 구하는 것조차 동정과 부탁이 필요했습니다. 제가 원하는 것은 평범한 대우였습니다. 잘하든 못하든 그대로 대우해주길 바랐습니다. 교회는 사랑과 평등을 전하지만 그곳에서 일하는 사람에게조차 그러지 못했습니다. 저처럼 눈에 보이지 않는 장애임에도 불구하고 그랬는데 눈에 보이는 신체장애를 가진 목회자에 대한 교회의 편견과 차별은 얼마나 심할까요?

이런 경험 때문인지 저는 소수자에 대한 차별과 혐오 문제에 대해 관심이 많습니다. 예수님은 분명 차별과 혐오의 대상을 더 사랑하시고, 더 관심을 기울이시고, 그들을 위해서 눈물 흘리신 분이십니다. 그러나 지금 교회는 그 예수님의 모습과 많이 멀어진 것 같습니다.

제주도에 온 500여 명의 예멘 인들이 난민 신청을 하면서 한창 이슈가 되었을 때였습니다. 라디오 뉴스에 예멘 난민 반대 단체 대변인인지 대표인지 하는 사람의 인터뷰가 나오는데 목사였습니다. 나도 모르게 욕이 나왔습니다. 개인적으로 난민에 대해 여러 관점과 의견을 가질 수 있을 것입니다. 그러나 목사가 혐오와 차별을 위한 단체의 대표가 되는 것이 옳은가, 그 직책을 목사라는 정체성을 가지고 행동하는 게 옳은가 하는 생각이 들었던 탓에 화가 났던 것 같습니다.

서울에 있는 병원에 가는 길이었습니다. 서울역에 내려 지하철을 타러 갔는데 안내 방송이 흘러나옵니다. 전장연의 불법 시위로 지하철 운행이 지연되고 있다는 내용이었습니다. 뉴스로만 보던 "전국장애인차별철폐연대"의 지하철 시위를 맞닥뜨린 것입니다. 얼마 지나지 않아 지하철이 들어오는데 제 앞에서 철창 틀에 갇힌 장애인이 전동 휠체어를 타고 지하철에서 내렸다가 다시 타기 시작했습니다. 지하철 운행이 상당 시간 지연되었고, 지하철 직원들은 다른 열차를 이용하라고 안내했습니다. 저는 사람들이 시위자들을 심하게 욕할 줄 알았습니다. 그러나 예상외로 사람들의 반응은 담담했습니다. 지지하는 듯한 행동을 보이는 사람들도 있었습니다. 물론 어떤 사람들은 욕을 하기도 했습니다. 그러나 제 예상보다는 훨씬 호의적이었습니다.

그 장면들을 보고 있는데 울컥했습니다. 여러 가지 생각과 마음이 들었습니다. 저기 시위를 하는 저 사람들도 사람들의 불만의 시선을 받으며 저렇게 시위하는 것이 결코 마음 편한 일이 아닐 것이라는 생각, 그럼에도 저렇게까지라도 해야 하는 절박한 그들의 상황에 대한 생각, 지하철이 연착되어 많은 불편을 겪고 있음에도 예상보다 친절한 시민들의 반응에 대한 놀라움. 시위 현장을 지켜보면서 교회보다 세상이 더 복음적이구나 라는 생각도 들었습니다. 어쩌면 세상은 더 소수자들에 대해 열려 있겠다는 생각도 들었습니다.

교회를 시작하며 이전에 누리지 못한 자유가 있습니다. 조금 서툴더라도 성경을 보며 깨닫게 되는 것을 눈치 보지 않고 전할 수 있는 자유입니다. 물론 실수도 있을 것입니다. 무난한 말씀을 전하는 것에 비해 위험할 수도 있습니다. 그러나 위험한 시도 없이 예수님과 같은 위험한 존재를 만날 수 있을까요?

차별금지법이 한창 이슈가 될 때 장혜진 의원이 만든 차별금지법을 설명한 영상을 교인들과 함께 보았습니다. 욕하기 전에, 거부하기 전에, 남들이 말하는 것을 듣기 전에 우리가 먼저 판단해 보자는 생각 때문이었습니다.

성소수자 자녀를 둔 『너에게 가는 길』이라는 영화의 내용을 설교 시간에 나누기도 했습니다. 부산에서 매달 모이는 영남지역 성소수자 부모 모임에 참석한 후 후기를 교인들에게 전하기도 했습니다. 그 사람을 판단하기 전에 만나보자, 그 사람에 대해 평가 내리기 전에 있는 그대로 바라보자는 생각 때문이었습니다. 우리 교인들도 나름대로 생각과 판단이 있을 것입니다. 그러나 다른 생각을 함부로 판단하지는 않습니다.

차별받고 소외된 사람이 무조건 선한 사람이라는 것이 아닙니다. 모든 사람은 완전할 수 없습니다. 모든 사람에게는 선과 악이 공존합니다. 다만 편견 때문에, 미리 그 사람을 단정하거나 평가하지 말자는 것입니다. 있는 그대로 받아들이자는 것입니다.

김혜진 작가의 소설집 『너라는 생활』에 수록된 「자정 무렵」에 보면 이런 내용이 나옵니다.

"사람들은 우리와 나란히 서 있다가 한꺼번에 갑자기 몇 계단 위로 뛰어 올라간 뒤 우두커니 우리를 내려다보고, 또 갑자기 우르르 몇 계단 아래로 내려선 다음 멍하니 우리를 올려다본다. 그 바람에 우리가 서 있는 자리는 그들보다 아래였다가 위였다가 오르락내리락한다. 이러나저러나 우리와 나란히 서 있는 건 해본 적도 없고, 하고 싶지도 않고, 할 줄도 모르는 사람들 같다."

소외된 이들을 혐오하거나, 포장하여 보는 것 모두 차별입니다. 있는 그대로 받아들이는 것, 그것이 한 존재에 대한 바른 태도라고 생각합니다. 그리고 복음의 방식이라고 우리는 믿습니다. 예수님이 아무 차별 없이 죄인들을 대하시고 구원을 선포하셨던 것처럼 말입니다. 우리 교회는 소수자를 사랑하셨던 예수님에 대한 말씀을 많이 나눕니다. 누구도, 인종, 종교, 국적, 성별, 성정체성, 장애, 등등의 이유로 예수님의 사랑에서 배제되어서는 안 된다고 생각합니다. 예수님이 머리 되신 교회는 세상보다 더 그래야 한다고 생각합니다.

말씀과 삶이 일치해야 한다고 강조하던 제게 차별 없는 사랑을 실천할 수 있는 기회가 있었습니다. 퀴어문화축제 축복기도 시간에 참여해달라는 요청을 받은 것입니다. 처음 가는 축제라 어색하기도 하고, 여기에 참여한 것이 표적이 될까 걱정되는 마음도 있었습니다. 그러나 축복 기도를 요청하는 그리스도인, 비그리스도인, 타 종교인들을 맞으며 복음이 이것이구나 라는 것을 경험하는 감동적인 시간이었습니다. 퀴어축제가 아니라면 제가 하나님의 이름으로 축복받기를 원하는 수많은 비그리스도인들을 만날 기회가 있을까요?

우리 교회는 이런 생각을 공유합니다. 교인들 각자 여러 다른 생각들이 있겠지만, 판단하고 정죄하기 전에 같이 고민합니다. 우리 교회가 모든 이들을 아무 편견 없이 환대하는 교회는 아닙니다. 그렇게 완전하지 않습니다. 그러나 적어도 누구든 편견 없이 대하려는 마음과 애씀이 있는 공동체입니다.

희망을 품는다

　건작동 소속 회원 목사님의 소개를 통해 한 가정이 우리 교회를 찾아왔습니다. 군인 가족으로 3년 정도 대구에 머무를 것인데 교회를 찾고 있었습니다. 마침 교회와 그리 멀지 않은 동네에서 살고 있었습니다. 오랜만에 오는 교인이라 반갑게 맞이했습니다. 함께 예배를 드리고 심방을 가서 이야기를 나누는데 이상하게도 이 가정이 우리 교회와 꼭 함께했으면 좋겠다는 마음이 들었습니다. 사실 그런 마음을 가진 적이 거의 없었습니다. 그런데 그런 마음이 생겨서 신기했습니다. 감사하게도 그 가정은 우리 교회 식구가 되었습니다.

　그 가정에 아이가 3명이 있었습니다. 위에 두 아이는 유아세례를 받았는데 막내가 유아세례를 받지 않았습니다. 어머니께서 이 아이가 유아세례를 받을 수 있는지 물어보셨습니다. 그렇게 우리 교회의 첫 번째 유아세례가 베풀어졌습니다. 유아세례를 준비하며 유아세례증서를 만드는데 이런 생각이 들었습니다.

　"나중에 이 아이가 자라서 유아세례를 어디서 받았는지 증명서가 필요한 일이 생기지 않을까? 그때 자기가 세례 받은 교회가 사라졌다고 하면 조금 마음이 그렇겠지?"

　생각해보니 유아세례증명서가 필요할 일이 있을까 싶기도 합니다. 제가 유아세례 받은 교회도 없어졌는지, 이름을 바꿨는지 찾을 수가 없습니다. 그래도 이 아이가 성인이 될 때까지 우리 교회가 존재한다면 좋겠다는 생각이 듭니다. 그럴 수 있을지 모르겠습니다.

우리 교회는 이렇게 오늘도 살아가고 있습니다. 언제까지 이 순례의 길이 이어질지 모르겠으나 마지막까지 하나님 보시기에 아름다운 모습이었으면 좋겠다고 깊이 소망합니다. 우리 교회의 순례의 여정이 읽는 분들에게 위로와 소망과 기쁨이 되었으면 감사하겠습니다.

Part.2

건작동이란?

건강한작은교회동역센터
The fellowship for small sound churches in Korea

01.
더불어 아름다운 건강한 작은 교회의 꿈!

이진오 목사
세나무교회, 건작동 운영위원

"교회는 그리스로 이동해 철학이 되었고, 로마로 옮겨가서는 제도가 되었다. 그리고 유럽으로 가서 문화가 되었고, 마침내 미국으로 왔을 때 교회는 기업이 되었다."

이 말은 미국 상원의 채플 목사였던 리처드 헬버슨이 했다고 합니다. 그리고 한국교회 부패와 타락을 고발한 김재환 감독의 다큐멘터리 영화 〈쿼바디스〉에서는 이 말에 한마디를 덧붙였습니다.

"그리고 교회는 한국으로 와서 대기업이 되었다."

우리 시대 한국교회의 추락은 날개가 없습니다. 모두가 인정하고 걱정하듯이 가장 처참하고 비참하게 타락하고 부패했습니다. 한국교회의 신학적 타락과 윤리적 부패는 도를 넘었습니다. 많은 교회사 학자들은 한국교회가 중세시대 종교개혁 이후 가장 부패한 교회가 됐다고 지적합니다.

중세시대 로마 가톨릭의 타락과 부패에 맞서 '종교개혁'이 있었던 것처럼, '제2의 종교개혁'은 우리 시대 한국교회에서 일어나야 한다는 목소리가 사방에 퍼지고 있습니다. 한국교회 개혁의 방향에 대해 기독교계에서는 다양한 이론이 주장되고 목회 방법론이 시도되고 있습니다.

나는 한국교회 개혁의 내용과 방향이 어떤 신학직 이론이 새롭게 필요하거나, 획기적인 목회 방법론이 제시되어야 한다 생각지 않습니다. 우리 시대 종교개혁의 방향은 대기업이 된 "홀로 빛나는 대형교회 생태계"에서 "더불어 아름다운 건강한 작은 교회 생태계"로 재편이라고 생각합니다.

교회란 무엇인가?

　교회를 생각할 때 나는 필립 얀시가 쓴 책 제목 〈교회, 나의 고민 나의 사랑〉이 떠오릅니다. 이 책에는 교회에 대한 필립 얀시의 이런저런 실망과 좌절이 기록되어 있고, 교회를 통한 사랑과 회복에 관해 이야기하고 있습니다. 필립 얀시는 먼저 교회를 "고민"했고 그래서 "사랑"할 수밖에 없는 곳이라고 고백합니다. 그러나 나에게 있어 교회는 먼저 "사랑"이었고 그래서 "고민"하는 곳입니다. 교회를 통해 사랑을 입었고 사랑을 배웠는데, 그런 교회가 부패하고 타락하는 것을 보며 고민하고 때로 절망합니다.

　때로 생각합니다. 만약 내가 목사가 아니었다면 나는 교회에 출석했을까? "내가 사랑하는 아이들을 교회에 나가라고 그래야 하나님을 바로 믿고, 그래야 하나님 나라를 위해 살며, 그래야 사람답게 살게 된다고 했을까? 나는 이 생각과 질문에 솔직히 당연하다고 답변하기가 주저됩니다. 어쩌면 나의 이런 사랑과 고민을 아시기에 하나님께서 가장 다듬어지지 않고 교만과 욕망에 가득한 나 같은 자를 목사가 되게 하신 것이 아닌가 싶습니다. 교회를 적대하는 자로 살아가지 말고 그래도 끝까지 교회를 사랑하는 자로 살아가도록 하시기 위해서.

　한국교회를 향한 제2의 종교개혁 그 재편 방향에 대해 부족한 생각을 주장하기에 앞서 내가 생각하는 교회에 대한 정의를 먼저 밝히는 것이 좋을 것 같습니다. 나는 교회를 "하나님께 부르심을 받은 사람들이 주님께 속한 삶을 살도록 가르치고 배우며 교제하는 곳"이라고 정의합니다. 이 정의 안에는 3가지 의미가 포함되어 있습니다. 첫째는 '에클레시아'로 부르심을 받은 사람들인 신자가 교회라는 정의입니다. 둘째는 '키리아코스' 즉 주님의 집을 의미하는 전통과 제도 그리고 공간을 포함한 정의입니다. 셋째는 가르치고 배우는 곳으로서의 '敎會'와 성령님 안에서 교제하고 소통하는 '交會'라는 정의를 포함합니다.

　나는 예배당 중심의 신앙, 예전 중심의 교회, 전통과 교리의 창백함, 사제주의 등의 아쉬움으로 교회를 사람으로 정의하고 사람을 바른 신자로 세우는 것을 강조하고 중시하는 것에 동의합니다. 그러나 사람을 바른 신자로 세우는 데 있어 바른 전통과 교리, 바른 예전 그리고 적절한 예배당은 여전히 필요하고 중요하다고 생각합니다.

　또한 '敎會'라고 했더니 가르치고 배우는 데만 열중해 정작 하나님과 성도들과 이웃과 세상과 소통하고 교제하지 못하니 '交會'로 바꾸자고 제안하신 故) 대천덕 신부님의 의견에도 동의합니다. 그러나 바르게 소통하고 교제하기 위해 또한 바르게 가르치고 배워야 함이 선행되어야 함도 여전히 중요하다고 생각합니다. 그래서 나는 교회는 부르심 받은 사람, 전통과 교리, 교제와 소통 등의 모든 내용을 포함하여 "하나님께 부르심을 받은 사람들이 주님께 속한 삶을 살도록 가르치고 배우며 교제하는 곳"이라고 정의합니다.

한국교회의 신학적 타락과 윤리적 부패

한국교회의 신학적 타락과 윤리적 부패에 대해서는 우리 시대를 살아가는 기독교인들은 모두가 알고 모두가 공감하며 모두가 한탄하는 것이기에 일일이 예를 들어 길게 말하지 않겠습니다. 주지하듯이 한국교회의 신학적 타락과 윤리적 부정과 부패는 매우 심각하며 더욱 깊어지고 커지고 있습니다.

신학적 타락의 핵심은 하나님의 말씀과 세속적 가치를 적당히 뒤섞는 '혼합주의'와 거룩한 것과 세속적인 것을 인위적으로 구분하는 '이원론'이라 생각합니다. '혼합주의'는 창조과학, 신사도주의, 세대주의적종말론, 이스라엘회복운동, 자유주의, 종교다원주의 등으로 만연하고, '이원론'은 사제주의, 기복주의, 세속주의, 개교회 이기주의 등으로 율법 화되고 있습니다.

신학적 타락이 개교회 내에서 일어나는 것도 심각하지만 〈한국기독교총연합〉과 같은 연합기구가 다락방 류광수, 평강제일교회 박윤식, 사랑하는교회 변승우, 사랑제일교회 전광훈, 사랑침례교회 정동수 같은 이단 사이비를 받아들이고, 이단 규정을 임의로 해제하며 더욱 큰 문제가 되고 있습니다. 이런 행동의 바탕에 정치적 이념과 이익이 자리 잡고 있습니다. 또한 '신천지'나 '하나님의 교회' 같은 이단 사이비에 대해 경계하면서도 정작 예배당을 매매할 때 돈 몇 푼 더 준다고 이런 이단 사이비에 예배당을 파는 일들은 우리 스스로를 부끄럽게 하고 있습니다.

신학적 타락에 따른 윤리적 부정과 부패는 더욱 심각합니다. 담임목사직 세습, 재정 유용, 성범죄, 박사학위 대필과 표절, 극단적 정치적 편향 등은 이미 교단을 가리지 않고 보편화되었습니다. 교단 내 자정능력은 상실했고 개교회 내 치리는 사라진 지 오래입니다. 목사와 장로뿐 아니라 일반신자들도 이제 교회 내 부정과 부패는 사회 법정에서 판결 받는 것이 당연시되었습니다. 자정능력을 상실함에 따라 '개독교', '먹사'라는 비하와 조롱의 말을 듣는 지경에 이르렀습니다.

신자는 줄고, 교회와 목사는 늘고

그런데 국가 〈통계청〉이 발표한 '2015년 종교유형별 인구' 결과는 기독교계를 안심하고 고무되게 하였습니다. 신학적 타락과 윤리적 부패의 심화로 기독교 인구가 급감했을 것이라는 예측과 우려와 달리 기독교 인구는 19.7% 약 970만 명으로 10년 전 통계청 조사 때보다 약 100만 명이나 증가했다고 나타났습니다.

그러나 이런 결과는 우리를 당혹하게 했습니다. 왜냐하면 실제 기독교 각 교단 총회 등에 보고되는 교회 수, 신자 수, 목회자 수 등의 통계는 계속 감소하고 있고, 지역교회 현장에서 실제적으로 보고 느끼는 현실과 괴리가 크기 때문입니다. 실제 기독교 언론 〈뉴스앤조이〉가 2019년 각 교단 총회 이후 7개 주요 교단(감리회, 고신, 기성, 기장, 통합, 합동, 합신)의 지난 15년 동안의 교세 변화를 정리한 통계는 〈통계청〉 발표와 큰 차이를 보이고 있습니다.

〈뉴스앤조이〉가 쓴 기사 "주요 교단 7개. 교인 수 정점 찍고 128만 명 빠졌다"(최승현 기자, 2019.10.07.) 에 의하면 한국교회는 2010년 이후 급격히 교세가 하락하고 있습니다. 7개 교단의 신자 수가 최고치였던 2010년 초반과 비교해 2018년 7개 교단의 신자 수는 무려 128만 명이나 줄었다는 것입니다. 반면, 목사 수와 교회 수는 10년 전과 비교해 모두 증가한 것으로 나타났습니다. 7개 교단 목사 수는 평균 55.4% 증가했고, 교회 수는 평균 24.9% 증가했습니다.

이런 기독교 내의 실제적 통계를 볼 때 〈통계청〉 통계에는 몇 가지 오류와 함정이 있습니다. 가장 큰 오류는 이단 사이비가 배제되지 않고 모두 기독교로 표기되고 통계에 포함되었다는 것입니다. 기독교계 이단 사이비는 최소 100만에서 200만 정도인 것으로 추정합니다. 또 다른 함정은 교회에 실제 출석하지 않은 소위 가나안 신자입니다. 최근 조사되는 통계는 가나안 신자도 최소 100만 명에서, 많게는 300만 명까지 집계되는 것으로 나타나고 있습니다. 이런 숫자를 빼고 나면 기독교 인구는 약 650만 명 정도로 추산됩니다.

80~90년대 한국교회가 "1천만 성도, 5만 교회, 10만 목회자"라고 하던 때에 비할 때, 현재 한국교회는 신자 수는 500만~650만, 교회 수는 7만~8만5천, 목회자 수는 20만~30만으로 추산합니다. 이로 볼 때 신자 수는 절반가량 줄고, 교회는 2배가량 늘었으며, 목회자는 3배로 늘었다는 것입니다. 가장 안타까운 것은 10대~30대 젊은 층의 기독교 인구가 급속도로 줄고 있다는 것입니다.

물론, 국가 전체의 저출산 현상에 의한 것도 있습니다. 그러나 다른 종교의 젊은 층 감소와 비교해 기독교 신자 수 감소는 더 빠르고 그 폭이 큽니다. 지역 편차도 커지고 있습니다. 지방은 기독교 인구가 감소하는 반면 수도권 특히 서울 강남 3구는 오히려 증가한 것으로 나타났습니다. 기독교가 젊은 층에 배척당하고 있고, 가난하고 소외된 사람들보다 돈과 권력이 있는 사람들이 선호하는 기득권 종교가 되었다고 볼 수 있습니다.

그런데 내가 볼 때 통계청 조사 내용에서 가장 심각한 것은 국민 중 비종교인이 56.1%고 종교인이 43.9%로 종교인구 자체가 줄고 있다는 것입니다. 대다수는 자기 선택으로 비종교인이 되었습니다. 지난 시대 100년은 기독교나 가톨릭 모두 선교의 시대였습니다. 복음이 폭발적으로 전해지고 성장했습니다. 물론, 여전히 복음을 듣지 않은 사람들이나 이제 태어나는 아이들이 있는 것도 사실입니다. 그러나 대부분 국민은 기독교와 교회를 알고 있고, 복음에 대해 접해본 상황에서 신앙을 선택하지 않는 시기에 들어선 것입니다. 따라서 과거처럼 복음이 폭발적으로 전해지거나 교회가 급속히 성장하는 시대는 끝났다고 볼 수 있습니다.

사회적 신뢰도 추락은 끝이 없다

신자 수만 준 것이 아닙니다. 더 심각한 위기는 사회적 신뢰도입니다. 2017년 〈(사)기독교윤리실천운동〉(이하 기윤실)이 조사 발표한 '한국교회의 사회적 신뢰도 조사' 결과는 충격적입니다. 기독교에 대한 신뢰도는 20.2%입니다. 기독교인을 뺀 비신자의 신뢰도는 10.7%에 그칩니다. 기독교인을 포함하면 10명 중 2명, 기독교인이 아닌 국민 중에는 10명 중 1명만이 기독교를 신뢰한다고 답한 것입니다. 가톨릭은 32.9%, 불교는 21.3%를 신뢰한다고 응답했습니다.

우리는 이런 결과에 대해 기독교가 얼마나 사회적 봉사를 많이 하고 있는지 일반인들이 잘 몰라서 그렇다고 생각합니다. 기윤실의 조사에 이와 관련한 내용도 포함되었는데 그 결과는 더 당황스럽습니다. 사회봉사 활동을 가장 많이 하는 종교를 묻는 질문에 시민들은 기독교 50.4%, 가톨릭 39.1%, 불교 8.3%라고 답변했습니다. 가장 도움이 되는 봉사활동을 하는 종교에 관한 질문이나 사회통합과 사회발전에 가장 많이 기여하는 종교에 관한 질문에도 이와 비슷한 수치로 기독교가 단연 앞서있습니다.

일반 국민도 기독교가 사회봉사나 사회통합 등에 많은 역할을 하는 것을 알고 있습니다. 그런데도 신뢰할 수는 없다는 것입니다. 이유가 무엇일까요? 기독교 신뢰도를 높일 수 있도록 기독교가 어떤 활동을 하기를 원하는가? 라는 질문에 관한 결과에 답이 있습니다. 조사 결과는 윤리와

도덕 회복과 실천이 45.3%로 가장 높았고, 봉사 및 구제 활동 31.6%, 환경·인권 등 사회운동 10.8%로 나타났습니다. 이로 볼 때 기독교에 대한 불신의 주원인은 도덕과 윤리성입니다. 시민들이 볼 때 기독교는 부패하고 타락했습니다. 심각한 것은 젊을수록 신뢰도가 낮습니다. 이런 부패와 타락과 불신의 가장 큰 원인은 교회 지도자인 목사와 장로들의 개인적 타락과 교회 운영의 비민주적이고 불투명함에 그 원인과 책임이 있습니다.

2009년 [시사저널]이 미디어리서치에 의뢰해 조사한 '직업 신뢰도 조사'에서 33개 직업 중 목사는 25위였습니다. 소방관이 1위이고, 신부 11위, 스님 19위입니다. 2016년 〈한국언론진흥재단〉이 실시한 '청소년 미디어 이용조사'에 의하면 직업군 신뢰도에서 교육자, 법조인, 언론인, 공직자, 경제인, 정치인, 종교인 순으로 신뢰한다고 답변했습니다. 종교인이 꼴찌입니다.

교회 대형화와 프랜차이즈화의 폐해

　미국 상원의 채플 목사였던 리처드 헬버슨 목사는 "교회는 그리스로 이동해 철학이 되었고, 로마로 옮겨가서는 제도가 되었다. 그리고 유럽으로 가서 문화가 되었고, 마침내 미국으로 왔을 때 교회는 기업이 되었다"라고 했습니다. 그리고 한국교회 부패와 타락을 고발한 김재환 감독의 다큐멘터리 영화 '쿼바디스'에서는 이 말에 한마디로 덧붙였습니다. "교회는 한국으로 와서 대기업이 되었다."

　한국교회가 왜 이렇게 되었을까요? 많은 사람은 신학적 타락과 윤리적 부패의 원인을 교회 성장주의 다시 말해 '대형화'에 따른 현상으로 이해합니다. 이런 인식의 확산에는 대형교회를 중심으로 한 여러 사건·사고들이 큰 몫을 차지하고 있습니다. 각종 신학적 타락과 윤리적 부정과 부패에 대형교회와 그 목회자들이 자리하고 있습니다. 그런데 교회만 성장시키면 신학적 타락이든, 윤리적 부정과 부패든 모두 용서되고 용납되고 있는 것입니다. 교회 내의 자정능력은 상실했고 교회 성장이 곧 하나님의 축복이라는 세속주의는 만연했습니다. 신학자들은 각종 세미나를 통해 대형교회 목사를 상찬하며 대형교회를 합리화하는 데 이용되고 있습니다.

　우리나라의 급속한 산업화와 교통의 발전 등에 의한 도시화는 대형교회의 출현을 가속했습니다. 그리고 이렇게 등장한 대형교회와 특정 목회자는 노회나 지방회와 총회나 연회 등으로 구성된 교회의 공교회성을 위협하기에 이르렀습니다. 대형교회 목사들은 공교회 조직의 임원을 장악하였고, 공교회의 주요한 결정은 특정 대형교회 목회자가 좌지우지하게 되었습니다. 이제 한국교회는 대형교회와 그 목회자의 신학적 타락과 윤리적 부패에 대해 징계할 수 없는 지경까지 이르렀고 작은 교회들도 공교회의 치리를 받는 것이 아니라 대형교회 목회자들에게 줄을 서며 세력화되고 정치화되어 자신들만의 카르텔을 형성하고 있습니다.

대형교회는 교회를 개척하거나 분립하면서 자기 교회 명칭을 붙여 '지교회화'하고 있습니다. 이를 통해 한 교회의 영향력은 더 크고 넓게 확산되고 있는 것입니다. 일반적으로 기독교의 전통과 교리 그리고 교회법은 '공교회'에 '지역교회'가 속합니다. 지역교회가 교회를 개척하거나 분립해도 노회나 지방회에 속하고 공교회의 치리를 받아야 합니다. 그런데 지역교회가 지역교회를 개척하고 분립하면서 자기 교회 명칭을 브랜드처럼 붙이고, 지역교회의 목회와 운영을 본 교회라는 이름으로 좌지우지하면서, 세력이 커진 소위 본교회와 지교회는 공교회의 치리를 무력화시키고 있는 것입니다.

한국교회 1세대 소위 부흥회 시대의 대표적인 교회들(여의도순복음교회, 금란교회, 영락교회, 충현교회 등)은 이런 식의 교회 성장과 지교회화를 이루고, 심지어 영상설교 등으로 지역교회 독립성조차 훼손해 가며 폭발적으로 성장했습니다. 이럴 때 소위 복음주의 4인방(홍정길 목사, 옥한흠 목사, 이동원 목사, 하용조 목사)으로 일컫는 목회자들은 이런 목회를 비판하며 제자화훈련, 기독교세계관운동, 교회갱신운동을 내세우며 교회 성장과 신자의 성숙을 이루었습니다.

그런데 안타깝게도 이분들도 개교회 성장과 자신들이 구축한 건강한 교회 목회 방법론을 '브랜드화'하고 이를 바탕으로 지교회, 네트워크교회, 캠퍼스교회 등 이름은 다양하지만 동일한 방식의 교회 성장과 획일화를 추구했습니다. 1세대 대형교회 모델과 개혁적인 이미지의 브랜드교회의 '프랜차이즈화'는 그 모양과 방법은 다르고 더 세련되고 문화화했지만 결국 공교회성을 훼손하고 무력화시키는데 동일하게 작동하고 있습니다.

대형교회와 개혁적 브랜드교회의 프랜차이즈화 확산은 성경적인 성숙한 신앙에 심각한 폐해를 양산하고 있습니다.

첫째는 공교회성을 무력화시키고 있습니다. '명성교회'와 '사랑의교회'가 대표적이다. 교단 법을 어겨가면서 담임목사직을 세습하고, 무자격자가 담임목사가 되고, 신학박사 학위를 표절해도 치리할 수 없는 것은 대형화에서 나오는 돈과 권력 때문입니다. 교회법은 지교회는 노회나 지방회 단위인 공교회에 속하게 되어 있습니다. 그런데 지교회인 개별 교회가 지교회를 개척하고 소유하는 것은 그 자체로 공교회를 무력화시키는 것입니다.

둘째는 소위 가나안 신자를 양산합니다. 교회 대형화 과정에서 신자 개인에 관한 관심과 돌봄은 약화되고, 신자는 섬김을 받을 영혼이 아니라 하나의 숫자로 인식되고 관리됩니다. 또 대형화 과정에 목사에 대한 성직주의는 강화되고, 교회의 계급화 등 세속주의는 확산됩니다. 신학적 타락과 윤리적 부패에 실망한 신자들은 교회를 떠나 가나안 신자로 교회 밖에서 다른 길을 모색하고 있습니다.

셋째는 소위 익명의 그리스도인을 양산합니다. 익명의 그리스도인은 교회에는 출석하지만, 교회 공동체에 참가하지 않고 익명으로 주변화된 신자들을 의미합니다. 교회 대형화는 여러 시간대 예배와 다양한 서비스를 제공함으로 신자들이 관람하고 쇼핑하듯 교회를 참관할 수 있게 합니다. 공동체의 필수인 인격적 관계성이 상실된 예배자와 신자의 양산은 성경의 가르침을 위배하며 장기적으로 가나안 신자와 비신자화 할 위험을 스스로 키우고 있는 것입니다.

넷째는 일상의 제자도를 방해합니다. 신자가 성숙하다는 것은 교회 안에서 어떤 신자인가에 있지 않습니다. 가정, 직장, 사회 등 일상의 삶에서 그리스도의 제자로 살아가는가에 성숙함이 증명됩니다. 그런데 교회 대형화는 모든 은사와 재능을 또 시간과 물질을 교회 성장에 집중하고 동원되도록 부추깁니다. 교회 중심의 신앙과 삶은 오히려 신자 개인의 일상에서의 삶을 방해하고 망가트리고 있습니다.

다섯째는 민주적 운영을 방해합니다. 교회 민주적 운영은 모든 교단 헌법이 명시하고 있는 내용입니다. 민주적 운영의 핵심은 권력의 분산과 견제와 균형, 의사소통의 효율성과 다수 의견에 대한 승복과 소수의견에 대한 존중이라 할 수 있습니다. 그런데 교회 대형화는 권력의 집중을 견제하기 어렵고, 의사소통의 효율성을 방해하며, 담임목사나 당회의 부패에 대해 견제가 어렵습니다. 사실상 민주적 운영은 불가능합니다.

여섯째는 공공성을 방해합니다. 지역교회는 지역사회에 보내신 하나님의 교두보입니다. 또 교회에는 시대적으로 감당해야 할 사명도 있습니다. 그런데 대형교회는 대형건물을 유지하고, 수많은 신자의 필요를 채우는 데 막대한 재정이 소요됩니다. 교회는 가난하고 소외된 사람들의 필요에 둔감하고, 경제적으로 안정적이고 정치 사회적으로 보수적인 사람들이 모이게 되니 정의, 평화, 인권 등 공공적 사명을 등한시하게 됩니다.

큰 교회와 크지 못한 교회의 딜레마

사실 성경에서 교회는 '큰 교회'와 '작은 교회'로 구분되어 존재하는 것은 아닙니다. 오직 성경적 가치를 따르는 '건강한 교회'와 세속적 가치로 타락한 '건강하지 않은 교회'가 존재할 뿐입니다. 성경적 교회는 성경의 가르침을 따르는 교회이고, 세속적인 교회는 세속적 가치를 따라 성경적 가르침을 따르지 않을 뿐 아니라 심지어 왜곡하고 배반합니다.

성경에는 예루살렘교회, 안디옥교회, 에베소교회, 고린도교회 등 여러 교회가 등장합니다. 그런데 이런 교회들은 현대의 제도와 건물을 가진 교회와 그 형태와 제도가 같지 않았습니다. 일종의 가족들이 모이는 가족교회이고, 지인들과 가까운 지역 사람들이 모이는 가정교회였습니다. 박해의 시대였습니다. 모임의 장소가 특별히 정해져 있거나 별도로 모임만을 위한 장소로 정해진 것이 아니라 사정과 상황에 따라 개인 집이나 특정한 장소를 다니며 모였습니다.

대형교회도 가능하다는 근거로 베드로가 설교할 때 3천 명, 5천 명이 회개했다는 것을 예로 드는 분들도 있습니다. 그러나 이는 복음을 전했을 때 믿은 자들이지 그들이 한 교회에 모여 예배하고 모인 것이 아닙니다. 이들이 모두 예루살렘 주민들도 아닙니다. 유월절 등 절기를 지키기 위해서나 개인 일정상 잠시 왔다가 자기가 사는 지역으로 흩어졌습니다. 당시 그렇게 모일 장소도 없었고 무엇보다 예수님을 믿는 것이 나사렛 이단이라고 취급을 받고, 로마나 헤롯으로부터 박해와 핍박을 받던 때인데 가능하지도 않았습니다.

우리는 너무나 쉽게 큰 교회도 건강할 수 있다고 말합니다. 그러나 이 말 뒤에는 큰 교회를 지향하는 자신의 욕망이 숨겨져 있습니다. 그리고 이 욕망에는 하나님의 교회에 대해 거룩함이나 하나님의 나라에 대한 비전이 아니라 개인의 안락, 개인의 성공, 개인의 야망, 개인의 권력 등이 담겨 있습니다.

세속적 가치는 무엇입니까? 그것은 성공과 번영을 절대시하는 것입니다. "맘몬"으로 대표되는 돈, 명예, 권력입니다. 육신의 정욕이며, 안목의 정욕이고, 이생의 자랑입니다. 마귀가 광야에서 예수님을 유혹했던 것들이다. 예수님은 이것들을 물리치심으로 "하나님의 아들"의 정체성을 분명히 했고, 우리가 하나님의 아들로서 따라야 할 가치를 가르쳐 주셨습니다. 중세 가톨릭교회의 신학적이고 신앙적 부패는 이런 세속적 가치를 따른 것입니다. 그것이 개인에게는 성공, 번영 등의 기복으로 나타났고, 교회에는 숫자적 성장 추구로 나타난 것입니다.

성경적 가치는 무엇입니까? 그것은 내려놓음, 비움, 낮아짐, 작음 등이다. 개혁가들이 중세 가톨릭의 성공과 번영의 신학과 신앙에 맞서 오직 성경, 오직 은혜, 오직 믿음으로 추구한 것으로 바로 "십자가의 정신" 입니다. 정과 욕심을 십자가에 못 박는 것이고, 이 세상이나 세상에 있는 것들을 사랑하지 않는 것입니다. 이런 가치는 개인에게는 정직, 검소, 절제, 나눔, 공평, 정의 등으로 나타나고, 교회는 본질을 추구하는 단순함과 작음, 환대와 더불어 함께 등으로 나타납니다.

교회가 지나치게 커지면 성경적 가치보다 세속적 가치를 지향할 가능성도 커집니다. 큰 덩치를 유지하기 위해 조직으로 사람들을 관리하거나, 프로그램으로 움직이는 등 다양한 경영적 방식이 도입되어야 하기 때문입니다. 관계는 단절됩니다. 소수로 나눈 구역이나 소그룹이 작동하지만, 목사는 연예인이 되고, 교황이나 무당이나 때로는 CEO가 됩니다. 이것은 개인의 문제가 아닙니다. 어떤 목사가 아무리 개인적으로 영성이 뛰어나고 탁월해도, 어떤 성도가 개인적으로 사회적 지식인이고 인격적이어도 자기 자신도 어쩔 수 없는 크기의 한계 속에 빠지게 됩니다.

안타깝게도 한국교회에는 무조건 큰 것이 좋다는, 심지어는 선하거나 옳다는 편견이 가득합니다. 그래서 큰 교회를 위한, 큰 교회를 향한, 큰 교회에 의한 거대한 생태계가 형성되어 있습니다. 신학교는 어떻게 하면 큰 교회를 이루고 큰 교회를 목회할 것인가를 가르치고, 출판사는 큰 교회 목사의 설교와 큰 교회를 이루는 방법과 프로그램을 소개하는 책들을 내고, 언론사도 큰 교회를 중심으로 움직입니다. 교단의 총회와 노회는 큰 교회 목사와 장로들이 모든 임원을 맡아 좌지우지하고, 각종 연합기구는 큰 교회 목사들을 중심으로 큰 교회의 이익을 대변합니다.

그래서 '크지 못한 교회'는 끊임없이 '큰 교회'를 지향합니다. 큰 교회가 복 받은 교회이고 건강한 교회이니 우리도 큰 교회를 목표로 나가자고 외칩니다. 그렇게 많은 교회가 크기와 성장의 가치에 빠져 욕망의 뫼

비우스 띠에 갇히고 말았습니다. 예를 들어 2백 명 모이는 교회는 1천 명, 1천 명 교회는 3천 명, 5천 명은 1만 명, 4만 명은 10만 명으로 성장해야 한다고 끊임없이 외치고 있는 것입니다.

한국교회 초창기 교인들은 복음을 전해들은 후, 절망 가운데 희망을 갖게 되었고 그래서 돈과 젊음을 바치며 교회 성장을 위해 많은 수고를 했습니다. 그런데 어느 정도 교회가 안정되었음에도 계속 성장을 목표로 나아갈 때, 어느 순간 교인들은 이 고생을 자녀들에게까지 물려주어야 하는가 고민합니다. 그리고 깨닫습니다. 그냥 더 큰 교회로 옮기면 그만이라는 것을. 신자가 큰 교회로 옮기면 그날부터 큰 교회 신자가 되는 것입니다.

이는 목회자들도 마찬가지입니다. 목회를 잘하다가도 큰 교회에서 청빙이오면 하나님의 뜻이라며 큰 교회로 옮겨갑니다. 큰 교회에서 작은 교회로 옮기며 하나님의 뜻이라고 하는 목회자를 보기 어려운 것이 사실입니다. 신자들도 자신이 못 옮기면 자식들이라도 옮기게 합니다. 그래서 대형교회는 초대형교회가 되고, 중소형교회들은 급속히 몰락해 갑니다. '크지 못한 교회'가 '큰 교회'를 모델로 삼는 한 큰 교회를 찾아 수평이동하는 교인들을 막을 이유도 논리도 없습니다.

목회를 준비하는 사람들도 몇 가지 현실을 깨닫고 있다. 앞서 〈통계청〉 통계에서도 보았듯이 복음이 전파된 지 130여 년이 지난 현재 우리나라는 종교인구 점유가 끝난 상황입니다. 선교적으로 볼 때 우리나라는 이미 완전 복음화를 이룬 국가입니다. 기독교 인구는 더 이상 증가하지 않고 오히려 감소하고 있습니다. 탁 까놓고 말해 이제 개척해서 대형교회가 되는 것은 거의 불가능합니다. 아니 개척해서 자립하는 것도 하늘의 별 따기인 것이 현실입니다. 이미 웬만한 교회 담임목사 자리는 목회자나 장로들의 아들이나 사위 등에게 세습되고 있고, 배경 없고 줄 없이 청빙 받는다는 것은 불가능한 것도 현실입니다.

건강한 작은 교회는 어떤 교회인가?

그럼 '작은 교회'는 무조건 건강하고 좋은 교회인가요? 물론, 작은 교회라고 무조건 건강한 것도 좋은 교회도 아닙니다. 앞서 언급한 것처럼 '큰 교회' 의식과 지향에서 벗어나지 못하고 큰 교회를 지향하며 큰 교회를 향해 달려가고 있다면 그냥 '크지 못한 교회'일 뿐입니다. 신자 입장에서 솔직히 큰 교회를 지향하는 의식과 문화를 가진 크지 못한 작은 교회에 가는 것보다 그냥 큰 교회에 가는 것이 훨씬 현명한 선택일 수 있습니다. 나는 '작은교회'를 주장하는 것이 아닙니다. '건강한 작은교회'를 추구하고 지향해야 한다고 말하고 있는 것입니다.

그렇다면 어떤 교회가 '건강한 작은 교회'일까요? 건강한 작은 교회에는 2가지 전제가 있습니다. 하나는 "건강함"이고 또 하나는 "작음"입니다. 건강한 작은 교회는 건강한 교회를 추구하고, 의도적으로 작음을 지향하는 교회라는 것입니다. 그렇다면 어떤 교회가 건강한 교회일까요? 건강한 교회를 이야기하면 때로 교회면 다 교회지 건강한 교회가 있고 건강하지 않은 교회가 있느냐고 반문합니다. '교회'라는 말 안에 이미 모든 것이 다 담겨 있고 충분한데 굳이 어떤 수사를 붙이는 것은 교회를 분열시키고 훼손하는 것 아닌가 하는 질문도 있습니다.

그렇습니다. 사실 '교회'면 충분합니다. 교회라는 말 안에 이미 하나님이 부르신 사람들, 바른 전통과 교리 그리고 제도, 바르게 예배하고 실천하는 공간 등이 모두 포함되어 있습니다. 그러나 안타깝게도 우리가 죄인이듯이 교회도 죄인들이 모인 곳이고 그러다 보니 각자의 욕망과 탐심으로 부패하고 타락한 것도 현실입니다. 그래서 우리는 끊임없이 성경을 살피고, 성령님의 도우심을 구하고, 하나님의 뜻을 따르며 개혁해 나가야 합니다. 이런 이유로 타락하고 부패했던 중세 가톨릭교회에서 개신교회 또는 개혁교회가 탄생한 것입니다. 우리의 죄성인 탐욕과 욕망에 대한 경계로 당시 종교 개혁자들은 "개혁교회는 항상 개혁되어야 한다"(ecclesia reformata semper reformanda est)라고 했습니다.

실제 칼빈은 당시 타락한 가톨릭교회에 대응해 참된 교회를 지향해야 한다고 주장했고 '참된 교회'의 3가지 표지를 제시했습니다. 바른 말씀이 선포되는 교회, 바른 성례(세례와 성찬)가 집례 되는 교회, 바른 치리가 시행되는 교회입니다. 이렇듯 '교회'로 충분하지만 타락하고 부패한 현실이 있기에 우리는 우리 시대 한국교회를 생각하며 '건강한 교회'는 어떤 교회인가 생각하는 것입니다.

나는 〈재편〉이란 책에서 건강한 교회의 표지로 진실한 공동체, 일상의 제자도, 공의의 공공성, 거룩한 공교회성 4가지를 제시했습니다. 그런데 〈건강한작은교회동역센터〉(이하 건작동)에서 운영위원들과 대화하고 토론하면서 이 표지를 건작동이 제시하는 건강한 작은 교회 '핵심가치'라는 이름으로 5가지로 확장했고, 핵심가치 5가지를 교회에서 목회적, 운영적으로 실제 적용할 내용으로 건강한 작은 교회 운영방향을 각 핵심가치 별로 4~5가지 제시했습니다. 나는 이 내용이 우리 시대 한국교회가 지향해야 할 건강한 교회의 표지이고 방향이라고 생각합니다.

첫째는 '성경적 공동체'이다. 교회는 하나님의 가족이며, 그리스도의 몸이고, 성령님의 전입니다. 이 말은 교회가 유기체적인 공동체라는 말입니다. 교회는 한 지체이고 한 몸이며 한 가족입니다. 서로 다른 가치와 서로 다른 삶을 살아온 사람들이 모여 교회를 이루고 한 공동체가 될 수 있는 것은 믿음 안에서 하나님의 자녀가 되었기 때문입니다. 그래서 교회의 가장 중요한 가치와 방향은 하나님의 말씀인 '성경'입니다. 성경의 가르침을 따르고 실천하는 공동체일 때 그곳이 교회가 되는 것이며, 그런 신자가 세상 속에서 교회로 사는 것입니다.

성경적 공동체를 이루기 위한 운영방향으로는 예배는 진실해야 하고 모든 사람이 관람자가 아니라 참여자가 되는 예배를 지향해야 합니다. 성경은 목회자에 의해 일방적으로 해석되고 강요되는 것이 아니라 신자 스스로 읽고 해석하며 실천하도록 합니다. 서로 인격적으로 교제하고 의사소통이 성숙한 유기적 공동체를 이루어 갑니다. 바른 말씀이 선포되고, 바른 성례(세례, 성찬)가 행해지며, 바른 권징을 시행합니다. 복음전파와 사회적 책임에 균형 있는 실천을 지향합니다.

둘째는 '민주적 운영'입니다. 신자는 신본주의 즉 하나님중심을 지향합니다. 하나님의 뜻을 따르고 하나님의 나라가 이 땅 가운데 이루어지도록 살아가는 것입니다. 이를 위해 신자들로 구성된 교회 운영은 민주적이어야 합니다. 민주적이라는 것은 신자 각 자에게 주신 하나님의 뜻과 마음이 서로 소통되고 반영되도록 하는 것입니다. 이 모든 과정에 성령님의 코이노니아(소통)가 함께하심을 구하고 믿는 것입니다. 민주적 운영의 핵심은 권력 즉 결정권이 독점되지 않도록 하고, 견제를 통해 균형을 이루어 가고, 다수의 결정에 순복하고 소수의 의견을 무시하지 않는 것입니다.

민주적 운영을 이루기 위한 운영방향으로는 교회 정관/규약을 통한 민주적 운영과 의사결정을 시행하는 것에서 시작합니다. 직분자는 자율적이고 공정한 절차에 따라 선출하고, 목회자와 항존직에 대해서는 재신임제나 평가제를 시행합니다. 재정이 투명한 것은 당연한 기본이며 비전과 소명을 따라 적절하게 운영되도록 합니다.

셋째는 '일상의 제자도'입니다. 교회는 바른 교회와 전통을 세우고, 성경의 가르침을 시행하는 제도와 적절한 예배당도 중요하지만 결국 부르심을 받은 사람들이 핵심입니다. 교회가 건강하다는 것은 교회 된 사람들 즉 신자들이 건강하다는 것입니다. 신자가 건강하다는 것은 교회 안에서 직분을 잘 감당하고, 주어진 사역을 잘 수행하는 것을 의미하는 것이 아닙니다. 이런 것은 교회 공동체를 위한 최소한의 섬김과 봉사일 뿐입니다. 진짜 신자가 건강한 것은 신자 개인의 삶의 자리인 가정, 직장, 사회에서 하나님의 자녀이고 주님의 제자로서 성경의 가르침을 따라 신실하게 살아가는 것을 의미합니다. 이를 일상의 제자도라고 합니다.

일상의 제자도를 이루기 위해서는 신자의 믿음이 종속적이고 타율적인 것이 아니라 스스로 행하고 책임을 다하는 성숙한 믿음과 자율적 실천을 지향해야 합니다. 또 가정과 직장, 사회에서 사랑과 평화, 공평과

정의의 하나님 나라 가치를 실천하도록 격려해야 합니다. 일상의 삶에서의 정직과 나눔을 실천하도록 합니다. 신자는 교회에서는 교인이지만 사회에서는 시민입니다. 성숙한 기독 시민이 되도록 지향하고 서로 격려합니다.

넷째는 '공의의 공공성'입니다. 공의는 "공평과 정의"의 약자다. 성경은 치우침이 없는 공평(미쉬파트)과 약자를 위한 정의(쩨다크)를 수없이 가르치고 강조하고 있습니다. 이런 가치는 고아와 과부를 돌보고 나그네를 대접하라는 가르침이나 안식일, 안식년, 희년이라는 제도에 잘 반영되어 있습니다. 성공회 대주교였던 윌리엄 템플은 "교회는 받은 회비를 자기 회원들만을 위해 사용하지 않는 유일한 곳이다"라고 했습니다. 교회는 지역사회의 가난하고 고통 받는 사람들과 우리 시대의 고난 받는 이웃들과 함께 손을 잡고 정치 사회적 불의와 맞서 사랑과 평화를 행하고, 공평과 정의의 하나님 나라를 이루어 가는 곳입니다.

공의의 공공성을 이루기 위한 운영방향은 교회는 지역사회와 함께하고 마을목회를 지향합니다. 또 사회적 약자를 향한 교회의 책임을 수행하고, 정의, 평화, 통일, 인권, 환경 등에 대한 시대적 책임에 함께합니다. 목사를 포함한 교회 전임자들은 국민으로서의 기본적 의무인 소득세 신고와 4대 보험 등 사회적 의무에 책임을 다해야 합니다.

다섯째는 '거룩한 공교회성'입니다. 교회는 주님의 몸입니다. 이는 하나이고 한 몸이라는 말입니다. 지역교회는 '사도신경'이 고백하듯 공교회의 일원입니다. 내 교회만 옳고 내 교회만 잘되면 된다는 내 교회 우상에서 벗어나서 거룩한 공교회성을 추구해야 합니다. 한국교회는 이미 노회나 지방회, 총회나 연회 등으로 이루어진 교파적인 공교회가 존재하며, 공교회 간 연합과 일치를 추구하고 있습니다. 특정 개인이나 특정교회의 돈과 권력이나 이익을 위해 공교회를 분열시키고 타락시켜서는 안 됩니다.

거룩한 공교회성을 이루기 위한 운영방향으로는 청장년 300명 이내에서 독립적인 교회로 분립하는 것을 지향해야 합니다. 또 우리 시대 교회 개혁에 동참하고 이를 위해 수고하는 개인이나 단체를 지원하며 협력합니다. 교파의 다양성을 존중하면서 가치 중심의 연합을 지향합니다. 복음화와 하나님 나라를 위해 지역교회 연합을 지향합니다.

나는 건강한 교회는 성경적 공동체, 일상의 제자도, 민주적 운영, 공의의 공공성, 거룩한 공교회성 5가지 핵심가치를 지향하는 것이라고 말씀드렸습니다. 또 각 핵심가치에 4~5가지의 실제적 운영방향을 제안했습니다. 이 내용은 모든 시대, 모든 교회에 적용되는 절대적 가치나 방향이 아닙니다. 다만, 우리 시대 한국교회의 타락과 부패로 인해 내부적인 개혁의 필요성이 증대되고, 외부적으로 즉 세상 사람들로부터 지탄받고 변화를 요구받는 내용을 중심으로 제시하고 제안한 것입니다. 이외에도 더 많은 가치와 운영내용들이 있을 것입니다. 우리는 끊임없이 더 좋은 교회, 더 건강한 교회, 더 성경적인 교회가 되도록 변화하고 개혁되어야 할 것입니다.

최소 50명, 최대 300명

앞서 제시한 건강한 교회의 5가지 핵심가치와 그에 따른 운영방향은 사실 '작은 교회'를 지향하지 않으면 불가능합니다. 교회 대형화와 대형화의 교묘한 확장 수단인 지교회화는 결국 이런 건강성을 해치게 되는 것입니다. 개인의 영성과 도덕성의 문제가 아닙니다. 구조의 문제이고 크기로부터 오는 불의함의 문제입니다. 이것은 사람의 근원적 죄성 즉, 원죄와 연결되어 있습니다. 자기중심성에서 기인한 탐욕과 욕망의 바벨탑을 신앙의 이름으로, 교회의 이름으로 세우고 있는 것입니다. 그래서 건강한 교회는 '건강한 작은 교회'를 지향할 때 이루어집니다.

그럼 어느 정도 인원이 작은 교회일까요? 가장 원론적인 답변은 구성원들 간에 인격적인 교제가 가능한 숫자입니다. 그 수는 얼마일까요? 개인에 따라 편차가 있는데 이를 획일적으로 정할 수 있을까요? 학자들은 보통 한 사람이 기억할 수 있는 사람의 수를 1,500명 정도라고 합니다. 그런데 이 수는 피상적으로 얼굴이나 이름을 기억하는 것이지 인격적 즉, 관계적일 수 있는 수는 아닙니다.

앞에서 건작동이 제안한 핵심가치 중 다섯 번째 '거룩한 공교회성'에서 청장년 300명 이내에 독립적으로 분립을 지향한다고 했습니다. 건작동은 등록교인 청장년 300명을 작은 교회의 최대 한계치라고 생각하는 것입니다. 이에 대한 이유는 뒤에서 설명하겠습니다. 우선은 교회의 최소수에 대해 생각해 보려고 합니다. 먼저 전제가 있습니다. 교회는 소수가 개인 가정이나 작은 공간에서 모여도 교회입니다. 또 목회자 등 전임자가 생활비를 받지 않고 다른 직업을 가지면서 목회나 사역을 할 수 있다고 인정합니다. 그러나 지역교회로서 공동체를 이루고 지역에서 유의미한 사역을 감당하고 지속할 수 있으려면 최소한의 규모가 필요합니다.

나는 동네 일반적인 지역교회를 전제로 건강한 작은 교회를 말하고 있는 것입니다. 동네 일반적인 교회는 최소한 전임사역자 1명의 생활비를 지급하고, 기본적으로 예배와 모임을 위해 필요한 최소한의 공간을 이용하고, 내부적 교제와 교육을 시행하며, 외부적으로 뜻있는 곳에 일정하게 선교나 지원도 할 수 있는 정도라고 생각합니다. 이런 교회는 지역별 물가 등에 차이가 있지만 대체로 청장년 50명 정도는 되어야 가능합니다.

50명을 선정한 이유는 단순합니다. 80년대 중반 통계로 평균적으로 대학생 이상 교인들의 1년 평균 헌금 액수는 1백만 원이었습니다. 현재는 지역이나 구성원에 따라 150만~200만까지 일 것으로 예상됩니다. 따라서 50명인 교회의 1년 예산은 평균적으로 5천만~6천 5백만가량이 될 것입니다. 지역에 따라 차이가 있지만 대략 이 중 약 1천 5백만 원가량이 장소 사용료 및 운영비용으로 사용되고, 전임사역자 1명의 연봉은 약 3천만 원 정도면, 내부 교제와 교육비용으로 약 1천만 원 정도가 사용될 수 있습니다. 따라서 나는 청장년 50명 정도가 지속할 수 있는 동네 일반적인 작은 교회를 이루는 최소한의 수라고 생각합니다.

그럼 최대 숫자는 왜 300명인가 설명하겠습니다. 먼저 나는 개인적으로는 청장년 200명을 넘기는 것은 효율적이지 않다고 생각합니다. 그런데 많은 목회자와 토론하고 대화해 보니 대도시에서 현실적으로 300명 정도까지 허용될 수 있는 경제적이고 운영적인 측면도 있습니다. 나는 이 수치가 교회 모든 성도 간에 인격적 교제가 가능한 최대 한계치라고 생각합니다. 목회자들은 목회자가 목회할 수 있는 수를 생각하는데 목회자는 개인적 편차가 있을 수 있습니다. 그런데 더 중요한 것은 목회자가 목회할 수 있는 수가 아니라 교회 된 신자들이 서로 인격적으로 교제할 수 있는 수라고 생각합니다.

성경적 근거나 과학적 근거는 정확하지는 않습니다. 또 공동체마다 또 개인마다 편차가 있을 것입니다. 그러나 비전의 공유와 소통, 소식 규모에 따른 효율성과 효과성 등 조직이론을 다루는 경영학이나 군대 등에서의 몇 가지 연구와 사례가 참고할 만합니다.

첫째 '던바 수'라는 것이 있습니다. 옥스퍼드 대학 인류학 교수인 로빈 던바는 사람의 사회성을 설명하기 위해 여러 연구를 했습니다. 던바 교수는 사람이 의미 있는 관계를 맺을 수 있는 최대 수는 150명이라고 발표했습니다. 이 수를 넘어가면 형식적 관계에 머물 수밖에 없다는 것입니다. 이를 던바 수라고 합니다.

둘째 인류학에서 연구된 씨족 집단으로 대략 150명 정도입니다. 이 숫자는 부부가 결혼해 4대까지 이르는 대략적 숫자입니다. 고고학자들의 연구에 따르면 기원전 5천 년 전 근동 지방에 살던 농가 인구도 대략

150명가량이었다고 합니다.

셋째 'Gore'라는 회사 사례입니다. 고어사는 등산복 재질인 "고어텍스"를 만드는 회사입니다. 이 회사는 1958년에 설립되었는데, 고어사는 현재 섬유, 의료, 전자, 산업재 4개 분야 사업부를 운영하며 1천 종이 넘는 제품들을 생산하고 있습니다. 고어사는 포춘지 선정 "가장 일하기 좋은 100대 기업"에 12년 연속 선정되었는데, 2010년 기준 매출액 26억 달러, 직원 수 9천여 명에 전 세계 30여 개국에 50여 개 공장을 가동하고 있습니다.

고어사의 경영철학은 다양한 면에서 독특하고 창의적이라는 평가를 받고 있는데, 특히 주목받는 것은 한 공장이나 한 조직이 200명을 넘어서지 않도록 작은 단위로 운영한다는 것입니다. 사람이 늘면 공장 규모를 늘리는 게 아니라 새로 공장이나 조직을 만들어 분사했습니다. 이렇게 한 이유는 200명이 넘어가면 이름이나 얼굴을 모르게 되고, 인격적 관계가 단절되고, 창의력이 상실되며, 협력하고 선의의 경쟁을 하는데 해롭다고 생각하기 때문입니다.

이런 경영철학은 적중했습니다. 고어사는 단지 조직과 공장만 나눈 것이 아니라 의사결정도 완전히 분리해 같은 이름을 사용하지만, 완전히 다른 조직, 다른 회사로서 독립적으로 운영한 것입니다. 고어사의 경영철학은 4가지로 "사람에 대해 믿음을 갖고"(Belief in the individual), "작은 조직에서 오히려 강한 힘이 나온다고 확신하며"(Power of small teams), "모두 함께 라는 정신으로"(All in the same boat), "장기적 시각으로(Long-term view)" 경영한다는 것입니다.

넷째 군부대 중대 단위입니다. 군대에서 "중대"는 최종적인 전투 지휘 단위입니다. 대개의 중대는 120명에서 150명으로 구성되어 있습니다. 이 숫자가 소통과 일관성에 가장 좋은 숫자이기 때문입니다.

다섯째 해외 교회 사례입니다. 우리가 모범적으로 생각하는 미국 뉴욕의 '세이비어 교회'나 「작은 교회가 아름답다」(데이비드 브라이닝, 옥당)에서 소개된 'CTK' 교회 등은 150~200명을 넘지 않는 작은 교회들의 연합으로 사역하고 있습니다.

나는 300명 정도면 지역교회로서 모든 사역적 열매를 맺기에 충분하다고 생각합니다. 한 교회가 더 크고, 더 많은 일을 하려고 하기보다 한 두 가지 선택하고 집중해 감당하는 것이 좋다 싶습니다. 더 크고 많은 일은 공교회인 노회/지방회로 연합하거나, 지역교회 연합으로 하는 것이 좋다 싶습니다. 지역교회는 어떤 일로 성과를 내었는가 보다는 신앙과 삶의 진정한 공동체를 이루는 것에 집중해야 한다고 생각합니다. 300명이 되기 전에 분립하려면 신자들은 충분한 교육과 소통을 통해 성숙해야 하고, 일정한 수를 넘으면 미리 준비해야 합니다. 그리고 이를 정관이나 규약에 그 절차와 내용을 명시하는 것이 좋다고 생각합니다.

재편, 건강한 작은 교회의 꿈!

　그동안 한국교회는 교회 대형화를 위해 진력했고 그 결과 대형교회를 넘어 세계 최대 또는 최고라는 초대형교회들이 등장했습니다. 이로 인해 한국교회는 대형교회를 위한 대형교회에 의한 대형교회의 생태계가 형성되었습니다. 신학교는 대형교회 목회자를 초청해 설교와 강의를 맡겼고, 신학자들은 '교회 성장론' 등의 이름으로 대형교회를 이룰 수 있도록 독려하는 교리와 방법론을 연구해 가르쳤습니다. 그 결과 신학생들은 대형교회가 곧 하나님의 복을 받은 것이고 하나님의 뜻을 이루는 것이라는 믿음으로 대형교회를 목표로 목회 비전과 방향을 설정했습니다.

　출판사는 대형교회 성공신화, 대형교회 목회자의 설교집, 대형교회를 운영하는 데 필요한 목회 방법론을 출판했습니다. 노회와 지방회 그리고 총회와 연회는 대형교회 목회자와 장로들이 장악했고, 대형교회 중심으로 재정과 인력을 충원하고 동원하며 각종 행사를 기획하고 진행했습니다, 기독교 언론은 대형교회 목회자와 대형교회 행사를 소개했고, 대형교회 목회자의 설교를 돈을 받고 내보냅니다. 기독교 단체들은 대형교회에서 지원하는 재정으로 운영되었고, 대형교회에 불편한 이야기와 활동은 삼갔습니다.

　교회 대형화에 따른 신학적, 윤리적 타락의 반작용으로 건강한 교회 회복을 위해 가정교회, 이머징처치, 미셔널처치 등 새로운 교회 운동이 일어나고 있습니다. 이런 새로운 교회 운동의 특징과 방향은 앞에서 제시한 건강한 작은 교회의 핵심가치인 성경적 공동체, 일상의 제자도, 민주적 운영, 공의의 공공성, 거룩한 공교회성의 회복을 향하고 있습니다. 새 술은 새 부대에 담아야 한다고 했습니다. 이제 한국교회는 건강한 작은 교회로 방향을 바꾸고 재편되어야 합니다. 문제는 건강한 작은 교회에 대한 필요 인식은 확산되고 있는데 이를 담을 적절한 새 부대가 없는 것도 현실입니다. 건강한 작은 교회들이 자리 잡을 수 있는 구조와 내용을 만들어 가야 합니다.

이것은 특정 개인이나 개 교회가 할 수 있는 것도 아니고 그렇게 하는 것이 바람직한 것도 아닙니다. 대형교회 생태계는 강력한 카리스마나 역량을 가진 특정인이나 특정교회가 나를 따르리 식으로 형성되어 왔습니다. 그렇게 교단을 만들기도 하고, 목회자 모임이나 각종 기독교 단체를 만들기도 했습니다. 그렇게 만들어진 교단이나 단체는 특정인이나 특정교회의 교리나 방법론을 그대로 답습하고, 그 대가로 재정과 인력을 지원받으며 자리 잡았습니다. 그래서 그 교단이나 단체에 줄을 서고, 참여하는 것이 곧 성공이라는 인식이 가득했고, 어느 순간 하나님에 대한 믿음이나, 성경의 가르침이나, 성령님의 인도하심보다 특정인과 특정교회가 우선되는 어리석음으로 변질되었습니다.

우리는 건강한 작은 교회를 담을 새 부대를 어떻게 준비할 수 있을까요? 새롭게 목회를 시작하는 목회자들이 대형교회가 아닌 건강한 작은 교회를 지향하고, 이제 신학을 공부하는 신학생들이 비전과 꿈을 전환하고, 오래되고 전통적인 교회이지만 건강한 작은 교회로 방향을 바꿀 수 있도록 실제적인 도움이 되면 좋겠습니다. 누군가 특정인이나 특정교회의 영향력이 아니라 하나님을 믿고, 성경의 가르침을 따르고, 성령님의 역사를 의지하며 그렇게 만들어 가면 좋겠습니다.

그러면 우리는 어떻게 할 것인가?

지금부터는 한국교회가 건강한 작은 교회 생태계로 전환하는데 방향과 방법에 대해 몇 가지 제안을 하겠습니다.

첫째, '작은 교회'는 '건강한 작은 교회'로 전환해야 합니다. 현재 우리나라 대부분 교회는 이미 '작은 교회'입니다. 2015년 장로회 통합 교단의 '교인 수별 교회 수 분포 현황'에 따르면 통합 교단 교회 중 교인 수 100명 이하가 60%이고 200명 이하는 78%입니다. 아마도 다른 교단도 비슷할 것입니다. 우리나라 교회 대부분이 청장년 200명 이하입니다.

문제는 앞에서도 언급한 것처럼 작은 교회 중 상당수는 작은 교회를 가치적으로 지향하는 의도적 작은 교회가 아니라 "크지 못한 교회"입니다. 성장을 지향하며 대형교회의 각종 목회 방법론과 프로그램을 답습했지만 크지 못한 교회인 것입니다. 그래서 스스로 열등감과 비교의식에 빠져있습니다. 대형교회에 대한 허상을 버리고 건강한 작은 교회를 의도적으로 추구하고, 건강한 작은 교회에 맞는 공동체적 목회와 운영 방향을 지향하는 것이 필요합니다.

안타까운 것은 이미 충분히 좋은 교회이고 충분히 좋은 공동체인데 자부심을 갖지 못하고 열등감에 빠져있는 경우입니다. "교회는 성장해야 한다", "대형교회는 하나님의 역사가 있는 것이다", "작은 교회 목사는 무언가 부족한 것이다", "큰 교회가 큰 일 한다" 등 수많은 세속적 주장과 유혹 속에서 대형교회와 비교되고 스스로 비교하며 좌절하고 있는 것입니다. 이렇게 된 데는 노회나 총회도, 각종 기독교 단체나 모임도 모두 교회의 대형화를 지상명령으로 삼고, 대형교회 목사와 장로들 중심으로 독점하고 있기 때문이기도 합니다. 그러나 작은 교회 목회자와 신자들이 비교의식에서 벗어나 스스로 당당함과 자부심을 갖는다면 이런 정치적이고 권력적인 것은 아무것도 아니라는 것을 알게 됩니다. 자족!, 스스로 만족하면 그곳이 하나님의 나라입니다.

둘째는 건강한 작은 교회 생태계의 형성입니다. 신학적 일치나 목회 방법론의 단일성을 추구하는 것이 아닙니다. 이단 사이비가 아니면 우리는 모두 한 몸의 지체입니다. 신학적 다름을 인정하고 목회의 다양성을 존중해야 합니다. 다만 가치 지향적 연합을 추구해야 합니다. 건강한 작은 교회의 가치와 운영방향에 대해 서로 공감하고, 앞에서 제시한 '핵심가치'와 '운영방향'과 같은 가치와 방향에 최소한으로 합의할 수 있다면, 우리는 가치 지향적 네트워크를 형성할 수 있습니다.

'나들가게 전략'이라는 것이 있습니다. 동네 슈퍼마켓을 살리기 위해 정부와 지자체가 지원하고 동네 가게들이 네트워크 해서 〈나들가게 협동조합〉을 만들었습니다. 조합에서는 슈퍼마켓 인테리어 개선을 지원하고, 상품을 공동구매 해 공급해서 가격을 낮추고, 상인들에게 경영과 서비스를 위한 다양한 교육을 꾸준히 제공하고 있습니다. 공간이 쾌적해지고, 상품 가격이 낮아지고, 서비스 질이 좋아지는데다가, 동네 슈퍼마켓이 가진 동네 사랑방의 장점까지 더해지니 동네 슈퍼마켓들이 살아났습니다. 모두 이름을 '나들가게'로 바꾼 것이 아닙니다. 자신의 이름을 그대로 사용하고 각 가게별 특징과 장점은 살리면서 단지 〈나들가게 협동조합〉 소속이라는 공동 브랜드만 표시했습니다.

나는 작은 교회들이 이렇게 최소한의 공동이 지향할 가치와 목회 방향을 공유하고, 그에 필요한 교육과 방법론을 교육하고 발전시키고, 네트워크 하면 함께 살아갈 수 있다고 생각합니다. 이렇게 세워진 건강한 작은 교회 네트워크를 통해 신학교, 언론, 기독교 단체 등 다양한 곳들과 협력하고 지원하며 건강한 작은 교회 생태계를 새롭게 세워가는 것이 한국교회에 새로운 희망이 된다고 생각합니다.

셋째. 신자들의 신학과 성경 이해가 재편되어야 합니다. 가난하고 어려운 시절 하나님께서 복 주시고 형통케 하시며 영원한 천국으로 이끄신다는 믿음은 우리에게 은혜였고 복음이었습니다. 그러나 경제적으로 성장하고 문화적으로 발전되고 사회적으로 다변화된 현시대 우리는 더 본질적인 신학과 성경 이해로 성숙해 나가야 합니다. 값싼 은혜, 값싼 구원에서 벗어나 사랑과 평화, 공평과 정의의 하나님의 나라 가치를 순종하며 행하며 살아가는 신자로 성장해야 합니다. 교회의 구조적 재편은 결국 신자의 신학과 신앙의 성숙에 기반을 두지 않는다면 또 다른 왜곡과 부패만 낳을 수 있습니다. 목회도 신자들이 신학과 성경 이해의 성숙함으로 재편을 위해 방향이 맞추어져야 할 것입니다.

넷째. 중형교회는 대형교회를 향해 나아갈 것이 아니라 건강한 작은 교회로 분립해야 합니다. 지교회의 지교로의 분립이 아니라 독립적인 교회로 분립되도록 준비하고 교육하며 서서히 분립해야 합니다. 목회자를 준비하고, 신자들의 이해와 방향을 위해 교육하고, 분립된 공동체를 위해 한 걸음씩 시간을 두고 나아가야 합니다. 교회는 크든 작든 쾌속정이 아니라 항공모함과 같습니다. 오랜 시간 쌓여온 신학이 있고 역사가 있으며 문화가 있습니다. 하루아침에 쾌속정과 같이 방향을 바꾸려 하면 뒤집혀 버립니다. 항공모함처럼 천천히 좌우를 살피며 방향을 바꾸어야 합니다. 중요한 것은 방향이며 가치입니다. 가치와 방향이 맞으면 시간이 문제이지 반드시 항구에 도착할 것입니다. 이를 위해 노회나 지방회에서 분립 계획을 세우고 지원하는 것이 필요합니다.

다섯째. 대형교회는 자신을 드러내지 말고 지원해야 합니다. 대형교회나 소위 스타 목사에 의한 유명 교회가 분립을 시도하면 분립된 교회가 있는 지역의 작은 교회들은 태풍을 맞게 됩니다. 교회 개척이나 분립을 반대한다고 해서 지역교회 이기주의로 보는 것은 개미굴을 짓밟는 코끼리와 같은 폭력입니다. 대형교회가 개척이나 분립에 나설 때는 자신의 이름을 내세우지 말고, 교회 이름을 브랜드화하거나 프랜차이즈화하지 말아야 합니다. 오히려 노회나 총회의 개척교회지원위원회나 농어촌교회위원회, 미자립교회위원회 등을 통해 공교회적으로 개척이나 분립이 되도록 해야 합니다.

성도들을 대거 보내 작은 교회나 농어촌교회 전도를 돕는 것도 결국 쌍끌이 어선을 바다에 깔아 치어까지 잡는 것 같은 원치 않는 결과로 피해를 줍니다. 작은 교회를 돕겠다면 그냥 돈이나 사람 등 자원만 보내고 일체 이름을 내서는 안 됩니다. 그리고 건강한 작은 교회 개척과 목회자 양성, 교육 등을 위해 교단 내 기구나 외부에서 만들어진 신뢰할 만한 단체를 드러내지 말고 정말 조건 없이 지원하면 좋겠습니다. 유명하고 힘 있는 개인이나 단체가 해야 할 일은 자신이 드러나지 않는 겸손 또 겸손입니다.

더불어 아름다운 건강한 작은 교회의 꿈!

나는 지금까지 내가 생각하는 또 건작동에서 함께 대화하고 토론하며 마련한 건강한 작은 교회에 관해 이야기했고, 한국교회 재편 방향에 대해 말씀드렸습니다. 손봉호 장로께서 교회사 교수들과의 대화를 교회사 교수들이 한국교회가 종교개혁 이후 가장 부패한 교회라는 평가하더라는 말씀을 하셨습니다. 그 원인은 여러 가지가 있을 것입니다. 신학적이고 신앙적인 부패, 그 결과에 의한 윤리적 타락 등 나는 결국 부패한 신학적이고 신앙적 타락의 핵심에 대형교회를 추구하는 것이 있다고 주장했습니다.

대형교회를 추구하는 목적을 하나님 나라의 확장을 위하고, 주님의 교회의 거룩함을 위하는 것이라고 말하지만, 결국 교회를 구성한 사람들의 돈과 권력, 명예에 대한 욕심의 발로이고 구현이라는 것을 우리는 잘 알고 있습니다. 1만 명 되는 1개 교회보다 100명 되는 100개 교회가 훨씬 지역적으로 더 의미 있는 일을 할 수 있습니다. 규모가 큰일은 연합해서 감당하면 됩니다. 그것이 교회의 역사였고 아름다운 전통이었습니다.

우리는 의도적으로 작은 교회를 지향해야 합니다. 크지 못해서 작은 교회가 아니라 건강한 작은 교회를 지향하는 것입니다. 성경이 가르치는 올바른 정신과 가치를 따라 작음 그 자체로 행복하고, 그 자체로 감사한 그런 교회를 지향하는 것입니다. 게으르거나 지지리 궁상이어야 한다는 것이 아닙니다. 의도적으로 작은 교회는 한 교회를 '더 크게', '더 호화롭게' 성장하는 것이 아니라, '더 넓게', '더 바르게' 성장하는 교회입니다. 그래서 우리는 더 열심히 전도하고, 더 열심히 사역해야 합니다.

건강한 작은 교회의 가치가 옳고 그 방향으로 변화해야 한다는 인식은 이제 상당 부분 확산되었고 이미 하나님께서 그렇게 우리에게 말씀하신 것입니다. 이제 이를 담을 그릇, 즉 적절한 구조와 제도를 만드는 것이 필요합니다. 인식으로만 되지 않습니다. 물론 구조와 제도만으로도 되지 않습니다. 그러나 좋은 인식은 좋은 구조와 제도로 더욱 강화되고, 더욱 확산됩니다.

이제 한국교회가 새롭게 되고, 세상 사람들로부터 새로운 평가를 받으려면 시간이 걸리더라도 새로운 흐름을 만들어야 합니다. 방향을 바꾸어야 합니다. 그것은 '건강한 작은 교회'를 이루는 것입니다. 성경적 가치를 지향하고, 건강한 실천을 다짐하는 200명 이하 되는 교회들 100개의 교회가 세워지거나 이런 교회들이 효율적으로 네트워크 한다면 우리는 새로운 생태계를 만들어 낼 수 있습니다. 건강한 작은 교회 가치를 지지하는 신학교, 언론사, 출판사, 시민단체 등 다양한 곳들을 지원함으로 우리는 10년 후 새로운 한국교회의 흐름을 만들 수 있으리라 생각합니다.

나는 한국교회가 홀로 빛나는 대형교회에서 더불어 아름다운 건강한 작은 교회로 재편되는 꿈을 꿉니다. 건강한 작은 교회는 크지 못한 교회가 아닙니다. 성경적 공동체, 일상의 제자도, 민주적 운영, 공의의 공공성, 거룩한 공교회성을 지향하는 교회입니다. 진실한 공동체를 지향하고, 자율적 성숙을 지향하고, 복음적 분업과 민주적 운영을 지향하며, 운영과 재정의 투명성을 지향하고, 지역사회와 우리 시대에 대한 사회적 책임에 다하고, 한국교회 건강회복을 위해 협력하는 교회입니다. 의도적으로 작은 교회 지향하여 일정하게 성장하면 분립하고 분가하는 교회입니다. 특정 개인의 교회가 아니라 하나님의 교회, 주님의 교회가 되도록 기도하며 실천하는 교회입니다.

홀로 빛나는 대형교회에서 더불어 아름다운 건강한 작은 교회 꿈에 함께할 여러분을 초대합니다.

02.
건작동 설립의 목적과 취지

건강한작은교회동역센터 설립의 목적과 취지

우리는 한국교회 신학적 타락과 윤리적 부패의 근본적 원인이 교회 대형화와 지점화에 있다고 생각합니다. 교회 대형화와 지점화는 성장주의, 성직주의, 기복주의를 정당화했고, 목회자를 포함한 신자들의 윤리적 타락을 방관했으며, 공교회의 치리를 무력화시켰습니다.

대형교회도 건강할 수 있다는 주장은 세속적 탐욕을 정당화하는 것으로 더 이상 합리화해서는 안 됩니다. 우리는 한국교회가 신학적 타락과 윤리적 부패를 극복하고 성경의 가르침과 기독교 정신을 회복하기 위해서는 건강한 작은 교회로 재편되어야 한다고 생각합니다.

건강한 작은 교회는 성경적 공동체, 민주적 운영, 일상의 제자도, 거룩한 공교회성, 공의의 공공성의 가치를 지향하며, 분립과 분가를 통한 의도적 작은 교회를 이루어갑니다. 또한 건강한 작은 교회는 이런 가치를 지향하는 목회, 이런 가치에 부합하는 운영, 이런 가치를 실현하는 개인적이고 교회적 행함을 실천합니다.

우리는 한국교회가 홀로 빛나는 대형교회에서 더불어 아름다운 건강한 작은 교회로 재편되기를 기대하고 기도하며, 이를 위한 연구, 지원, 협력, 참여를 위해 '건강한작은교회동역센터'를 시작합니다.

설립일 : 2018년 6월30일

03.
건강한작은교회의 가치와 실천방향

'건강한작은교회동역센터' 회원(목회자 회원, 일반성도 회원)과 회원교회가 공통적으로 지향할 목회적 가치와 교회 운영의 실천 방향은 다음과 같습니다.

건강한작은교회의 핵심가치

1. 성경적 공동체
2. 민주적 운영
3. 일상의 제자도
4. 공의의 공공성
5. 거룩한 공교회성

건강한작은교회의 실천방향

1. 성경적 공동체

1) 진실한 예배와 함께하는 공동체를 지향한다.
2) 신자 스스로 성경을 읽고 해석하며 실천함을 지향한다.
3) 인격적 교제와 소통이 성숙한 유기적 공동체를 이룬다.
4) 바른 말씀, 바른 성례, 바른 권징을 시행한다.
5) 복음전파와 사회적 책임에 균형 있는 실천을 지향한다.

2. 민주적 운영

6) 교회 정관을 통한 민주적 운영과 의사결정을 시행한다.
7) 직분자는 자율적이고 공정한 절차에 따라 선출한다.
8) 목회자와 항존직에 대한 재신임제나 평가제를 시행한다.
9) 재정은 투명하고 적절하게 운영한다.

3. 일상의 제자도

10) 신자의 성숙한 믿음과 자율적 실천을 지향한다.
11) 가정과 직장, 사회에서 하나님 나라를 실천하도록 격려하다.
12) 일상에서의 정직과 나눔, 공평과 정의를 지향한다.
13) 성숙한 기독시민 양성을 지향 한다.

4. 공의의 공공성

14) 교회 전임자는 사회적 의무에 책임을 다한다.
15) 지역과 함께하는 교회와 마을목회를 지향한다.
16) 사회적 약자를 향한 교회의 책임을 수행한다.
17) 정의, 평화, 통일, 인권, 환경 등 시대적 책임을 다한다.

5. 거룩한 공교회성

18) 청장년 300명 이내에서 독립적인 교회 분립을 지향한다.
19) 교회개혁에 동참하고 지원하며 협력한다.
20) 교파를 존중하며 가치 중심의 연합을 지향한다.
21) 복음화와 하나님 나라를 위해 지역교회 연합을 지향한다.

섬기는 사람들

운영위원

공세현 목사 : 광양신광교회

박창열 목사 : 함께하는교회

손연국 목사 : 그십자가교회

오준규 목사 : 낮은마음교회

윤 용 목사 : 말씀의빛교회

이상대 목사 : 강북제일교회

이진오 목사 : 세나무교회

임병열 목사 : 청운교회

홍선경 목사 : 나무교회

각 교회 주소와 홈페이지

이상대 목사 강북제일교회
경기도 양주시 고암길 306-77 황금프라자 6층
https://blog.naver.com/kangcukchurch

홍선경 목사 나무교회
서울 노원구 동일로 1001, 영흥빌딩 2층
https://cafe.naver.com/namuchurch/

손연국 목사 그십자가교회
경기 광주시 양촌길 124-8 경성빌딩 3층 tcc.or.kr

오준규 목사 낮은마음교회
경기도 구리시 장자대로 11 수동빌딩

윤용 목사 말씀의빛교회
경기도 오산시 내삼미로79번길 24. 수청프라자 4층
https://cafe.naver.com/lightofword

이진오 목사 세나무교회
인천시 남동구 논현동 632-1 칼리오페 빌딩 401호
www.senamu.org

공세현 목사 광양신광교회
전남 광양시 읍성길 74.

임병열 목사 청운교회
부산 광역시 북구 금곡대로 20번길 14.
https://busanchungwoon.wixsite.com/church

박창열 목사 함께하는교회
대구광역시 수성구 동대구로 300 롯데캐슬상가 309호 디랩코딩
https://youtube.com/@withchurch2018

memo

memo

memo

memo

홀로 빛나는 대형교회에서
더불어 아름다운 건강한 작은교회로..!